Oskar Maria Graf

»Manchmal kommt es,
dass wir Mörder sein müssen...«

Oskar Maria Graf

»Manchmal kommt es,
dass wir Mörder sein müssen...«

Gesammelte Gedichte

Herausgegeben, mit einem Anhang
und einem Nachwort von Katrin Sorko

Mit einem Vorwort von
Ulrich Dittmann und Hans Well

Matthes & Seitz Berlin

Vorwort

Bekannt war Oskar Maria Graf lange Zeit vor allem wegen seiner Lederhose, die er selbst im New Yorker Exil nicht ablegte. Sie galt als sein Markenzeichen und als »lustig«, seine Prosa hielt man für »regional« und »langweilig«. Langsam jedoch setzten Grafs Romane sich durch, sie wurden verbreitet und schufen mittlerweile über Deutschland hinaus literarische Maßstäbe. Dass er jedoch auch Gedichte geschrieben hat, blieb häufig genug selbst denen verborgen, die inmitten der Untiefen des bayrischen Wesens bei Graf den Ankergrund für ihre eigene bayrische Seele gefunden hatten. Mit den Gedichten lernten sie einen neuen, einen anrührend zarten Schriftsteller kennen: Seine überraschende Bewunderung für Rilke und dessen ›metaphysische Sicherheit‹ artikuliert sich in zärtlich anmutender Scheu und Verhaltenheit. Dieser bislang zu wenig bekannte Teil des Werkes von Oskar Maria Graf liegt hier erstmals, 40 Jahre nach seinem Tod, in repräsentativem Umfang vor.

Zwar gab es zu seinen Lebzeiten zwei Gedichtbändchen als selbständige Veröffentlichungen, die ihm auch außerhalb Bayerns Anerkennung verschafften: als Vertreter des Dresdner Expressionismus! Bei seinem letzten Sammelband von 1962 bestand er jedoch auf anonymes Erscheinen, denn als »Lyriker« wollte er sich nicht bezeichnen, seiner tiefstapelnden Ansicht nach konnte »jeder intelligente, musisch veranlagte, halbwegs sprachbegabte und literaturbewanderte Mensch« selbst solche Texte verfertigen, »wenn er genügend Zeit und Geduld darauf verwendet«.

»Zeit und Geduld« hat Graf lebenslang nicht nur in seine eigenen, sondern auch in fremde Gedichte investiert. »Ich liebe doch, weiß Gott woher das kommt, Gedichte über alles«, schrieb er an Hermann Hesse, dankbar für dessen »innige Gedichte«. Über Jahrzehnte hinweg verfolgte er den Plan einer »unzeitgemäßen« Anthologie seiner Lieblingsdichter, der noch in seinem Nachlass der Verwirklichung harrt.

Wie sehr er an seinen eigenen Texten arbeitete, das zeigt die Wiederkehr einer Reihe von Themen und Formulierungen, die man durch die ganze vorliegende Sammlung verfolgen kann. Mit den eigenen Gedichten wurde er, wie die Handschriften bezeugen, nur bedingt fertig. Ein Grund dafür mag darin liegen, dass der Lyriker Graf ein anderes Verhältnis zur Sprache hatte als der Erzähler Graf. Das Verfassen seiner Kalender- und anderer Geschichten verglich Graf gern mit dem Handwerk seines Vaters, der Semmeln und Brezeln gewissenhaft und termingerecht buk. Die auf dem bairischen Dialekt basierende Sprache seiner Erzählungen beschrieb sein Freund Sergej Tret'jakov: Wie ein »Dreher, der das Metall des Wortes bearbeitet«, habe er geschrieben, geschult am lebendig-mündlichen Erzählstil, der sein Fundament blieb. Seine Gedichte kommen jedoch ohne Dialekt aus. Trotz ihrer oft poesiefernen Erstveröffentlichung behaupten sie sich nicht nur als unerwartete Lebensdokumente eines großen Erzählers und Zeitkritikers: Sie fügen sich ein in die Reihe wesentlicher Gedichte unserer Sprache.

Ulrich Dittmann (Oskar Maria Graf-Gesellschaft)
Hans Well (Biermösl Blosn)

Datierte Gedichte

KNABEN

Wie aus Urtiefen und geheimnisvollen Räumen
ans Tageslicht gekommen,
wanken offnen Auges und doch traumversunken
wir durch Straßen,
die fremd und lärmend, bunt, beklemmend
uns umbrausen,
und wissen nicht, wo aus, wo hin! —
Weit über uns hinaus geht unser Sinnen.
Verschlungen, netzesgleich, verzweigt,
wie unbestimmte Bilder und verschwommne Formen
durchflackern Brunstgedanken unsern Geist. —
Wir möchten gern auf grünen Wiesen spielen,
einatmen frische Saatfelddüfte
und weiten Blicks den Wolken folgen. — —
Dann wieder durch die Straßen taumeln,
wunschlüstern, trunken, fleischesdürstend. — —
Wir möchten einen Leib besitzen,
aufgehen in den wildesten Ergüssen,
feilbieten uns und ganz verschenken,
wie Blumen, die man pflückt und weitergibt. —
Doch etwas ist, das drückt uns alle nieder,
wie hemmend-schwere Last,
treibt schleppend, ziellos uns
durch nachterfüllte Straßen,
wo dunkelleuchtend, glitzernd,
verzweifelt in den Himmel jauchzend
endloses Leben still verblutet. — —

Mädchen

Mit beklemmten Brüsten,
worinnen Herzen, flammengleich
und stumme Stürme wohnen,
sehen wir, —
wie purpurrote Blumen,
welche leis im Winde wiegen,
sonnenumglänzt, wie Tropfen Bluts
der lieben Erde, —
                    unter euch
und neigen
müd die blassen, blanken Köpfchen,
aus denen Sehnsucht und Verlangen
steigen — — — —
Und soviel ist,
durch das wir bluten müssen,
statt zu blühen; — soviel! — — —

Was wisst denn ihr,
die täppisch, ungeschlacht und plump,
wie Kinder sich gebärden,
wenn wir das Heiligste euch opfern. — —
Das Heiligste,
aus dem das Leben steigt,
aufblüht, reich, wie Saatfeldfrüchte! — — —

Wenn unsere Leiber sich vereinen,
dann ist's,
als schlummerten Unendlichkeiten,
unirdisch raumesspottend
                    in uns...

Wie Bronnen, die sich nie erschöpfen,
wie Borne, die ewig Kraft und Labe spenden,
erhaben, unbefleckt und groß,
verschenken Blumen wir aus unserm Schoß. —

Dann aber, in den wachen Stunden,
öffnen sich uns die Augen...
Wir sehn uns liegen;
                      überwunden,
und weinen
über eine große Qual...
Und Wüsten weiten sich um uns
Und unsre Augen starren irr...
                          Was wisst denn ihr!?...

AN DICH, ERDE!

Ein roter Himmel schmiegt sich an gebauchte Berge,
die quälend nach der Erde suchen. Keine Blume lastet…
Verschmähung wird ein Baum, der Säule sein will, versöhnend,
und zum Himmel neigend.
»Sage nicht Mutter zu mir, und nicht Weib und nicht
Liebliche, du — — — —«
Aus jauchzenden Körpern wächst eine Inbrunst — alles
vergessend — mit dröhnenden Schritten über Qual und Tod —
hinübergehend, wie sich schenkend —
Aus Himmel wiederkommend, trunken, wie übervolle Kelche,
die auf langersehnte Zecher warten —
»Trink! Du!«

HEIMATLOSES GESICHT

Durch Dunkel und Wirrnis der Lichter schwimmt,
gleich einer Ampel, windgewiegt,
ein bleiches stummes Angesicht.
Die Augen weit, die Züge tief bedrückt.
Wohl mancher, der vorbei geht, wittert
Unzucht, Hure und lüstern Gier,
denkt dreckig, steht und schaut stier.
Das Gesicht aber zittert.

Deus ex machina (Aus meinem Kriegstagebuch)

Mein Kochgeschirr ist weiß geworden – weiß unter der Ruß-
truhe – vom vielen Kochen. Und alle Tage: Kaffee, Reis und
Konserven — Konserven, Reis und Kaffee. Aber heute gibt's
Gulasch! ...
Draußen ist Schnee und Krähen schreien eintönig in den
grauen, tiefen, endlosen
Himmel. Im Herde prasselt Feuer. Mein Kamerad steht dort,
die Arme drüberhaltend: »Huh! Ist das eine Hundekälte!«
Und lacht selbstzufrieden: »Ein schönes Quartier ists doch.
Wenn wir nur den ganzen Winter bleiben.« Kaum hör' ich ihn.
Ich schaue lange schon durchs Fenster: Urlaub! Weihnachten
daheim!?...
Das Feuer prasselt stärker — trommelt. Er hat ganz dicke Klötze
nachgelegt.
»Ah...«
Daheim um Weihnachten! Die schiefen Zäune kleben auf dem
Schnee; die welke Sommerlaube duckt sich frierend; Spatzen
futtern geschäftig auf dem abgelehrten Tisch, wo Brosamen
liegen und ratschen sich was vor. Die dunkle, dampfende
Wärme der niederen Küche drückt an die überlaufenen
Fenster, dass sie tropfen. Kinder lärmen — watscheln um den
phlegmatischen Hund in der Ecke. Und wohliges Feuer glüht im
Ofen. Türen fliegen zu. »Ah! Eine Kälte das!« wenn wer herein-
kommt. Behaglich sieht man hinaus. Wohlgeborgen in warmen
Häusern mit hochgiebeligen, blinkenden Dächern, die
rauchende Kamine krönen...
— Soweit weg jetzt, soweit! Liebe Mutter! Liebe Schwestern!
»— — hört man denn bei Euch draußen nichts vom Frieden?«

Ein Brief...

Oktober erst und schuhtief Schnee. Aber doch schläft noch mattgoldne Mittagssonne auf dem weißen Leintuch. Ein paar einsame Bäume greifen kahl und ratlos in die graue Unendlichkeit, wie flehende Hände. Herrenlose Hunde stürmen um eine ausgehöhlte, verfallene Scheune — durch und hinten hinaus. Ihr harter Aufbell schlitzt zäh durch die weiße Luft.

An einem steckengebliebenen Lastauto werkt die Mannschaft und einige Russen. Legen vorne Bretter unter, setzen Hebel ein und würgen ein geplagtes »Zu-u-gleich! Zu-u-gleich!« ins wühlende Surren des Motors. Langsam und mühselig kriecht, ganz weit hinten, eine dampfende Trainkolonne daher —

Ja so! Die Meldung! Friede! Wenn jetzt auf einmal Friede wäre — ganz schnell!? Die großen Tagesblätter würden rauschen: »Fanfaren- und Posaunenklänge hallen durch die deutschen Gaue! Es ist ein Sieg, wie nie — und Friede!« Und alle Provinzblätter wären befrackt und reckten neugierig die gansgen Hälse — blähten sich in ihrem, fadenscheinig-schwarzen Wichs: »Ja, Deutschland«. Glänzende Zylinder drängten sich durch jubelnde Blechmusik der dröhnenden Straßen; feistfette, ringbesetzte Finger führen über den gewölbten Bauch, bis zur dicken Uhrkette und tändeln damit. Leichte Fahnen und schwere Girlanden an offenen Fenstern. — Und Lachen, Lachen! ...

Hohle, schwankende Gestalten gingen — jede durch eine sehnsüchtige Tür, die so – so lange ihrer wartete – todmüde — und fielen um. »Ja weil du nur wieder da bist.« Erlösend. Bankette bögen die blanken Parkettböden der großen Säle. —

Nur irgendwo, ganz versteckt, vielleicht in einer kalten Dachkammer, wo Schmalhans Küchenmeister ist, würde wer, ganz brav, aber bedenklich sagen: »Unerforschlich sind des Schicksals Wege!«

NACHSCHUB

Wir kommen von hohen Häusern, Kameraden,
Und vom Dienst in Kasernen.
Wir sind jung und haben Herzen voll Wärme.
Wir haben weinende Mütter daheimgelassen
Und winkende, trauernde Mädchen.
Um euch weinen Kinder und Frauen.
Jung sind wir, ja, aber: Soldaten,
Die glühendes Sehnen in sich tragen, einst noch in fernen,
Anderen Zeiten, wenn drohende Stürme
Wieder durch unsere Heimat blasen,
Denen, die dann zu uns aufsehn, wie Söhne zu Vätern,
Denen den Weg zu weisen...
Das gebe der, dem wir glauben!

WEGSPRUCH

Du sollst Dich nie im Rasten gehen lassen und immer ein in
dir Schlummerndes suchen.

Es gibt keine Ruhe, dessen sei eingedenk. Und das Mitleid ge-
wöhne dir früh ab.

Freude und Vorwärts sollen sich in dir verschwistern. Du bist
nicht zur Welt gekommen, Freund, um satt zu werden und
einen Pol früh schon zu finden. Über Schlacken musst du
gehen und über Verzweiflung und jede Stunde muss schwer
sich und immer schwerer vor dich stellen, damit du Zeit schät-
zen lernst und das täglich Vollbrachte wie eine Gnade ansiehst.
Erfolg macht flau und schwächt den Charakter, besonders
solcher, der sich leicht gab.

Verbissen und trotzig vor wüsten Zeiten stehend, so sollst du
aufstehen Tag für Tag.

Aber vergiss darüber nicht, dass es Freude ist, so zu leben und
denke an das Elend Hunderttausender, wenn es dir bitter be-
kommt, dieses Dasein, dann, Freund, dann hast du etwas vom
Rhythmus des Ganzen und bist ein Mensch, der des Lebens
wert ist…

– 1918 –

Die Revolutionäre

Den Kommenden

Dies ist das Lied, das aus dem dunklen Blut verlangsamt
in die trunkne Seele quillt und im letzten Reigen das tätige
Schweigen erfühlt.
Schlicht steigt es empor aus drängender Andacht und
gläubigen Wissen, aufblühend aus den Tiefen meines entfalteten
Selbsts. —
Und indes ich endende Sendung jubelnd besinge, sing ich
das Lied aller entschundenen Geschlechter durch mich und in
mir und fülle das fließende Sein mit der Verzückung und Freude
aufstrahlenden Glaubens an Brüder...
Euch, die Ihr klaglos das Kainsmal der Verdammten als
leidgemeißelte Furchen auf Euren Stirnen eingezeichnet habt,
wie Runen schreiender Vergangenheiten, Bürden noch...
Ihr, die Ihr den Impuls einer ganzen kommenden Zeit und
die Wucht noch Unverbrauchter, erst kommender Stämme im
blutenden Herzen verbergt, die Ihr wacht, scharfäugig und
unerbittlich, wie Richter, wenn eine verblendete Menschheit
irregeführt und schicksalsgeschlagen den Gott um Hilfe an-
schreit und aus Trugschlüssen und Irre sich das Schwächlingswort
Liebe findet; Ihr hellhinstürmende, fernseherische Abenteurer
um Eures Iches willen, Ihr seid es, denen ich diese Worte zurufe,
von fern her, freudig Eures Kommens harrend — — — —
Euch leuchtet mein kristallener Glaube, der allem Beweis
und jeder erdachten Begründung den Todesstoß gibt — : Helden
des entfachten Himmelreiches, das in uns ist;
Euch mein Gruß,
meine Hoffnung......!
Wohlan, den unbekannten Fernen zu!
Nichts hindert mehr den flugbehenden Schritt und alle Wege,
die sich in das Endlose schlängeln, werden neu durch ihn. —

Strömende Unrast vergeudet sich klirrend. Turmhohe Hindernisse winken her von weitem und sinken ins Nichts zurück, wenn wir vorüberschreiten, sie belächelnd. —

Wandernd durch die Städte, die drohend aufgesteilt weglang in schrillen Bildern, die Erinnerung nachschaffend formt, mit uns sind, münden unsre Märsche stromgleich in unaufhörliches Beginnen. —

Es fällt kein Wort mehr, kein Gesang betört uns. —

Nur Schritte, trommelnde, nimmer ermüdende Schritte...

In fahlen Nächten steht der Mond gesichelt uns zu Häupten.

Die ragenden Wälder schwelgen in fließenden Farben und Dörfer, die vernächtigt träumen, ersteht dem Blick, der lange nachher aus vermummten Häusern Schicksale ganzer Geschlechter pfeilschnell ausstrahlen lässt, wenn ihn Erinnerung beseligt.

Wohlan! Horcht auf! Durch mich singt sich das Lied, das Eure Sendung hisst!

EINGANG

Es ist die Nacht, die mich als Sterngeschenk umringt,
da sich das Herz nicht dämmen lässt.
Es ist die Flut, die mit Gespensterhänden nach mir greift,
dieweil ich grübelnd einen sinnlos hingestrichnen Tag
ertragen will.
Es ist die Not von einer ganzen Zeit,
die meine auferstandne Seele wundgeschleift,
dass sie die wehe Klage in das Dunkel schreit
und sich um Brüder willen selbst vergessen will
und dieses klagt — :
Weh über Euch! Verwelkte, die der Überfluss entartet,
mit Blindheit schlug, als erster Schrei enttäuscht auf Widerhall
gewartet.
Weglagrersippschaft, die Blut aus allen jungen Wurzeln saugt und
sich verlebt
in Hurerei und satter Müßigkeit...! Ihr gebt
Euch selbst dem Fluch, der Eures Schicksals Teppich webt!
Ich aber bin und bin das Wir, des tosender Sturmschritt Euch
zittern lässt!
Und mein Gesang ist der nimmervergessbare Rest
des Todesschreis verblichener Helden, denen Ihr die Kreuze schuft,
weil sie als Gute guten Geist verspendeten,
das Gnadenland herüberhallend, gleich der erste Welle frühen
Anfangwinds. —
In mir sind, ewig sich gebärend, ihre Bitternisse aufgestuft
und machen kund,
dass sie durch Euer Blindsein endeten.
Die Liebe ist mein Mund
und die Nacht, die mich umdacht,
scheucht dunkle Stimmen auf aus Schlaf und Traum

und wetterleuchtet den Beginn der Schlacht,
die nimmer ermüdet und Euch überfällt, kaum
dass Ihr Euch besinnt. O, wisst — :
Mein Sang ist Odem
aus geglaubten Gräbern steigend, die keinen Toten
bergen.
Aus Särgen
hoch steilt sich der aufgeblühte Geist, um den ein Mensch am
Kreuz gebüßt.

VISION

Durch angstbeklommne, stillgewordne Städte wolkenhafte
Menschenhorden,
sich vorwärtsschiebend, barbarisch und voll Ungestüm.
Aufjauchzend geistergriffne Batillone, noch im Schrittgemeng
den Grimm
klaglos gestorbener, vergessener Helden. Vordem
noch Bild und Sehnsucht, die sich fruchtlos mühte.
Aufeinmal aufgewacht, hinstürmend, unaufhaltsam,
entschlossen und gestraft — :
Symbol der wurzeltiefen, ungehemmten Kraft
von all den isolierten Einen, die es wie die ewge Bitte
und den Strahl der Hoffnung in sich bargen.
Ein Halleluja und ein Hauch von schwererkämpftem Morgen,
auflohend in beschwingten Herzen aller Einsamstarken. —
Im Riesenschrittmaß schon für künftige Geschlechter tiefe
Neugeburten.
Feindschaft, Jahrhunderte getragen, Trieb geworden,
entfacht das Wunder. Die abgemessene, erdachte Wahl
ist nichts. Das Ziel verliert den Wert, zerfällt. —
Ein ungerufner Ruf, vom Geiste her, wird das Signal,
dem ehdem nun der Eine lauschend zugehört,
wird Forderung, durchbebt uns Viele, die wir knirschend
murrten — :
Es ging ein unsichtbarer Säer durch die weite Welt
Aufruhr im Samen, Menschengeist, der sich empört...

AUFTAKT

Wir gaben uns selbst das Signal! —
Das Wunder stieg aus Bitternis und vieler Tage Qual
ins Hirn und gab der schwanken Wahl
den singenden Rhythmus letzter Vereinung.
Ein Nachhall, herb, erinnerungsumgrottet, quoll auf einmal wieder
verstärkt aus kaum vernarbter Wunde Spur und grelle Splitter,
die vordem den heißen Sinn durchzischten reihten sich
gedankenschwer und wurden Kette, wurden Kranz, der endlich
nun die sanfte Siegerstirn umrankte...
Und alles was vor Zeiten süß als Hoffnung schwankte,
erhielt die letzte Form und baute
schützend sich, gewölbtem Dach gleich, über uns als
vorauseilenden Bild.
Die Zeit stand still und eine frühe Stunde blaute
und härmte uns wie Sommersonne weiches Taugefild.
Kulturen, der Vergessenheit anheimgefallen und dem Unverstand,
erblühten neu und lohten auf zum Dom.
Altäre, die der Moder emsig gründete, zerbarsten öd im Brand
den unsre Fackeln riefen und aus den Tiefen, welche stumm
dem jungen Blick die Blöße gaben, stieg scheinbegraben, fessellos
das späte Ich. Sein schriller Schlachtschrei gab den ersten Stoß
die Wucht. Urplötzlich war es da und wuchs — war groß — :
Ein Strahl, den keine Wolke mehr umschloss,
der sturzbachjäh in unsre Seelen floss
und kaum begonnenes Schreiten marschhaft flügelte. —
Sturmreif, dem Wind verwandt, der ziellos über gehügelte
[...] braust und sie ins Wogen hebt, die gelben Felder wachgeküsst.
Aus dem trägen Traum, erdröhnt das Schrittgemeng von
unseren Legionen.

Wir wissen, dass wir Millionen
und Welle und Strom sind, der aus dem Gebraus
des sengenden Blutes brach und über die Grenzen
des Denkens hinaus
sich menschwärts seine eigene Furche schuf.
Es singt die Inbrunst ihren frühen Ruf
aus uns, der flammende Programme segelnd durch die Städte hisst
und die Nationen volkhaft umgestaltet
in den ewigwachen Geist, der alles Morsche, was veraltet,
dürrförmig und verkalkt noch über wüsten Bünden schaltet
zersetzt und auflöst aus den müden Hirnen stößt
und einem schwergetragnem DU, das schmerzgekrönt sein bittres
          Golgatha erklomm
und vor der eignen Sehnsucht fast zu Nichts zerglomm,
das jubeltiefe Ich als einziges entgegenruft,
wo, blühender Dolche gleich, die gilbend im Prangen schon
Ahnung
          von spendender Früchte birgt,
kampftrommelnd hüllenloses Menschsein zeugend höher wirkt,
und wo der Mensch in sich der ganzen Menschen trennungslos
begegnet…

DAS ZIEL

Ja, einmal als das junge Denken tastend sich zu dir die Pfade
gründete,
hast du uns sanft betört,
o schwankes Ziel!
Es war, als ob das ganze Sehnen in dich mündete
und endlich ungestört
und wie erlöst in sich zusammenfiel.
Verendlicht aber warst du Wand, Verschüttung, Damm
und Joch, das uns nicht weiterschreiten ließ,
bis eine sturmentfachte Woge kam,
die alles träg in sich versunkne Denken auseinanderriss
und uns ins Leben stieß. —
Du Dornpfad der Erleuchtung, wundwacher Ruf, aus Inbrunst
aufgeblüht,
Begleitgenosse auf den wirren Pfaden wegloser Finsternis! —
Als eine zitternde Ahnung dich wie Frühlicht süß verriet,
quoll aus den unbekannten Tiefen als ein Letztes dies:
Du bist uns nicht das Amen, Ziel, das unsern Ansporn tötet.
Nur einen Atem lang verweilen wir bei dir entspannt,
dann sankst du wieder in den Rang gewesner Stufe
und schwandest, gleich der Dämmerung, die die stille Kurve
der hingegangnen Nacht dem roten Tag als Kuss entbietet.
Uns aber flügeln Märsche, die nicht vorgeahnt
im Auf und Ab der sehnenden Gedanken ankern jahrelang.
Du bist nur ein verschwommner Ton von jenem Sang,
zu dem sich urlang vorher schlaffes Suchen fand. ... — —

DER MARSCH

Die schreitenden Körper gefüllt mit der Brunst
schmachtenden Sehnens vergangner Jahrhunderte.
Die furchigen Stirnen umhüllt von lohenden Dunst
bezwungenen Schicksals, das sich entwunderte,
als es der E i n e ins Wirkliche hob und beschwor.
Die Rücken gestrafft und durchrieselt von jauchzendem Glück,
weil dahinter fanfarengeschrillt und empor
aus beengenden Straßen brausende Sänge frohlockenden Sieg
bis zum nächtigen Himmel tragen.
Die atmenden Brüste befreit und die Seelen entzündet,
dass sie jedwedem Verzögern den Einlass verzagen.
Entschlossen hämmernder Schrittchor verkündet
sich wortlos als Anfang und trägt ihn hinauf und hinaus
aus dampfenden Städten, wo Hütte und Haus stehn dorfsanft
gepaart,
rötend den kommenden Morgen über träggebettete Länder,
tötend für Grenze und Trennung. Es wölben sich Brücken
ragend in menschliche Bedürfnisse und der Geist wird
Verschwender
und steigt in den Marsch, verödet das Ziel und steigert den
Sturm,
den wir, Geschürfte, pilgernd in höchste Beglückung,
einsam in grübelnden Nächten, ragend, wie einen uralten Turm,
schauten in himmlischbeschwingter Verzückung.
O, wissen, dass mit uns der Größte schreitet...!
D a s ist, da er uns überfiel, wie Wirbelwind,
der Märsche Marsch, der die Gelenke schmeidet,
dass sie fürs Ungeheure ausgeweitet sind.
Die Städte schütten Scharen in das weite Land.
Sie ziehn auf allen Straßen wie ein endloses Band

und sind ein Bund, wo einer sich zum Einen fand.
Die Erde bebt ... Die Menschheit lebt
und fühlt sich schrittvereint und liebt
und gibt sich geistgestählt die Hand...!

MELANCHOLIE

Der Abend meiner Seele senkt sich müd ins Blut der Wellen.
Wunschloses Schiff wiegt sich geknickt und blass in goldener
Verklärung.
Der Nacht entgegen treibt das morsche Reck meiner Sehnsucht
und am greisen Mast, der auf sich steilt zum toten Himmel
wimpeln Gedanken in aufgelöstes Sterben.

*

Es ist nicht mehr der süßbeschwingten Halme Meer, so es sich,
wie ein Antlitz einem Spiegel,
hinabgab blassem Mond.
Es ist ein todgestampftes Heer…
Und keine Sonne sonnt
den Hügel einst von seinem sanften Greisengrab,
des späten Helden Ruhe bringt, sie aufnimmt und sie rettet,
wie Mutterarm ein irres Kind.
Im Ahnen leis das Bild, wie jede Frucht aus dunkler Gruft sich
lichtwärts rettet,
küsst aller Körner Same seiner Äcker Erde.
Er weiß von vielen Brüdern, die in dumpfen Dielen aufgespei-
chert sind,
traumtief in harte Kruste eingesargt, ein ewges Werde.
— —
Sternreigen wölben sich in tiefes Firmament…

*

Ein doldiger Seerosenkopf äugt aus gelassnem Wasserspiegel. —
Der Sumpf summt träg sein sommerliches Lied.
Libellen wissen um kein Ziel und schwirren irr um sonn-
gebleichte Binsen.
Ein morscher Steg ragt plump aus dichtem Schilf.
Dahinter steht ein Galgen.
Verschwommen mummen Unken wie aus tiefer Gruft den
Klagelaut von einst Gewesenem…

MYSTISCHE REIGEN

Monolog mit mir

Geschaffen durch das Du verwandert sich mein Ich in seiner
Schöpfung ewgem Kreislauf. Darum wird Gott mir ein
fremdes, so ich es rufe, denn es stünde außer mir. Also ist Ich.
Wer Gott sagt, sagt es schon nicht mehr zu sich.
Warum suche ich schmerzlich und frohlocke nicht jeden Atem
lang um dieses Wissens willen. O, dass sich Worte nur gäben,
wie schwer erringbare Dinge, dass sie nur wären für den,
der sie niemals preisgibt! Dass nimmer das Zerstören schon
einsetzte, sobald ein Wort sich werkgewillt von offnen Lippen
in die Fremde begibt! Wen soll ich bitten darum?
Schweigend verblutet die Antwort, atmet noch einmal und
sinkt in das Nichts.
Mein Ichgott blüht sich wund an schwüler Dunkelheit!
Und alles Wehe wandelt sich in frühlichtenes »Siehe…!«
Dies sind die Gebete der innigsten Demut, die niemals eine
Lippe bewegten.

Die Vision

Fahl, ausgehöhlt dumpft Morgen hoch aus tiefen Straßen,
zerflacht an abgeschabtem Himmel. Häuser ineinandergestuft
mit weiten Augen, einziges Gemeng konturloser Pagoden — :
Stadt! Stadt die aus mir dem Tag entgegenflucht, der sie entklei-
det! Aus mir plärrt das Getön der vielen Straßenmünder, das
Kurven der Trams, das wiehernde Gelächter der Kutscherknei-
pen und der ewiggleiche Gleichtakt surrender Maschinen.
Und immer hämmert sich ein Du ins Fleisch meiner
zerbröckelnden Sehnsucht!
Ganz interesselos hängt schief ein alter Gaul an einer stumpf-
zernagten Deichsel. Dahinter, sarggleich, schwarz, gespenstisch,
der eingebeulte Droschkenkasten, hinter dem, noch nebelvisio-
när, der hochgestufte morschgezackte Schrein von früher Stadt,
die beschämt vor der Helle den Nacken beugt.
Stadt! Stadt!
Aus maßlos hohen Hausgerippen saugen sich quer über müd-
zerflachte Straßen düstre Schatten, Schatten, um nicht dem Tag
besiegt das leidverzerrte Antlitz aufzuzeigen.

Der Dichter in der Stadt

Alkovensphäre, blau und mondend im Schaukelwind lüstrer
Nacht. Das Fenster wächst, loht, reckt sich wie eine wesenlose
Ichheit hoch. Mein schmaler Leib geht unter in vergilbter Flut,
gibt sich hin, mädchenhaft hin.

Gewölb, zergrottet, drahtüberspannt — kein Ausweg. Urwald!
Wund zucken Blätter wie glühversengte Herzen. Doldige
Blumen, fremd, berauschend, duftströmend. Meine Seele fährt
nieder auf flussbehende Traumgefilde.

Ein Kaufhaus wirft mit schlanker Kurve ein Meer von zirpen-
den Lichtern, schleudert schwarzumränderte Hurenaugen, die
sich schlangenhaft in laute, blöde Kneipen tasten. / Sie tragen
mich auf ihren puderwelken Wimpern und lächeln hohn
verätzt, wenn ich zur Kreatur vergleite. /

Ich — : Säufer, Freudennacht, Gier, Hirn, Verzweiflung,
Ohnmachtshohn, Inferno! Ich: Herr, der sich im Diener
wieder findet, ich laute Trommel, die Asphalte wundtritt! Aus
Laster dampf ich auf zu Dir und sink verirrt in deinen Fluch-
schoß nieder, Stadt! Fratze, Liliengesicht, Brust meiner unbe-
kannten Mutter! Aus Schmerz und Schrei wirft sich mein In-
brunstruf an deinen Leib!

Impressionen der Straße

Verbäumt ein Platz, damitten Bänke. Hellgesprenkelt viele
Menschen. Chaos aus Schrittgemeng und Wortlegionen.
Ein schlanker Damenfuß, gespitzt ins Fluten vieler Jüng-
lingsaugen. Ein Mops, der großmannssüchtig steht und breit
ins Wirrwar murrt. Gefletschte Zähne.
Himmelblau lockende Tramwägen, beschwingt vorwärtswip-
pend, Straßen mittendurch schneidend. Farbe, grellgeloderte
Farbe! Keine Zeit mehr wissen, nur Raum, der immer weiter
wird, endlos beflügelt von Lauten.
Herr im Steifhut, schon symbolisch. Satt, unsäglich satt.
»Fiffy!« Im Rufen Zote schon. Sie lächelt nur. Sie weiß, ohne
es zu kennen — : irgendwo in einer Nische, rotes Licht,
Lavendel oder Heliotrop, geschwollene Wurstfinger, ein Bart,
Masse über sie herfallend.
Es ruft. Sie weiß. Ich weiß, es ruft! Ruft!!!
Sie singt ihren Leib der Gier zu und faltet die Seele zum
Gebet. Mein Gebet, meine Gebetheit.
Aus Wärmewolken steigt verzerrt, vampyrhaft, fletschend
vieler Gesichte Klage, umringt mich mit Schuld.
Schuld, dass ich Fiffy höre. Ganz fern, schon untergehend.
Aus mir sieht dieses Mädchen müd und lächelt nur.

Finale

Was ist es? Was dieses alles!? Nichts? —
Ich, bist du es? Du? Schon fremdest du mich an. Der Stadtpark
heult sein spätes Windlied. Ein Baum. Ich.
Eine haspelnde Turmuhr, sägend Schläge ins Nachten lallend.
Wer ruft mich so? Letztestes Begegnung mit mir.
»He! He! Auto, he!« — »Meine Dame! Gnädigste!?« —
Leer taste ich ins Dunkle vor mir. Mir?
Bist du es Ich? Ich!!! — Gott!? Die Stadt rauscht. Gott!! O, dass
ich nimmer dieses Suchen konnte. Wir alle? Wir? Wo, wo, wo!
Eine Kneipe. Die Tür schüttet Lärm auf die Gosse. Gestal-
ten. Endlich! Ich eile. Wo? Leerplatz. Niemand! Ich. Allein, al-
lein, grenzenlos allein. Ich wie ein Kreis, letztes Kreisen, endlos.
Ich! Herbergloser Gott, ausgreifend in die Öde vieler Gewesen-
heiten. Ich — : Prometheus, Christus, Don Quichotte. Golgatha
fern irgendwo im roten Schein des Gewölks. Sterne. Gott-
augen? Mein Schauen mir am anfangenden Ende begegnend.
Allein! Allein im Schicksal und in mir. Schicksal allein mit mir,
wie mit Gott.

ABEND

Sieh, wie um Abend die Alleen bitten,
Die Bäume satt von weißem Tag.
Wie müde Hände lassen sie die schlaffen Blätter sinken
und seufzen leis zum Himmel auf.
Die vielen Mädchen schreiten leicht, marienschlank,
Und duften süß von sommerlichem Wunsch.
Nun müssen alle Menschen weicher sein
Und aufgetan der Silbersichelnacht,
Aus der ein weites Schenken schweigend fließt.
Nun, da uns jene ferne Kühle bruderlind umhaucht,
Die alles Wehsein ins Vergessen taucht,
Ist's Zeit das Herz zum Dank zu heben
Für dieses alles...

ABEND IN DER STADT

Nun ließ die Schar des Tages ihre ungeheure Last
müd niedersinken auf den geduldigen Rücken der Erde
und sank zurück in die Gräber der Häuser.
Der Dämmer steigt aus tiefen Schächten wie ein Ruhverheißer
auf in die vergängliche Rast
des Himmels, der fassungslos auf seine Sterne wartet.
Der Feierabend trinkt den Lärm aus allen ausgestreckten Straßen
und das Gebirge der Stadt ragt auf in friedlicher Gebärde
wie eine riesenhaft gefaltete Beterhand...

ABENDVISION

Nun haucht der Abend kühler Nacht
das Leben ein.
Erschöpfter Sieger zieht der Tag heimwärts aus grauer Schlacht
und hinterlässt auf fernen Bergen seine blutigrote Spur.
Die dunkle Luft beginnt die Dörfer zu umfalten,
ein schwarzes Weben wirkt auf jeder Flur
und feuchte Stille schwillt zu regelmäßigen Atmen an.
Die Erde schweigt und denkt...
Wie Heimweh steigt aus schwarzen Wäldern weicher Dunst
zum Himmel auf, den Sternenstraßen auseinanderspalten,
auf denen, einem Pilger gleich, der neue Tag
die Schritte langsam abwärts in die Täler lenkt...

ABSCHIED VON EINEM TAPFEREN MÄDCHEN

Der milde Herbst haucht aus dem kahlen Hag
und wie verwelkter Abschied gähnt der Himmel.
Tief in der Erde tickt ein leiser Sterbeschritt...
Ja, geh noch eine kleine Strecke Weges mit,
mein Kind, und gib mir dann die Hand.
Wenn nichts mehr sein wird, was uns band
und längst die Tage hingeronnen sind,
an denen wir so glücklich waren,
dann weiß ich erst ganz tief um dich
und trinke atmend jenen schweren Duft des Abschieds,
der nie und nimmer einer ist...

Da drunten brütet fremd die nebelige Stadt,
die uns so lang geborgen hat.
Nach allen Seiten greifen Straßen aus
und Plätze schwimmen stumpf im Licht.
Wir hören nichts von all dem Lärm und Leben
und wollen uns nur sanft die Hände geben,
den jeder weiß den andern Dank.
Wenn all dies jetzt in morsche Erde sänke,
so lebten doch in uns die unerschauten Fernen...
Leb wohl! Und schenk mir, eh du gehst,
ein Stück von deinem Lächeln, deinem Mut,
dann ist in mir die ganze Zukunft gut...

Amen und Anfang

AMEN

BESINNEN

Dies hat sich als dein Finden hingegeben:
Ein Spiegel, der dich aus dem Nichts herüberzeigte
In einer Stunde Nacht, da sich dein Auge nimmer schließen
konnte.
Dir aufgetan und doch im Wesen fremd,
So hob dich einer Welle Kuppel in die Sonne,
Geschenk-gleich wie ein freudeschwerer Mutterarm.
Und sonnenweh, zersengt wirst du als Unbekannter
Wieder in die Tiefe sinken,
Wenn alle deine Freunde deines Iches Balsam trinken
Aus totem Wort und schiefer Tat, die nie dein Eignes sind!

VERLORENSEIN
Für R. W.

Die Zeit ist stumm geworden über uns,
Und wehmutsschwer fließt alles hin, was Tag zusammenhämmert.
Zertrümmert liegt es wie seit Ewigkeiten so
Und röchelt die verbrauchten Hirne mit verwestem Gestern voll,
Dass sie zu kalten Totenhallen sich zerdehnen.
Verblichnes Trauern düstert schattend über unser starres Trägsein
Und Abgestorbnes sternt ein endlos fernes Firmament,
Das sich zugrundeweint um unsretwillen.
Nur dieses noch mein Freund, mein Bruder und mein Kind:
Gotthoffnung lebt und ist wie eine Schweigenswelle,
die herüberföhnt
Aus dunkler Irre und aus tiefster Herzensnot,
Wenn alle Menschenqual wundbitter aus uns stöhnt…

Weltfluch

Einer dunkelt zusammen und stirbt
Als Kain.
Einer trägt lastend das Kranksein aller Zeit
Und schreit sein einsames Nein
In die gottleeren Tage hinein.
Einer löscht sich aus
Und findet fruchtendes Wir.
Viele durchzittert das Gleiche,
Das leidende Reiche,
Dieser drei Einen.
Keinen
Erfasst es als eignes Geschick.
Klarnacht droht lagerlos,
Und Weltfluch trabt weiter in ihr Gezelt...

STADT

Das brache Weiß der Tage brennt die Straßen hohl
Und Häuser stehen dürr und angerostet,
Mit dickem Staub in trüben Fensteraugen.
Das emsige Geräusch von ewiggleichen Mordmaschinen
Zerfrisst millionenfaches blütenloses Bruderglück.
Die öden Nächte geben keinen Laut von sich
Und Grauen löscht in gräberhaften Elendsstuben
Die letzte Schwermutslampe aus...

DIE HASSENDEN

Zuinnerst von der Not befangen,
Lastschwer und drückend immer Erde fühlend,
Vor Gier verschmachtend und in langen
Tiefschwarzen Nächten weiterwühlend,
Vom Hass verglüht, fast leblos
Und zermürbt von fremdgewordner Arbeit,
Verblüht uns lautlos Tag und Zeit.
Wir wissen bloß,
Dass wer viel trinkt,
                              vergisst,
Und alles Nichts ist und versinkt. —
Und auch, dass abends unser Leib
Durstmüde ist
Nach einem Weib.

Es sprach einst wer, wie Ruf von fern,
Dem Klirren gleich von sieggewohnten Schwertern!
»Wir werden einst in alle Länder einmarschieren
Und als die Ersten neuer Zeiten triumphieren!«
Es war, als wir noch jung, und klang
Wie ein erlösender Gesang
Vom Himmel her…
Doch das ist lang, so endlos lange her…!

Verfrühtes Altern grub seitdem
Die Runen von vergälltem Hass auf unsere Gesichte.
Die Satten sprechen von Problem
Und füllen Bände mit Geschichte.
Wir aber wandern knirschend im Verlorensein
Und wissen schließlich, dass der Vater soff
Und einer Mutter Träne troff
In unser niegewünschtes Geborensein —

FABRIKHEIMGANG

Nun wieder hat uns dieses Brüllgehäuses Fluchtor ausgespien,
Lahmrückig und zermürbt wie totgeschundne Horde Vieh.
Und klare Nacht wirft sich auf uns wie Fußtritt oder Schrei
Von Hohn und Schuld.
Wir haben einen Tag ans schwarze Kreuz der Zeit geschlagen
Und wissen nicht für wen, wozu und wie.
Vom dunklen Himmel hängen löcherige Wände vieler Häuser
Und ihre spitzen Lichter dolchen auf uns ein.
Wir haben keines mitbekommen auf die Welt.
Uns hat das Stampfen dumpfzerschriener Räume ausgelöscht
Und jeder Atemzug von uns tönt Joch.
Doch manchmal zittern unter unsern Füßen wirbelnd Harfen-
zungen,
wenn viel zu müde Straßen vor uns in den Abgrund stürzen.

Arbeiter

In tiefen Städten, wo gelassen
Der Arbeit ewigwacher Strom ins Ungeahnte fließt,
Verrieselt unserer Gedanken Stückwerk.
Und wenn sich graue Abende auf Straßen
Mechanisch weiterwälzen, Lichtgeflimmer uns umfließt,
Sind unsre Hirne schon ganz leer. Mit Werg
Gefüllt und mit Gewölk von Nebeln.
Nur wenn wir rußschwarz an Maschinenriesen
Den Tag zerstücken, gleich dem Holz, dem Eisen,
Wird manchesmal, erfasst von geisterhaften Hebeln,
Ein plötzlicher Gedanke hell und wach, als ließen
Nur wir allein das Weltrad kreisen.

Wenn sonntags, milchgefärbt, ein bleicher,
Noch unentschlossner Morgen in das lautre Tagen rinnt,
Gesänftiger die müden Hauskolosse in den Himmel ragen,
Dann atmen wir ein wenig reicher
Und haben Sinn für Weib und Kind,
Für Stube, Heimlichkeit und mehr.
Ein wenig lächeln wir und tragen
Uns mit Gedanken an musikdurchgrellte Gärten,
Wo Bierkrug neben Bierkrug steht und viel Gesichter
Ganz sorglos ineinanderlachen als hörten
Sie die lustigsten Geschichten
Und wüssten von der lahmen Müdigkeit nichts mehr…

Sterbende Fabrikarbeiterin

Draußen aber, irgendwo sind Wiesen,
Die der Wind sommerlind glättet.
Ich weiß es und möchte sie alle überschreiten,
Wenn Sonne gen Abend wandert und im eignen Blut stirbt.
So, Mutter, muss es im Himmel sein,
Wenn ich gestorben bin.
Nur nicht mehr die Maschinen und das Schreien
Des Aufsehers unserer Schicht.
Und staubloses Licht. Licht! Licht! Luft! Licht! —

JOCH

Vielleicht ist es das Auge einer fremden Dirne,
das uns verfolgt, nachtlang und halben Tagtraum,
Der uns nass im Nacken sitzt...
Kühl schwimmt es uns voran durch rötliche Laternen
Und leuchtet Fernen auf, die kindermild die Landschaft
fächeln...
Auch mags ein Droschkengaul, der schräg an der zernagten
Deichsel hängt,
Ein Hund sein, der sich um den Fußtritt biegt...
Es mag so sein —
Nur neblig erfasst sichs aus dem dunklen Ich
Und ist doch wieder Stein,
Der uns ins Rollen bringt...
Denn uns ist aller Fremdheit letztes Wesen eingepflanzt von
Kind auf,
Und aller Nächte Süßheit schweigt an uns vorbei —

KOMM, BRUDER...!

Du gute Hand des Bruders! Bitternisgeprüft und notgeschändet
Umfasst dich freudenschwer die Meine.
Lass nimmer Blüte sein uns, sondern Frucht, die spendet!
Sieh, glücklich schwillt das Heer der Bäume in ein schlichtes
Wachsen,
nicht wundzerquält von dumpfer Frage nach dem Grund.
Aus traumumsäumten Wiesen schaukeln Blumen her,
beschwingt von Duft,
Und nicht beschwert von Fernen. Nah ist uns alles! Nur die
Herzen
Brauchen sich zu öffnen.
Die Sehnsucht, überreif und irr von Fülle, ist noch nicht Strahl,
Emporgejäht aus schwülem Blut. Und all die kleine Qual,
Die uns selber nachtentführte, belastet bleiigschwer Gelenk und
Hirn.
Ein wehes Komm verwundet sich noch immer
Und fällt auf uns zurück wie Ohnmacht und Lawine.
O Wunsch, behaftet von den Flüchen des Gehemmtseins,
Dass du zerfielst und nicht mehr klüftend stündest zwischen uns!

Komm, Bruder, der du wie wir alle irrst auf fremden Pfaden!
Wir tragen allen Menschenschmerz zuerst — : Wandrer,
Pilgergleich düstre Städte durchkreuzend,
Die ausgesäet sind auf breites Land.

Wir dürfen nirgends weilen, wie die Vielen leiden!
Ausholt die Tat schon, mit dem Mord verbrüdert! Sie kann nur
gut sein!
Die Sünde schwankt, zerbricht an ihrer Zeitgeborenheit.
Und darüber wie aus horizontnen Ewigkeiten
Schrillt Sturmwindharfenklang, der mit erlöstem Jauchzen
Die Siegerin den freien Hymnus singt.

BITTE

Sei gut! Dein Bruder ist so wie er ist ein Erdending,
Wie du von einem Schicksal ausgespien,
Dir durch sein bloßes Sein zu wecken ohne Wissen noch und
Wollen:
Empfinden, dass an deiner Seite Klang sich wundtönt,
Der deines ungestillten Suchens letzte Welle fruchtend überzittert.
An aller Dinge Ringen zweifeln,
Hieße schon gestorben sein — —
Da tagwärts lind auf süßen Mädchenfüßen durstger Morgen rann
Und Innehalten eines Traumreichs Tore offen zeigte,
War Glück, das weitertrieb wie heller Jünglingsjubel.
Sei gut!
Wir stehen alle nackt, zerschunden und besudelt,
Und wissen nur:
Gutsein ist Balsam,
Der alle Not vergessen lässt,
Die lähmend liegt auf brachen Morgenwegen...

HÄRTER ALS GUT SEIN...

Härter als gut sein ist die Traurigkeit
Über sein Strenges...
Güte will Gleiches wie der Abend, der Nacht erhofft,
Weil er den Tag nicht mehr erträgt...
Wer es erfasste, dass alles in uns nur endlose Scheidung ist,
Müsste erlöst sein.
Wind ist das Wort, da es dem Munde entflieht,
Hinwehend, ziellos im Nichts verhallend ohn' Anklang.
Wo bist du nur Künder, Prophet, der die Belächlung nicht
fürchtet
Und predigt wie jener, der die brausenden Wellen überschreien
wollte!? —
O wüsstet ihr alle was ihr entbehrt!
Würdet ihr all die gesegneten Augenblicke der Selbstschau
Auflesen vom holperigen Boden des Wehtuns
Und ihr kristallenes Funkeln trinken mit Augen des Glaubens!
Wie müsstet ihr Gewandelte sein über Nacht!
Güte ist immer ein Aufgeben letztesten Selbsts,
Und das zerrüttete Ich beweint sich in solchen Stunden
Selber als der betrogenste aller Betrüger...

SPRUCH
Für A. v. H.

Manchmal kommt es, dass wir Mörder sein müssen,
Denn Demut hat uns alle nur geschändet,
Und Zeit zerfloss uns, von zu vieler Müdigkeit umwölbt.
Qualhart und frohnüberbürdet
Knirscht der Söldling des Geschicks
Und wirft sich blind in die strömende Flut
Läuternden Triebs,
Um als wachwunder Büßer aufzustehen,
Wissend um seine endliche Sendung...

GOTTVERLASSEN

Ich habe deinen Namen rufend ausgesprochen,
dunkler in der keuschen Gruft meines Ichs,
Und stieß dich ins Fremdsein der Vielen.
Noch auf dem Ölberg meiner Lippen bist du zusammengebrochen
Und weintest dein Scheiden in den Garten Gethsemane
Meiner Seele.
Ich habe nächtelang geträumt von dir
In mir
Und schwieg, bis das Geschwirr
Des brennenden Blutes den Ruf
Aus der Kehle mir trieb.
Seither kreist Verwesung um mich
Und vereist mein flehendes Du.
Weglos irrt mein Beten in das nackte Gewölbe der Nacht
Und sinkt verwelkend, wie der Turm meiner gefalteten Hände
Auf der pochenden Brust, in zerrütteten Traum. —

1. Gebet

O Herr, ich bin so irr.
Hilf mir!
Das Dunkel ist in mich gefahren,
Und hat ein Bangen ausgelöst...
Ich habe jedes Mal vorm Schlafengehn
Zu dir emporgefleht:
»Sieh Vater, so es dir gefällt
Ich gehe fort von dieser Welt,
Und sterben ist mir Gnade!«
So wankten meine Tage abwärtshin
Und fielen regentropfengleich in unbekanntes Meer.
Doch Tod kam nicht, und was da wuchs war Qual,
Nicht einmal Not, nicht einmal Drang...
O Herr, ich finde keine Worte mehr,
Und sag nun jedes Mal vorm Schlafen her
Dies eine kleine Wort, so tränengroß
Und ohnmachtsschwer:
»Hilf mir«.

2. GEBET

O fremder Gott, gesuchter und erflehter,
Nimm unsere Finsternis von hinnen!
Es ist ein Fernsein zwischen Mensch und Mensch gefallen,
Klufttief und grausam weit,
Dass alle Brücken in der Mitte stöhnend brechen,
weil nirgendwo ein Ufer winkt.
O König, du des Himmels und der Erde Same,
Lass niederregnen in verdorrte Herzen Anfangskraft,
Wir Zeitenwunde bitten dich!

3. GEBET

Aus dem Käfig schmerzwunder Stunden erhebe ich die Stimme
Und bete zu dir, ein Herr und mein Vater, dies heiße Gebet:
»Das Jahr der ermordeten Menschen weitet sich aus
Und sondert die hilflosen Völker der Erde.
Uns alle hat heimgesucht fressendes Feindsein
Und keiner blieb rein vor deinem findenden Blick.
Der brüdernde Hauch, den du von Kind auf
Gnadegewillt in unsre verglühten Herzen senktest,
Ist ertrunken im höhnenden Blutmeer der Schlachten.
Die Not ist zerfallen in verkleinerte Nöte,
Und wo ein Gebären wach will,
Fordert die Rotte, dass man es töte.
Herr und mein Gott! Fremder noch kann es nicht sein!
Gib uns den Tod, dein Prüfen machte uns klein.
Wir geben uns in deine Hände,
Dein ist der Wille, uns ist die Hoffnung.«

SCHMERZLICHE STUNDE

Warum, mein Gott, muss ich dich stets als Ding erfassen,
Das unter andre Dinge fiel und starb.
Das war dein Tod, dass ein Legionenaufschrei dich horchbereit
fand.
Da warst du jener, der vom öden Himmel tröstend tiefging,
Weil ihn Erbarmen leidverwirrte.
Der statt Erwählte rohe Hürden fand.
Vordem hat alles Kind in mir in deine Dunkelheit
Prangende Augenblicke gebettet,
Von denen jeder wie kristallnes Sterngeschenk die Nacht durch-
brauste
Und all mein Tun war wie ein Atemhauch von dir.
Ich wollte dich nicht, tiefster Bruder, unter Vielen wissen,
Nur in mir oder über uns als Unerkanntes, Nierschautes,
Das leicht zur Trägheit hingeneigtem Leben Sturmkraft spendet.
Da aber brach dein Name abgenützt aus jedem Mund,
Und es geschah, dass wo ein Gleichnis kam,
Du als verfehlter Anfang widerklangst.
Da fand das Größte sich im Kleinsten nimmer
Und Bild der Menge löschte dein Erhabnes aus.
Doch Kind und du beweinen diese Trennung
Gleich allzufrühem Muttersterben
Und wandern ruhelos auf toten Wegen.

DIE STUNDEN

Die Stunden traten vor mich hin und baten:
»Gib uns den Sinn!
Wir sind das Übrige von ungesäten Saaten
Und sterben sonstig einsam hin. —
Da Abendwolken roten Himmel malten
Und Tagtod nachtbehaucht an die entfernenden Gestalten
Sich axtgleich fällend legte, verlor sich unser Weg zu dir.
Denn du bist allen Pilgern himmlischsüßer Kreuzzugsbaldachin,
Der sie umschirmend weiterträgt, mit Segnungen gefüllt entlässt
Und weiß, dass sie ein Ewiges von ihm
Hintragen lobgesanghaft durch kristallne Äonenluft.
Wenn deine Liebe schmerzlich eine flüchtige Stundenstirne küsst,
Wird sie zur Fackel, die dein Helles fordernd
In die tiefen Nächte hisst.«
Da verlebendigten sich nochmal meine Hände werkbehofft
Und gaben Letztes, Größtes hin für kampfbereites Weitertraben
Im Rausche schenkenden Befruchterglücks.
Und Abschied lohte wie titanische Vollendung…
Alleinheit trug von fernher, wo die Wälder Straßen schluckten
Den Widerhall von Listtriumph und schrillem Hohn
Und meine Sternenheere stampften wieder rotgeworden
In viehisch ausgehöhltes Morden…

Der Nacht zu...
Für A. C.

Nieder senkst du dich, gnädige Nacht.
Von fernher kommen Gestalten gegangen, mondbleich umlauert.
Himmel ist nimmer. Nur Reigen von sternreicher Pracht
Umgittern mein tagwehes Haupt.
Und Dunkel schreit wie ewig mit mir verwandt
Aus schwarzem Traum Fanfarenworte ödlings durch die Straßen.
Ein wildzerwachsener und später Kindergarten
Mit Königskerzen, dunklem Duft, liebkost umrändernd schmeichelweich
Ein blaßzerflachtes Wunschbrachfeld.
Tieftief durchsingt die Seele sich mit schwerer Welt.
— Es lief, umringt von Peitschenhieben,
die Welle eines Nachtschritts
Irgendwo in Fremde und erstarb —
Es hat ein Gott einmal ein Weh gedacht und sich erkannt
Als Ohnmacht hundertfältigen Geschicks.
Am Rande seiner Stunden saß ich wie ein Stück
Von ihm und weinte mir als Wissender die Augen wund.
Von fernen Ufern hergetragen, sterbefroh umflötet mich
vergessnes Glück,
Das müde ist vom Warten...

Tag spricht…

Tag spricht: Ich bin dein Kind.
Und dir entsteig' ich, wie der Wind
Dem Nirgendwo, und kreise stundenhell empor ins Blau.
Du bist der Anfang, ich das Endlose
Und Leidzermarterte deiner irren Menschenausschau.
Ich, deine wilde Sucherbraut, die blutige Rose,
Die einsam sich aus deiner grünen Bitternis entwindet,
An dich den nimmerwelken Duft geliebter Frauen spendet.
Mir Glocke bist du Ton,
Doch Trennung sind wir beide,
Vom Licht gesegnet und von Tat zerstückt.
Wenn ich leide,
Weinst du fluchbedrückt,
Weil du dir selber nicht geglückt bist…

DER GROSSE

Und du wirst sterben müssen, wie ein Niegeliebter,
Weil du den Trieb, als er dich demutlind umwarb,
Belächlung nur entgegenschicktest
Und allem Gottblick, statt dem Schauen, tiefste Weisheit gabst.
Und du wirst erben müssen wie ein jähverlassner Fernbetrübter,
Den bittern Ton des fliehenden Gerölls getanen Werks,
Das, kaum entstanden, schon unendlich weit ist,
Und seinem Schöpfer fremd, aus fremden Händen höhnt.
An der Vollendung Ende wirst du nur um Sterben wissen
Und wehrlos lächeln wie ein Hirngegilbter,
Den nochmal eine heiße Welle wilden Lebens überföhnt. —
Denn deine Hoffnung, blind vom Zufluchtsschrei der Herde
Hat dem Ich das Wir gesagt...

Als dieser Ton sich flehend in dich fand, warst du die Blume,
Die glühbeirrt im Blühen selbst zerblühte.
Der Duft deiner Sehnsucht starb schon im Prangen
Deiner wissenden Schöne.
Wenn du auch Sonne warst von all den Halmen,
So wird dich doch die gleiche Mühle herden malmen
Und schütten in die mengverdumpfte Bitternis.
Hoch über dir wird das Gelächter sein und aller Aetzelohn,
Der Menschentaten frisst!
Und Gott wird einsam sein in dir
Und weinen wie ein irres Kind...

TRENNUNG
Für Pegu.

Gehst du nun? Ja, ich weiß, es muss so kommen! Geh!
Die Sucher stehn am Ende, sieh, es ist nichts mehr!
Die Straßen ziehen unter uns den Boden fort,
Trennung ist jedes Wort, und Blicke sind nur Stiche,
Die im Leere zucken, lüstern nach Weh und wundgewiss.
Was soll der übersonnte Himmel noch? Wie jenes Mädchen,
Das uns anlacht und vorbeihuscht wie ein Wink?
Da vorn die Schreiter, die vielleicht das Gleiche morgen schon
ereilt,
Versperren nur den Weg. Gestern noch sahen wir sie nicht.
Verflucht sei jeder Pfad, der Menschen zueinanderführt!
Er ist nur knabenträumerische Hoffnung, Wallung,
Die sich später bitterlich verspottet. — —
Gott sei's gedankt, nun nähert sich die Kreuzung,
Wo man sich nochmal ganz beschmutzt die Hände reichen
kann,
Um alles letztgewiss zu haben,
Alles, was man eine stein'ge Strecke wortlos mit sich schleppt
und ertrug.
Geh!
Morgen, so es sein will, wird schon der besänftigte Tag
Über dieses wehe Erinnern hinrinnen,
Lautlos und mild, wie eine streichelnde Hand...

HERBSTLICH
Für H. B.

Dasitzen — schweigen.
Wahlloses Leid verströmen lassen
Und einander ohnmächtig in die Augen blicken.
Gar nichts denken. —
Nur einen schweren Reigen
Von gleichen Geschicken
Um uns geschlossen
Fühlen, ihm die Hand anbieten, ohne zu drängen. — —

Dann wieder auseinandergehen.
Selbst den Druck der Hände noch erleiden
Und Knecht sein. — Knecht sein und es ganz wissen! —
Dann auf Straßen, wenn heitere Winde wehen
Und herbstlich-müde Weiden
Auf kalte, harte Mauern niederpeitschen, Wolken zerrissen
Am wandernden Himmel zergleiten:
Wieder Glauben fassen und straffer schreiten
Und alle Menschen mit erlösten Blicken grüßen,
Wie unbekannte Brüder und Begleitgenossen...
Während Straßen mit gleicher Agonie im Nichts zerfließen.

FRIEDE I

Olivnes Land rinnt schweigend in den Himmel.
Murmelnder Bach trinkt reglosen Abend aus
Und warme Stille schwimmt wie Seide durch die Luft.
Fern lehnen tote Bäume ihre Häupter aneinander,
Kein Aufwärtshelfen mehr in ihren Ästen.
Aus fast vergessnen Häuserbarrikaden bettelt sich die Nacht
Ein Licht für ihren dunklen Pfad,
Bis Mond dem wandernden Gewölk entsteigt.
Ein fremder Jesus geht auf allen Wegen,
Vom Morgen kommend, der in andern Ländern blüht...

II

Die letzte Straße gibt sich Mühe um ein Ende.
Glatt, überweit und schüchtern greift der Himmel aus.
Ins unentschlossne Kommen einer fremden Nacht.
Der Tausendschritt hat sein Daheim gefunden
Und hat ein Zittern in der Luft gelassen,
Das wehwärts ausklingt in den Raum des Dämmers.
Ein Schimmer klebt an jedem Ding und strahlt
Wie von der größten Andacht überblüht.
Und alles ist, als ob es sich an unbekannten Türen fände,
Dahinter Läuterung und Anfang glüht...

Zwischen dir und mir

Und einmal...

Gebetmild hör ich über meine Einsamkeit
Dein sanftes Flügelrauschen, Trauervogel du!
Und fern erklingt aus tiefen Grotten ein zerbrochnes Ja.
Mich hat ein Lächeln oder eines Wortes Wohltun
Fortgetragen.
Betrunkner Abend warf mich in den Schlund der Nacht,
Die Inselstunden barg, hell lodernd vor Vergessen.
Ein schwarzes Tor zerbrach auf einmal diesen Traum
Und eine Stimme rief:
»Was man nicht ist, das ist man nie gewesen!«
Der Raum war dumpf. Die Menschen sahen aus den Gläsern
Und jeder schwieg mir seinen Schmerz entgegen,
Und jedem starb das Ich.
Doch tief wo, in einer Landschaft riefst
Du groß wie nie...

Abends Mädchen über Wiesen

Die blasse Erde atmet saftbekommnes Hoffen.
Zwei nackte Bäume stürmen ädernd in den Himmel.
Goldränder schwimmen gürtend um das weite Land
Und Wind von fernher aus ganz fernen Ländern
Harft Verlangen...
Blutblüten ranken auf aus unseren Gedankengrotten
Und bitten um den unbekannten Pflücker,
Der nahe ist, so vaternah, als wölbte sich sein Arm
Um unsre sehnsuchtsmatten Schultern.
Die Häuser hinter uns entfliehen – bleiche Segel –
Und ausgebreitet wie ein Wunderteppich harrt die Welt...

LIEBENDES MÄDCHEN

Ich habe dein Gesicht gesehen,
Abenteuerheimgesucht.
Die Düfte meines knisternden Leibes wehen
Dir waches Geschehen zu.
Es ist ein großes Wunder aufgeflammt
In der schlafenden Hafenbucht
Meiner Blütenseele
Und strahlt über die Weinberge
Meines zitternden Glücks.
Wenn das Gewölk deiner Heimathand
Hinfließt über mein friedliches Haar,
Fühl ich von fernher die weiße Stunde nahen,
Der ich entstammt...

BRAUTGESANG

Ich trage meine tobenden Brüste frohahnendem Morgen zu,
Der meine traumschweren Glieder zu rufender Inbrunst
entjauchzt.
Mit meinem Blut hat sich rasende Erde verbrüdert
Und meine fruchtlauten Lenden künden verschwendende Lust.
Saatfelder im Frühling haben mich wachgewühlt,
Und die erste dufttrunkene Launacht im Mai war fallendes Licht
Über den schlängelnden Mondweg verkümmerter Sehnsucht.
Wie eine rauschende Gottwelle, Geliebter, flutet Verlangen aus mir
Und trägt dich auf paradiesische Inseln...
O komm! O komm! Geliebter!
Siehe, wie das Gewölbe der schweigenden Nacht sternenzerberstet,
So entquillt mir die lohende Bitte des Bluts...

DIE SCHENKENDEN

Nur Nähe noch. Nur Ja.
Aus heißen Leibern lechzt Vergessen
Und schreit den Schrei aus qualzerrissnem Blutgrab
Von mir zu dir.
Hinfort ist alles so, als wär es Kind gewesen
Ein frühes Bild, ein ewigerster Ton greift aus
Und berstet alle Bangnis.
Die Worte sind auf halbem Weg zerbrochen,
hinabgestürzt in dunkelfeuchten Traum
Und aufgeblüht, erstrahlt wie fremde Irrlichtlegion;
Balsam floss labend in das durstge Herz der Sehnsucht
Und brach des Denkens Atemfeindschaft.
Die Bäume haben einen Klang von Amen
Und neigen sich zutiefst vor uns,
Denn unsre wilden Leiber sind emporgesteilt
Und lodern ihr Beschenktsein in den bleichen Himmel.
Auf einer runden Schulter thront die riesenweiße Mondlawine,
Liebling!
Und um uns summt der sanfte Kreis des Schweigens…

Geliebte…!

Geliebte! Deine Seele will ich offen wissen wie ein Tor,
Das brautlauten Einzug ersehnt!
Und gertenelastisch dieses Leibes Wachsen fühlen,
Von lenzendem Wachwind entlodert zu hymnischer Schwingung.
Deine Hände sollen gestreckt sein, nichts umklammern wollen,
Selbst die erhabenste Schenkung
Ins lachende Wehen verschwendend schleudern.
Sonntagsfrühhöhe mit trillerndem Lerchsang in feuchtigen Lüften,
Ewiges Flattern, behend und springend wie Flatterlachen
Von Blume zu Blume
Heiße ich Mädchen sein…!
Geliebte! Meine Arme sind trunkene Zecher,
Die wissen was Wein ist! —
Mädchen! Tosender Meersturm! Orkan!
Brausend noch klingst du den Klang in mich Mann
Und ich lache den Gott deiner zirpenden Augen an,
Unfremd und ewig begegnend. —

NÄHE

Nähe brausen deines Leibes Glocken,
Brausen alle dunkle Wehmut tot.
Stunden sinken staunend vor uns hin
Und knien hingegeben dieser einen.
Deine Hände sprühen traumwach aller Sehnsucht Durstglut
Und auf stummen Lippen strahlt gereiftes Komm.
Hergetragen, irgendwo von weitem, säuselt eine Melodie
Schreit vergessnes Denken in den Tiefschlaf.
Und die grellste Welle aus dem Meer der Augen
Wölbt sich über uns und bettet
Alle Not und Inbrunst unbefragt in weichen Raum.
Fernsein rollt als toter Donner über unsere Inselherzen hin…

GLÜCK

O spränge doch der heiße Gruß aus unserer gürtenden
Umarmung
Jubelgrell durchs sternumrahmte Fenster tief ins Dickicht
Trister Nacht
Und gäbe vielen, so sie einsam und zergrübelt irren,
Süßen Ahnungskuss von wundgeprüftem Glück!
Uns ist nicht mehr geschehen, als der Stunde,
Die als welkes Laub sachtsamten niederfiel
Vom dunklen Baum der Ewigkeit…
Zerwandert fand man sich als Auge, das wo landen wollte,
Da es müde war…
Und Fittich war uns Schweigen,
Wenn es Ungesagtes strömen ließ, herzaufwärts,
Ohne Hemmung, makellos…
Nun wieder wie vor Traum und Zeiten schenkt die Seele sich
Wie voller Becher, der des Trinkers harrt.
Und unsre Körper zittern reifen Dank dem heilgen Schoß,
Der uns für diese Stunden fremder Erde gab als Bestes…

MUND

Die ist die Wunde, die nicht lügen kann. —
Augen noch — selbst wenn sie weit und weh und zäh
Von Schicksal sind — können vorbeisehn und trügen,
Wenn sie sich selbst von Blicken beirrt als getäuschte Sucher
In den zermarterten Hirnen denkerisch zerpflücken.
Mund kann es nicht! —
Er ist der Richtstuhl in jedem Gesicht
Und ist die Schleuse, die qualmüd
Mit welkstillem Lächeln das wortene Blut ins dunkle
Nirgendwo schüttet.
Seele rollt Ton aus vergrotteten Tiefen,
Doch auf den zitternden Schenkeln der Lippen wird er zum
Klang,
Der sich emporrang aus Bitte und Sang,
Ebnend die heimlichen Pfade des brüdernden Nachhalls
In jenen, die ihn fruchtfroh ins Höhere zeugen
Als kündendes Werk...
Mund ist wie Tieftag, der sommerlind sich keuschem Lauschen
schenkt — :
Er quillt nur — quillt und stillt und bleibt sich ständig treu.
Drum roter Gott, der aus behenden Lippen strahlt,
Fühl ich mich grußbeflaggt zu dir emporgehoben,
Wenn meine Demut das Vergessen aus dir küsst...

DIR

Manchmal sind deine Augen blaue Berge,
Hinschwimmend, Aufwärtsentfachte.
Nur die Wolke deiner Stirn düstert sie.
Manchmal ist dein Haar in den Himmel gepeitschter Waldstrich,
Den meine verlangende Inbrunst windquer durchzittert.
O, diese Stunden, wo uns Ganzsein wachglüht!
Da ist jedes Streicheln ein Losbinden von lastender Erde.
Da schämt sich all unser sterbreifes Dunkel
Und löst sich von uns...
Und aus der Verdammung des Fleisches loderst du,
Schenkstummes Abendfeld, blutfrohem Lächeln zu,
Das uns zelthaft umwölbt...

Du

Dich tragen schenkende Hände
Gleich unsichtbaren Sänften vor mich hin.
Und in mein vieles Schweigen reden alle Wände
Des Raums, der mich gefangen hält, dein Lieblingswort.
Du bist Entfacherin der wilden Brände
Meines Verlangens, das ohne dich ein Meer von Schwermut wäre.
Grußaugen, in denen mein steifer Blick ertrinkt,
Fächeln mir ahnend dein Lächeln zu,
Du Trostchoral,
Den fromme Pilger singen,
Irrwandernd durch ihr tristes Armutstal.
Ein Stern hat dich als Ton verloren,
Als er aus seinem Kreisen glitt...

GEBET AN DIE FERNE GELIEBTE

Sag mir, Gefährtin des Blutes,
Morgende Sonne, überwölbend Bereiche des Trostes,
Wann darf ich wieder, ich Irrer, trinken den Balsam des
Daheimseins
Aus deinem schenkenden Blick?
Spätdämmerndes Land sendet mich weither
Und sinkt nachttief ins Sterben ob meines Verlassens,
Während mein wandernder Schritt anschwillt zum Marsch,
Der dich sucht, Opferlamm im brennenden Dornbusch.
Höre, Geliebte, mein schmachtendes Pochen an unsichtbare Türe,
Die selber Erlösung erhofft!
Nie gibt, und wird es je geben, Wände und Weiten,
Die Menschen trennen!
Mein harfendes Herz singt sehnend durchs dickichtne Dunkel,
Dir Tulpe, wachblühend an mir, ein ewiges Lied.
Das schwarz ist und wie ein Netz unzählbarer Schlingen, Liebling!
Ich knie am Bette und bete: »Herrgott im Himmel,
Lass ihren Frieden in mich dämmern und ihren freudigen Hauch!«
Denn ich bin der Pilger durch Kälte und Sturm und viele fremde
Orte,
Und der Ausgestoßne, der landet am Ufer,
Das ferne und gartenfroh winkt, dem der sein Suchen wagt...

ZWISCHEN DIR UND MIR

Zwischen dir und mir lodert ein Berg ins Blau!
Der glitt vielleicht vor ew'gen Zeiten
Als Felsen einem Urgott aus den Händen
Und sank mit seiner ganzen Schwere
In das tiefe Weich der Erde.
Aus ihrem dunklen Wurzeladergrund trank er die Kraft
Und sog sich voll mit Aufwärtssehnsucht.
Erstarkte, wuchs und reckte sich empor wie Fleherarm
In sein verlornes Himmelheimatland.
So hat ihn unser Sucherschritt als Schicksal aufgefunden,
Da unser Kreuzespilgergang begann.
Und innehaltens auf versteinten Pfaden,
Weiß unser Blick, wenn er in weites Menschenland ausgreift,
Von herberlittnen Stunden wie von größter Gnade.

In dir

Und das, was ekler Tag an mir verlor.
Wie Donnerrollen zittert dich mein Wundsein wach
Und berstet alles Hindernde und zaghaft Schwere,
Aufspaltend tiefes Selbstvergessenstor,
Das eine wilde Straße in das Blau des Himmels schleudert.
Fluchtstunden säten ehdem Brachsein aus,
Und ich war wie ein Land, ein winterödes Haus
Dem Sterben ausgesetzt, das nicht zu klagen wagte.
O Durst, der über sich das Dürsten jäh vergisst,
Und wie der wüste Aufschrei eines Gottverlassnen letztes
Kennen ist...
Nun wird ein schwerer Anfang leicht und klaglos sterben
Und tausend Enden seines Restes Inbrunst erben...
Und Tag wird weicher Fittich sein,
Der uns auf seinen Schwingen trägt,
Dem Dunkel zu, das alles ohne Frage weiß von mir und dir...

HOFFNUNG
Für H. B.

Träufelt mir das Lied ins Blut,
Auf dass es sich wachsinge am glühenden Tag.
Ich schwebe von Dingen geschaukelt
Und lebe mich wund.
Einmal — vielleicht ists ein Morgenanbruch,
Samten hinschleichend über schneeige Dächer —
Wird all unser Gehemmtsein zerbersten vor Scham.
Und Stunden voll Jasagen tragen uns ätherhoch.

Anfang

DIE ENTFLAMMTEN

In unsren Körpern ist ein Duft von harzigen und feuchten
Wäldern,
Und unaufhörliche Versprechung glüht in unseren Gelenken.
Wir atmen vieler Nächte heiße, trunkne Liebe
Und haben leidgefurchte, stählerne Gesichte.
Das Blut in unsren Adern stammt von ungekannten Vätern
Und Wünsche brünstiger und wilder Mütter sengen
In unseren Gehirnen. Es toben tierischer denn je in uns die
Triebe,
Und unsere Gedanken sind ein dunkles Dickicht. —

WEISSAGUNG

Einer wird kommen, erhöret mich Brüder!
Wolken am lenzenden Himmel deuten ein Zeichen
Und wandernde Sterne strahlen verwelkend seinen wundreichen
Tagweg
Durch sterbende Zeit.
Einer wird kommen, der Euch die Last abnimmt,
Und sie wieder allein gen Golgatha trägt.
Da er all Euer Schmerzlichstes auf seine kämpfenden Schultern
ladet.
Dies ist jener, der von keinem Hilfe erhofft, als von sich.
Kind und Geliebte, Mutter und Bruder,
Freund, mir zugesellt, Feind, mich belauernd,
Alle wir warten auf ihn und wanken trauernd
Durch das dunkele Reich unseres kläglichen Lebens,
Das emsig zergilbt und martert, betrügt, weil es uns hält.
Ihr alle! Gebettet ins traumweiche Fach meiner Seele, höret!
Blut und Vergeltung, Schlacht und Verzagen, schmerzlahmer Hass
Und endliche Freude werden ihm das Tor auftun! —

Herr! Gott! Menschferner Herrscher aller Gefilde!
Mondboot auf einsam-silberner See! Siehe,
Tiefer noch senkt sich mein erdschwaches Kleinsein vor dir
Und lohender wird meine Bitte:
Sende ihn! Schenk ihn uns, diesen Ewigerwarteten,
Eh' er Abend uns austrinkt und wieder entschlafen lässt...!

Wissen

Nun singt! Singen ist immer Ahnung von Zeichen.
Elegischer Abend flutet in Nacht.
Silberner Himmel verschenkt sich als sternerne Hoffnung.
Friedener Traum säuselt Vollbracht.
Morgen wird Ende von Schlacht sein! —
Und siehe da, ein Licht wird leuchten, letzter Gnade gleich.
Die Demut wird den Mord der Klage auf sich nehmen,
Wie Kreuzeslast, doch ohne Jammer.
Und Sehnsucht wird gestorben sein.
Verwandlung säet aus Gewissen Wissen. —
Es fleht kein Beter mehr zu Gott,
Da er in allen wohnt seit Ewigkeiten…
Vom müden und vom breiten Müssen
Wird nur noch Rückblick leben heil und weich.
Wir alle werden Berge sein und Endungszeiten,
Auf deren Gipfeln späte Sieger bruderfrohe Fahnen hissen…

GEWISSHEIT

Hosiannah! Quelle, o dürstendes Sehnen!
Ertrotze erste Biegung feindlichen Weges umrankend,
Grüßt dich verzückt die trunkene Seele.
Wie lahmgelegt von dumpfem Wähnen,
Erdrückt und wankend, von morschen Plänen blind gedacht,
Verbannt in düsteres Verlies lastender und bracher Ohnmacht
Harrte ich, bis eine weiße Windwelle
Mitreißenden Gefühls über alle denkdurchpflügten Beete
Meines Ichs verkündend blies.
Der untertänigste von deinen Knechten,
Stand ich vor deiner Größe wehrlos, Gott
Und bat
Um deine Gnade in den Nächten irren Denkens...
Da überfiel mich ungewollt der laue Tag,
Wie Wetterwind, wie Strom,
Und alles, was vergraben im erwachten Blute lag
Rief ungebändigter und zügellos nun: K o m m !
O komm! Des Schenkens voll,
Frohlockender und kecker hebt das Herz die Flügel,
Lebendig, frisch, noch glühend von der Süßigkeit
Der wehen Wartestunden
Rinnt der befreite Blick in tiefe, ungeheure Zeit...
Bezecht vom Anfang überwunden,
In allen Gliedern jenes Beben
Des Ungeduldigen, so steh ich wie auf einem Hügel
Und sehe rücklings, zerfallend wie wankgewordne Gruft
Mein eitles, emsigirres Streben.
Und atme tief, atme dich ein wie berauschenden Duft
Und umfange dich wie ein Liebender, rasendes Leben. —

SEELE

In alle Dinge stumm hineingewoben
Trägst du ihr Schwersein über steile Berge hin
In flaches Kinderland.
Wie klarerblauer Nachmittag auf erntereifen Feldern
Entschwebtest du den Schöpferarmen Gottes
Als sie den letzten Stein zum Dom der Allmacht trugen.
Am Rand des Todes hat die wunde Erde dich gefunden
Und blühte wieder auf aus meervergessnem Blut.
Du gabst ihr prangende Oasen
Du stilltest schweigend ihren wehen Durst.
Und säumtest alles Menschentum mit Licht
Und wo du summtest wuchs ein lauter, reiner Klang…

DIE DICHTER

Uns hat die brache Zeit zum Kampf geweckt
Und öde Städte brannten uns den Fluch
Von dem Allein der Menschen in die wunschgequälte Seele.
Wir sind gefüllt vom Sehnen. Wie bezecht
Durchwanken wir den schrillen Tag. Es trug
Uns eine Nacht gleich einer Welle
Von erdigen und kargen Dörfern her,
Die tief in Mulden schlummerten und helle
Buntgeblumte Wiesen, tiefe Wälder
Mit samtenem Gemurmel stiller Quellen
Zeugten uns. Von übervollem Sichverspenden schwer
Und reif sind unsre Körper.
Wir sind die Mörder aller lastenden Vergangenheiten! —
Wie gärend vom Frohlocken frischrer Zeiten
Stehn wir, wie ehedem dem Gott als einem Gleichen
Heroisch-fordernd gegenüber.
Aus uns greift erster Anfang eines wieder reichen
Und starken Lebens in das dumpfe Jetzt hinüber. —

DEM EINZIGEN

O Einziger, der du die flügge Brücke bist
Ins heiße Herz der trunknen Welt,
Warum noch lässt du um dich rufen!
Unzeiten nun wühlt Gott durch dich
Pfadfinderisch den Weg in alle Dinge
Und füllt sie mit Geburtbegehren.
Als ob ein lockrer Stein von kahlem Felsen brach,
So fielst du aus dem Füllhorn des Geschicks
In unaufhaltsam vorwärtsstarken Wanderbruderstrom:
Ein Wehmutskind, dem Staunen unterjocht
Und jeder kleinen Müssensregung,
Du stummer Ernter erntetest den Tod,
Bis über weite Felder her ein ausgestoßner Windhauch
Süßen Hall von muntren Schritten trug,
Bis einer flinken Schwalbe Flug
Im Frühjahr deines Sehnens Damm zerbrach...
Da fing das Kind an, seine Mutter zu verfluchen,
Denn ihre Liebe war nichts als ein Hemmnis
Und seines Vaters Haus schwoll zum Gefängnis.
Da ging ein Mensch fort, um den Bruder aufzusuchen
Und fand ihn wie sich selbst allein und fremd,
Doch wie ein Acker, der des Pflügens harrte, fruchtgewiss.

DER MANN

Mann!
Steinernes Bergsein träumt als leuchtendes Ziel im Bach
deines Hoffens.
Härtende Qualjahre zerbrechen an deinem Aufwärts
Und deine heimatbebürdete Seele säet aus heutigen Händen
Morgenden Samen.
Einmal in urtiefer Nacht, da dir Straßen traurig entflohen,
Schaute dein kindirrer Blick offenen Gott,
Der bruderbegehrend dein Kommen erharrte.
Suchende Frauen trinken seine nährende Kraft
Aus dem schenkenden Becher deines nehmenden Herzens
Und erblühen zur Mutter.
Du neigest dich nieder ins irdische Tal ihres Verlangens
Und füllst ihre brausenden Leiber mit banglosem Werden.

DER HELD

Als Straßen hell-akkordisch ihn umfielen
Riss seines Denkens Damm
Und Blut quoll auf fontänengleich vom Herz zum Hirn.
Er ist zu lange einer Mutter Kind gewesen
Und unzufriedner Liebling einer weichen Frau.
Die Stühle vieler Zimmer wussten nicht, wozu sie ihn ertrugen,
Und Sattsein nährte Ekel in ihm,
Bis er dieses Rufertrommeln hörte.
Vor vielen Jahren sah er in der Fibel einen Menschen,
Der tief im Nacken unser Erde Kugel trug,
Trotz im Gesicht, in die Äonen stürzend, vorgeschobnen Kinns,
Und sah und wusste etwas wie Gigant...
Durch weiße Träume schwamm das Düster sturmgestraffter
Horden
Und jedes Mal erwachte er gelähmt und böse. —
Denn er ist einer, der dem Sturzstrom seiner Brust entgegenstellt,
Und den das ewige Verlangen martert,
Die ganze Welt herauszureißen aus den lotgerechten Angeln
Und in das dunkle, tiefe All zu schleudern.

AN DIE STRASSEN

In euch ist etwas wie die größte Inbrunst, Straßen,
Wenn ihr, den Tag durchfurchend, ineinanderfließt wie
Ströme aufgelöstes Wirbeldämmergrau,
Das durstwild, berstend allen süßen Ruhetraum, nach Sonne
sehnt! —
Nicht schaukelt euch die Sanftheit milder Wiesen, die der
Demanttau
Frohlockenden Tages wie schimmernde Melodie
Dem lerchdurchsungnen Himmel bietet. —
Ihr seid
Die wilden Bette, wo die Schrillheit
Alles heldisch-großen Lebens brütet —
Der Städte Feuerzungen, die den ewigen Bereitschaftsruf
Siegggläubigen Mutes promethisch in hohe Horizonte
ausposaunen! —
Legionen Schritte, sonnverlechzt, noch zitternd vom Millionengruß
Der unbekannten Brüder, vereinen sich zum letzten Muss.
Wohlan! Ich war nur Wrack,
Wehrlos und unterjocht von kleinem Stücketag!
Nun glüh ich euch entgegen! Brücken
Wölben sich! Alleinheit fällt,
Wenn euch mein Fuß befühlt, asphaltne Riesenrücken!
Ich Pilger, noch von schwanker Hoffnung kommend
Erstarke, wenn ihr mich umarmt, von kühner Werkvollendung
flammend...

Der ewige Wanderer

Blut singe! Freudiger Wanderfuß schleudre den erdendürstenden Schritt
Unbesonnen fremden Geschicken entgegen!
Aufstrahlt die Seele mich Trunkenen. Ich bin bereit
Und das Verborgenste in mir wird offenes Fenster, wird winkendes Tor,
Dem, der mich blicklings streift…
Halleluja! Erde atmet mit mir!
Hinter mir liegen die zerschrittnen Städte,
Wo geschwertete Straßen in himmlische Felder züngeln,
Endlos durch fruchthungerndes Land!
Erde, o Erde, sprich mir das jubelnde Gebet der Einzigkeit vor,
Den feuernden Sang ewiger Wanderschaft!
Halleluja! Ruhloses Vorwärts, das in mir glüht,
Unbekannten Zielen zu!
Was soll die Frage nach Grund, wo das Weiter wachpulst,
Was singendes Blut nicht mehr ertrug? —
Wohlan! Anfang ist alles! Ende ist nichts!
Über mein Schreiten zischen die eilenden Sterne
Und die durchzitterte Stahlluft schwirrt vermilliontes Marschgedröhn
All der großen Schollenverächter. —

❧

Am offenen Fenster steh ich wie vor einem Riesentor
und schaue atmend in die weite Nacht.
Da drüben dunkelt Fichtenwald empor,
starrend wie ein dichtgedrängtes Meer von Lanzen.
Hin über weichgewellte Hügelketten wogen volle Felder
und Korn und Weizen flüstern sich in Ruh'.
Nun schwimmt der Mond aus einer Wolkenwand
und übergießt mit Silber dieses Friedensland.
Ich mach beglückt das Fenster zu
und weiß: Ich bin ein Stück von diesem Ganzen…

AN EINE EITLE ALTE JUNGFER

Lass ihn zufrieden,
den langsamen Herbst auf deinen Zügen!
Noch fächelt er sanft um deine Gestalt
und gibt deinen Schritten das frauliche Wiegen.
Aber eh du aufschaust, ist Alter um dich
und Winter bückt dich zur Erde,
näher dem Staub.
Es ist immer etwas von Raub
im Verfließen der Mädchenzeit
und nichts nützet dagegen die wehrende List.
Sieh' jeder von uns ist nur ein Hauch,
der zum Schlusse selber bereut,
dass es ausgehaucht ist…

ANNO 1919

Immer an der Wand lang, denn sie schießen,
schießen alles kurz und klein!
Ach, wir gehen an Tagen, wie an diesen
stumm herum mit unsrem Totenschein.

Immer an der Wand lang, sonst verreckt man
kampflos mit geballter Faust.
Erst in dieser trüben Zeit erkennt man,
was das heißt: Der Ordnungsterror haust.

Lasst sie, Brüder, lasst sie schießen!
Ändern tut sich's oft in einer Nacht.
Unsereins soll nur ganz deutlich wissen:
Flinten haben wir für sie gemacht.

Ja, Prolet, du stehst in den Fabriken
und erschaffst, was jeder braucht.
Dafür kriegst du einen lahmen Rücken
und beim Streik die Kugel in den Bauch.

O, die Wahrheit ist so einfach aufzufinden,
dass wir unsre eignen Totengräber sind.
Wenn wir uns an ihr allein entzünden,
sind die besten Worte für den leeren Wind.

APHORISMUS

Einer stirbt nach halbem Gelingen
und lässt in den Dingen
seines Sehnens traurigen Hauen.
Einer wird reif mitten im Ringen
mit der Welt und wächst darüber hinaus
ins Einsame.
Einer klingt aus
wie ein zärtliches Lied
und zergeht zwischen Bild
und unergründbarem Sinn.
Alle begegnen einander am Ende
und jeder trägt die stumme Verfluchung im Blick. —

AUFBRUCH

Der untertänigste von deinen Knechten,
ohnmächtig und zerknirscht, von dumpfem Wähnen bang,
stand ich mein halbes Alter lang
vor deiner Größe wehrlos, Gott,
und bat um deine Gnade in den qualverwirrten Nächten
meiner sehnenden Demut.
Ich war nur Inbrunst und verwehte Glut.
Doch du bliebst stumm in deiner kalten Ewigkeit.

Nun überfiel die ausgestoßne Kreatur der jähe Menschentag
wie Wetterwind, wie Strom!
Und alles, was vergraben in gestauten Blute lag
ruft plötzlich ungehemmt und laut und groß:
»Wirf weg das Kreuz! O, Mitmensch, komm!«
Ergriffen wird mir meine Irrnis klar.
Ganz schüchtern hebt das Herz die Flügel,
belebt noch zuckend von der Bitterkeit
der ungezählt vertanen Stunden,
rinnt der befreite Blick in tiefe, ungeheure Zeit...
Bezecht von Anfang, einer, der sich selber überwunden,
in allen Gliedern Ungeduld und Beben,
so steh ich wie auf einem Hügel
und schau hinab in meine klösterliche Gruft.
Und atme tief! Atme dich ein wie berauschenden Duft
und umfange dich wie ein Liebender, rasendes Leben!

Aufreizung

Zufriedenheit ist immer tiefstes Unrecht.
Was hungerst du geduldig,
wenn die andern satt sind?
An allem Elend bist du schuldig,
an jeder Träne, die verrinnt!
Verflucht seist du, solang du bist ein Knecht!

Durch dich ersteht und blüht die Welt!
Was fragst du nie darnach,
wer deine Herren sind?
<u>Ein</u> Sturm legt alles brach
und zeigt, wo <u>deine</u> Siege sind!
Gelächter über dir! Um dich ists schlecht gestellt!

Versöhnlichkeit ist alte Herrenlist.
Kein Wunder, dass man dich betrügt.
<u>Sie</u> halten dich im Wahn
und du bist noch beglückt,
dass man die Welt nicht ändern kann.
Zur Hölle mit dem Frieden, Mann! Zeig endlich, wer der
Stärk're ist!

AUS DER SCHULZEIT

Verstaubter Schulraum, eckiger Katheder.
Die frühlingwachen Knochen in die enge Bank gekeilt
und ganze Tage durch gelangweilt.
Der Lehrer vorne spricht wie eine alte Leier
vom guten Willen als dem einzigen Erretter
und Fundament für jeden Lebensweg.
Wir denken an den binsbewachsnen Weiher
mit dem versteckten, morschen Brettersteg.
Vor unsren Fenstern, hoch im Himmel weilt
ein Bund von weißgeflockten Wolken,
dem alle unsre Blicke folgen.
Der Uhrenzeiger eilt
so langsam...!
Durch die Wand, vom andern Saal, ein langgezognes Eeeee...
Den Sioux's werden wir den Krieg verkünden,
Blutrache gilt und Marterpfahl und jeden Feind zu Tode schinden!
Wer kam
denn auf die hirnverbrannte, hunderttürige Idee
so was wie eine Schule zu erfinden! —

BADE-ERINNERUNG

Badendes Mädchen am sommerlichen Strand,
wir haben einander nie gekannt.
Doch du bliebst wie ein Schimmer von Freude.
Ich seh' dich noch wie heute
und trage dich in der Erinnerung
wie die wölbende Biegung einer trotzigen Welle,
wenn du – das offene Gesicht der Sonne zu –
den nackten elastischen Körper gereckt,
den Kopf hintüber, fliegend das Haar im Nacken,
mit einem bezwingenden Lachen
in das aufspritzende Wasser sprangst.
Alle lüsternen Nörgler fühlten sich geneckt.
Ich aber spürte wie von ungefähr eine Berührung,
wenn du dich in den Fluten vorwärtsrangst
und sah dir zu und immer zu,
als wärst nur du allein das einzig Helle
und Siegende im großen Raum der leeren Welt...

Bangende Mutter vor ihrem sterbenden Kind

Stirb nicht! Ach, stirb mir nicht!
Die Stimme weint vereinsamt durch den Raum
und dieser hoffnungslose Schmerz
überbraust den Tag, die Nacht, das Denken und den Traum.
Stirb nicht! Stirb nicht!
Denn sonst verdorrt mein Herz.

Mein Kind! Mein Kind, vergeh mir nicht!
Du warst das Wunder aller Innigkeit
und schwebtest schon in meiner Mädchenzeit
durch meine Wünsche wie ein Flötenlied,
das von wer weiß woher berückend zieht
und tief beglückt und wieder flieht.
Ach lösch nicht aus! Bleib mir, mein Licht!

Dein Atem stockt? Ich kann nicht mehr!
Die Bangnis wird in mir zum Meer.
Zerlitten brennen meine wundgeweinten Augen.
Warum dies' Ende? Gott, eine Mutter schreit
und du bleibst taub in deiner hohlen Ewigkeit?!
Was soll mein junges Leben jetzt noch taugen?...

BEDENKE...!

Es lässt sich nichts erschleichen.
Du musst es leiden oder du musst weichen
vor dir.
Es stehen tausendmal im Kreis die gleichen
Mächte auf und reichen
sich die Hände für und für.
Es geht um dich und immer nur um dich.
Du bist soviel wie alle:
Die Schuld und das Gericht.
Du musst dich tragen durch die Pein...

BEGRÄBNIS EINES ARBEITERS

Noch einmal, Genossen, haltet ihr das verklärte Bild
eures Lebens über ein Grab.
Dieser Sarg birgt den Sinn
eines jeden von uns von Geburt bis zum Tod. —

Über dem Friedhof liegt welker, herbstlicher Duft
und erfüllt euren Atem mit bitterer Luft.
Gräber und Kreuze fristen ihr vergessenes Dasein
um eine Kirche, und wimmernd steigt aus ihrer finsteren Gruft
das Läuten empor ins Gefild der Versöhnung. —

Geht nun, Genossen — das war alles nur Trug —
Wieder hinein in die Hölle unwissender Welt,
die ihre kalte Verhöhnung
um eure geduldigen Stirnen bellt.
Niemand bahnt euch den Weg auf Erden!
Noch seid ihr nur die Kraft, die schenkt und ernährt
um von Gesättigten ans Kreuz geschlagen zu werden. —

Besinnt euch nicht...

Besinnt euch nicht, nun ladet das Gewehr!
Es fängt der letzte Krieg sein Wesen an.
Wir sind das ungezählte Riesenheer,
das sich nur selbst befreien kann.

Geduld ist Sünde! Mitleid ist Verbrechen!
Genossen denkt, was uns geschah!
Jahrhunderte sind jetzt zu rächen.
Proleten rechnet ab, der Tag ist da!

Was liegt daran, wenn Du und ich verbluten?
Einer ist nichts, wir alle sind der Sieg!
Zerstampft die Bestien mit den Henkersknuten!
Uns alle Macht! Und dann: »Nie wieder Krieg!«

Greift an, ihr Armen, ihr gedrückten Knechte!
Wer hat denn je nach eurer Qual gefragt
und nach dem Frieren eurer kalten Nächte?
Nun rastet nimmer, bis der letzte Feind verjagt.

Wie eine Mauer stehn wir, Mann für Mann.
Das Herz voll heißem Hass, den Magen leer.
Es fängt der letzte Krieg sein Wesen an,
besinnt euch nicht und ladet das Gewehr.

BRAUTFREUDE

O komm! Komm, mein Geliebter!
Diese erste laue Nacht im Mai
und der schlängelnde Weg durch taunasse Wiesen
bringen wieder Erinnerung an unser unsagbares Glück.

O komm! O hör' mich doch, Geliebter!
Ich trage meine tobenden Brüste Dir zu
und meine Glieder sind voll rufender Inbrunst!
Mit meinem Blut hat sich die gärende Erde verbrüdert
und meine Lenden künden verschwenderische Lust.

O, du! Wie jung wir sind!
Der Quelle gleich, die unaufhörlich rauscht,
flutet Verlangen aus mir.
O du! Mann, Mensch, Geliebter!
Sieh', wie aus dem Gewölbe der Nacht der Mond herabrinnt,
so entquillt mir die Bitte des Blutes…

DÄMMERMENSCHEN

Immer müssen wir uns trennen,
wenn wir uns gänzlich kennen.
Die Tage blühen auf und welken hin
und hinterlassen keinen Sinn.
Die ruhelosen Nächte brennen
erbarmungslos das Inn're aus.
Sekunden sind, die glühen
wie Funken grell in unsre Nacht.
Manchmal stehn wir staunend, wortberaubt,
wie blasse Kinder vor dem Nichts.
Dann hebt uns eine Geisterhand
aus unserem Kerker,
aus unserer Leere.
Dann verliert sich die Schwere
in uns und wir erwachen jäh.
Immer aber ist unser Verlorensein stärker
und wir fallen wie sinnlose Tropfen
hinab in das Dunkel...

DER ARBEITER

Ich habe nichts getan. Nur immer mich gewollt
und bin geschlagen worden, bis ich entfloh.
Das Kind fand sich die Stadt
und sank in ihren schlürfenden Strom.
Verlassenheit und Fremde kam.
Wenn abends die Härten des Tages zerschlagenen Gliedern
entschwinden,
erinnert mich manchmal ein Baum an meine Jugend
und etwas will vom Herzen auf
und Gleichgequälten ohnmachtsliebe Worte sagen.
Doch es ist keiner da.
Noch tief in der sternblauen Nacht, wenn ich erwache, nagen
verstoßene Gedanken, warum dies denn sei,
in den Gängen meines verdorrten Gehirns
und wollen dem Dunkel die Antwort entwinden.
Langsam kriecht milchiger Morgen zum Fenster herein
und reißt alles entzwei.
Vielleicht verfrüht, vielleicht verblüht,
denk ich an ragenden Häusern vorbei.
Und durch den heiseren Jahrmarkt der Stadt
singt der Taumel der Arbeit sein zehrendes Lied…

DER NACHT INS OHR

Du bist das milde Alter, riesige Nacht,
unter dessen Dach nur der Weise wacht.
Du bist der Feind der Vielen,
die sich in Lärm und Helle hüllen.
Stumm suchst du deinen Freund in der Verlassenheit
und hebst ihn über alle Zeit
hinaus, empor ins Wesengroße.
Du aber bist auch eine qualbesteinte Schmerzensgasse
zu Gott.
Dich liebt die Wehmut und die Not
des Einen um der Prüfung willen,
die du ihm auferlegst im Stillen,
wenn Traum die tausend Schläfer labt.
Wer deinen Fluch und deine Segnung scheut,
der hat sich nie ganz selbst gehabt. —

DER PROPHET

Du erstrahlst, Göttlicher, an der Notwende der Zeit
wie frühhohes Morgengewölk am schirmenden Firmament,
das der Sonne prangenden Teppich breitet auf taufeuchte Flur.
Amen und Anfang ringen in Dir um den Sieg.
Alle Nächte, die Dich umschweben, füllst Du mit Aufruhr und
Liebe
wie einen Becher mit brausendem Wein.
Die Gefilde Deines Innern wogen in heldischem Blond
Und Dein Nacken zittert Glück.
O Art, die Jahrhundertinhalte in sich birgt
Und gigantisch ins Blau kühner Zukunft ragt!
Einmal, wenn alles Bergige und Ebene zerflacht,
wird man um Dich trauern,
wie um einen verlorenen Gott.

Der Tag steigt auf

Der Himmel hat den vollen Nebelbecher ausgetrunken
und lächelt die geliebte Erde an.
Die hat ihr schönstes Kleid zur Feier angetan
und duftet mild wie eine große Blume.
Die Tränen aller Felder sind auf einmal wach
und funkeln in der Sonne...
Von einem Kirchturm klingt der letzte Traum ins Blau
und zittert schüchtern in den Grillenrufen nach.
Nie aber recken Wälder so unsäglich wild
die Dankesarme in das hohe Licht...

DER ZÖGERNDE KLAGT

Ich bin so klein inmitten Morgendröhnen
und möchte immer in das Fließen fassen nach einem Halt.
Und während ich so stehe und so sinne, werd' ich alt.
Ich denke, jede Zeit ist nur ein Wiederkehren
und trage, tief verwundet, ihre Schweren
mit mir herum.
Ich schreie oft im Traum. Doch immer bleibt es stumm.
Dann strahlen Bilder auf in mir von lauten Heeren,
die vorwärtstreiben irgendwelchen Zielen zu.
Doch beim Erwachen sind auch sie nur unbekannte Fernen
Und ich bin wieder nur mit mir allein.

Wer hat mich denn so nutzlos stehn gelassen?
Ich bin so klein! So überdröhnt, so leer…!
Tausend Wünsche münden in mich!
Ich möchte immer in das Fließen fassen,
doch ständig wirft mich eine flinke Welle ab…

DIE ERSTEN

In der Tiefe sind wir laut geworden
und die Tiefe macht uns stumm.
Jahre gibt es, die von uns nichts wissen,
doch den Zeiten weisen wir den Weg.
Wenn wir unsre Fahnen blutig hissen,
bist Du, Menschheit, unser Ziel und Golgatha zugleich. —
Denn die ersten Sieger aus der Not
ernten ewiglich den Tod
und die Henker essen ihrer Äcker Brot.

DIE GERECHTIGKEIT SPRICHT:

Unsichtbar steh ich in der Welt,
und richte alles Menschentum nach einem Sinn.
Die letzte Freude und der größte Schmerz,
sie gehen durch mich und sterben hin,
um in mir auszuruhn.
Ich kenne dich, Genosse Aufwärts
und dich, Bruder in der Tiefe.
Laut oder stumm,
ich atme eure Lüste, eure Wehmut ein
und gebe sie als Erdenhauch dem Größeren zurück.
Schreit nicht, wenn's scheint, als schliefe
Gott über eurer Not!
Ich bin sein wachstes Ohr! Und euer Fluchen
ist mir der Klang für meine Nacht und meinen Tag.
Aus eurem Zweifel, eurer Feindschaft, eurem Suchen
klingt aller Ewigkeit gerechter Uhrenschlag...

DIE NEUEN MENSCHEN
(für Georg Schrimpf)

Morschwändene Hemmnisse brechen zusammen
und rinnen wie Lava hinter uns her.
Häuser fallen ein. Städte zerbersten. Berge stehen bleich.
Krüppel am Weg stöhnen verwelkt.
Fruchtheischende Erde züngelt in unser Wandern.
Nichts hält uns mehr! Kein Stillstand
— und sei er der Süßeste auch — kann uns verlocken.
Wir haben das Beste erkoren zum Streit:
Den flughaften Schritt und das brausende Herz!
Wir kommen von Hürden, die sich in Sumpf festrannten
und sind auf Blutfeldern kampfhart geworden.
Stahltrank ist Luft uns und Heimat die Fremde
und jeder der uns als Feind entgegentritt — ist unser Freund.

Die triumphierende Vernichtung

Ihr flieht umsonst,
ich weiche nicht aus eurer Herde!
Nicht Himmel bin ich und nicht Erde,
nicht Ziel und nicht Begierde.
Ich baue keine Stadt und pflanze keine Ruhe.
Ich hasse allen Frieden von Mensch zu Mensch.
Hohn ist mir schon zu viel und Kampf zu wenig.
Ich bin nur da, wo die Verwesung wirkt,
sinnlos Empörung stürmt, die Ängste martern,
das Unglück einschlägt und Zerstörung tobt.
Der Jammer und das Weinen sind mir süßester Gesang. —

Ich schlafe nie, und finstre Nächte geben
mir Kraft in meinem Streben
nach dem Nichts.
Ich rufe keine Macht um Hilfe an
und wie ihr euch auch schützt
als Staat, Nation und Heer und Vaterland,
ich falle euch mit meiner Fäulnis an
und weiß, dass ihr stets unterliegt.
Ihr fliegt umsonst! Ich weiche nicht!
Denn ich bin das Gericht
und meinem Willen
seid ihr alle untertan.
Mein Gift nährt sich im Stillen
von eurer Furcht,
denn meine Süchte sind von ewig her:
Misstrauen, List und Feindschaft und der Ekel. —

DIE ZWANZIGJÄHRIGEN

Es ist nicht wahr, dass wir voll Kühnheit sind!
Auf einmal sind wir groß und halten weglos inne.
Und während uns das Leben davonrinnt,
sehen wir uns umgürtet von Dickicht.
Im Urteil ungerecht, im Hassen ohne Wahl,
im Ansturm wild, dass jedes Mal
das Werk noch vor dem Ende jäh zusammenbricht. —
Das ist der Wendepunkt,
wo alle unsre Sehnsucht in ein Nichts zerblättert
und Wirklichkeit die Seele rädert.
Es ist wie Sturmwind,
der den wanken Bau durchwühlt
und ihn bis in die letzten Fugen zittern lässt.
Enttäuscht reißt das erschreckte Kind
die Augen auf und fühlt,
dass jeder Glaube nur ein Nest
von Wahnwitz ist und lügt.
Es ballt sich unsre Faust, denn die Idylle trügt!
Die Zeit steht blind um uns und feilt
uns für das Kommende.
Der Hass wird Trieb und jeder Tag birgt neue Tücken.
Wir sind zerrissen und zerteilt
und stürmen maßlos gegen das Vermummende,
das noch aus Kinderzeit in uns verweilt.

Zur einen Hälfte Schmutz, zur andern Heiligtum,
so ragt die Frau in unseren Sturm,
dass unser Herz in Schmerz erflammt,
wenn es zur Mutter aufsieht, der wir entstammt. —

Doch manchmal, wenn Besonnenheit
uns stiller werden lässt, in guten Augenblicken,
wacht eine Ahnung von d e n Frauen auf,
die mit der Süßigkeit
des Mutterbildes uns beglücken. — — —
Viel später aber wissen wir:
Mit zwanzig Jahren ist der Mensch entmenscht,
ein Mischling zwischen Kind und Tier.
Und nur das rettet ihn, dass er über sich hinauswünscht
und sich höhersehnt, wenn er von jenem Licht
berührt wird,
das plötzlich durchbricht
und ihn zur Gnade alles Lebens führt. —

Du Land…!

Du Land in tiefem Schlummer,
worauf der Mensch lebt, klagt und stirbt!
Wie zwingst Du schweigend allen Kummer
in dich hinein und bleibst dir treu.
Was ist daran, wenn immer wieder neu
das Leben aufblüht und zergeht im Nichts?
Du breitest dich, von allem unberührt,
wie Ewigkeit dem Vater hin…
Du bist nur du. Nur Sein.
Wir schwinden hin, Mensch und Geschlecht, wie Hauche
von Trübsal voll und nirgendwo daheim.
Du aber blühst durch Jahre und durch Zeiten ohne Ende
wie eine ewige Legende…

DUMPFE FRAGE

Was will ich da — was will ich dort?
Bei allen Stunden geh ich ein und aus
und finde nirgends eine, die zu mir gehört.
Ganz dumm und nutzlos aufgebraucht
vergehen meine Tage. —
Ich habe immer Hunger nach der Welt,
die mir vor jedem Schritt zusammenfällt.
Ich glaube fast, mich hat ein Teufel ausgehaucht
als Gift und Unglück, das sich selber hassen muss.
Man wird mich wohl zum Schluss
umbringen oder irgendwie verenden lassen müssen,
weil ich Verwesung bin, Unruhe,
die aus letztem Ekel wächst
und überall Vernichtung aussät,
Feindlichkeit und grenzenlosen Hass...

Eine Generation

Alle haben wir in den Krieg gemusst
für irgendwen und irgendwas.
Mit einem furchtbaren Hass
sind wir wieder heimgekommen
und keiner mehr hat weiter gewusst.
Die Herren hatten alles genommen
und sich aus dem Staube gemacht.
Wir haben hungernd die Tage verbracht
und schließlich Revolution gemacht
und uns geschlagen für sie.
Da war sie nun da, aber wie! —

Menschliche Reden hat man gehalten:
»Jeder ist frei, jedem sein Glück
und das Volk hat nunmehr die Macht!«
»Aber Genossen, haltet die Republik,
schafft und seid ruhig!«, hat man gesagt.
Gleich hat man uns wieder regiert,
keiner hat was zu fressen gebracht
und alles blieb ziemlich beim Alten.
Da haben wir es mit dem Kampf gehalten
für uns, und überhaupt, dass es anders wird. —

Jetzt aber haben wir auf einmal gespürt,
dass wir bloß wieder die Dummen waren.
Die Herren hat sich der Volksstaat geholt
und die haben nun wieder Krieg geführt
gegen uns Idioten und Narren.
Es blieb also alles wie vorher schon,
nur unseretwegen hat man es anders genannt.

Hunderte starben stumm an der Wand,
die anderen wurden ins Zuchthaus geholt
und die Herren bekamen den Lohn. — —

Nun predigt uns die Ohren voll,
was alle tun und jeder lassen soll,
wir glauben keinem mehr!
Wir waren eine stolze Generation
und haben in den Krieg gemusst
und erst nach dieser Revolution gewusst:
Das alles ging für irgendwen und irgendwas.
Es blieb uns nichts als Hass und Hohn,
sonst aber sind wir völlig glaubensleer...

EINMAL! —

Einmal wird der Berg unseres Hoffens strahlen
wie die Spitze eines gottüberglänzten Domturms!
Einmal wird aus Blutfeldern aufsteigen der verwirklichte Tag
unserer erlittensten Sehnsucht!
Einmal — oh, Traumbilder lehrten es uns in schlaflosen
Nächten! —
wird uns die Wehmut entgleiten und der Gedanke an
vereinzelte Not!
Das Geklirr Eures Wehrens, arme Feinde auf dem
bröckelnden Weg,
klingt wie das Grabgeläut gestriger Zeit!
Sehet, wir haben nichts als eine eilende Seele!
Aber von fern her — o höret ihr's doch! — rauscht die rasende
Welle
über die Engheit eurer raffenden Dämme der Besitzgier.
Durch unser Ichsein ringt die große Kurve zum Uns hin,
das in allen Herzen lohnt...

Empörung

Ich bin das ruhelose Ticken in den morschen Wänden eurer
Stuben
und jener fremde Missklang ihrer Winterheimlichkeit.
Ich bin das Unbehagen nach dem Sattsein
und bin der Sämann, der aus unsichtbaren Händen
Verheerung streut auf eure Äcker der Beständigkeit.
Als abgewies'ner Bettler fluch' ich vor erbarmungslosen Türen
und hauche blinde Zwiespaltatemzüge in die wanke Zeit.
Ich hebe mich von Ebnen hoch, die sich als Wüsten
todgrinsend auftun vor Euch, uferlos und ungangbar.
In Euren Ehebetten lieg ich als ungeseh'ne Dritte
und pflanze Ekel, der als Hass erblüht.
Ihr traft mich einst als schweigende Kinderbitte,
als irrer Blick, der fragend war und keine Achtung fand.
Seitdem ätzt Gift die Helle aus aus euren Tagen,
Gier frisst die Herzen auf,
und wo ein Schritt sich regt, ist Mord.
Und alles dieses fließt aus mir
von Euch gegeben
als Schuld und Racheschrei.

Erinnerung an meinen Vater

Dies hat mir in der Jugend Winternächten,
wenn draußen Frost und Schnee die Welt vermummten,
mein alter Vater oft gesagt:
»Lass dir von keinem was erzählen,
denk nicht zu groß von dir, bleib, was du bist.
Schau, Bub, bei uns ist's einfach.
Wir bleiben immer auf dem gleichen Fleck
und wachsen auf und sterben einmal ganz gemach,
zuletzt sind wir ein Haufen Dreck.
Man kann sich nichts von selbst erwählen,
das Leben ist, wie's eben ist.

Wenn wir nicht jeden Unsinn glauben möchten
und uns nicht gegenseitig selbst verdummten,
dann wär schon vieles gut gemacht.
Wenn's uns nicht gibt, die armen Kleinen,
dann hat auch Glanz und Macht der Herren aufgehört.
Wir werkeln halt, wie's unsre Väter machten
und spüren auch von Zeit zu Zeit ein Glück,
doch sonst? Was ist's! Ein Plagen und ein Trachten,
sonst geht's verdammt zurück.
Oft, Bub, da will mir's scheinen,
als sei's nur so, weil keiner diese Ordnung stört...«

Ewiges Weib

Einzeln erkenne ich dich kaum.
Jedoch in der Begierde und in manchem Traum
erschien mir süß dein Bild.
Du bist die Dirne, die ich schüchtern maß
und vergaß.
Als Mutter strahltest du in Frauenblicken
und tief im Trunke steigst du aus dem Glas
und schwebst empor in seliges Gefild.
Geigen am Abend, Bücher voll von Geschicken
gemahnten mich an dich
und wenn ich ganz versunken schritt,
hörte ich dich lächeln und fühlte Glück.
So fließt das eine in das andere
und während ich durch vieles Leben wandere,
find ich nur immer mehr zu dir zurück...

FEIERABEND

Der Tag liegt hinter uns. Er war nicht leer.
Nun schlürf' ihn ein, den Frieden, Kind!
Wir sind ganz glücklich, wie es rechte Müde sind
und wollen gar nicht mehr.

Durch die verwirrten Dämmerlabyrinthe hat die Nacht
den breiten Weg gefunden
und prangt in sternenklarer Pracht
hoch über uns...
Sieh doch! Wie lahm-gekrümmte Schlepper-Rücken
umstehn die bleichen Hügel unser stilles Tal,
und Feld und Acker strömen ungehemmt ins All.

Ja, raste nun behaglich, Kind!
Die Erde rundherum riecht lind
und sickert wie ein guter Traum in das Gedächtnis.
Es ist, wenn man so in die Höhe sieht,
als lächle aus den Sternen ewiges Vermächtnis...

FLEHRUF!

Wann sollen deine Tränen deines Leides Zeuge sein?
Wann deine Freiheit kühn die Brust der Menge wie ein Damm
entgegenstemmen? —
Bislang hat dich der Strom belogen:
Er fließt nicht so! Die Richtung kommt von dir!
Verflucht seist du, solang du Knecht der Vielheit!
Dein ist die Welt! Durch dich erblüht sie
und durch deine Lahmheit wird sie welk!
Es wird der Heutetraum dich einst im Stiche lassen
und weglos wirst du stehn, von leerer Finsternis umschlossen.
Und deine Augen werden blickversengt dir alle Schau verweigern,
weil Seele, die sie immerfreudig in erbraustes Fruchtland trieb,
den Wahntod des Verirrten starb...

FLUCH DER LEBENSANGST

Es ist zu spät! Geh hin, geh her!
Du wirst den Anfang nimmer finden,
nur seine dürren Rinden.
Trostlos und leer
wird sich vor dir die Zeit aufschließen
und jeder Tag wird graue Wüste sein…
Warum bist du nicht stark gewesen,
als es in deinem Blute schrie?!
Jetzt ists zu spät, mein Freund, zu spät!
Du hast aus Furcht den ersten Schritt vergessen
und musst verwesen.

Kurz ist das Leben, und nach wenig Jahren
Hast du alles ausgelesen:
Die Welt, den Schmerz, das So und so.
Missmut und Klage wird dein Atmen sein
und Flucht dein innerstes Begehren.
Du wirst in tausend liebeleeren
Armen nach Vergessen suchen
und sie verfluchen,
weil jeder »nimmer« heißt und »nie«
und »nie!« —

Gebet bei Tagesende

O wie die Welt,
gleich einem abgemähten Feld
in den Dämmer sinkt,
traurig und brach.
Langsam erhebt sich die Nacht
und aus den Lichtern flammt eine Ferne auf,
sehnsuchtsbeflaggt.
Wie alle andern,
wie ein Stück Wandern
an vielen Dingen vorbei,
verging dieser Tag.
Immer pochte die Unruhe
als ewiger Schlag
in unseren Herzen der Ruhe
und hielt uns wach.
Und wie eine riesige Kralle
stand düster der Schmerz über der Lust.
Nun aber breitet Stille die einsamen Arme aus
und zieht uns an die schützende Brust...

GESPRÄCH AM SAMSTAG

Setz dich her, wir wollen einen heben!
Was bleibt übrig von dem Leben
als der Samstag! — —
Komisch, was der Dicke an der Drahtbank heut gesagt hat:
»Wir sind ein Theaterstück,
das für andere geschieht.«
Möcht' nur wissen, wo der Kerl das Hirn hernimmt.
Liest und liest und redet. Meistens sitzt er im Abort
und erwischt man ihn und wirft ihm diese Finte vor,
dann sagt er ruhig: »Stimmt!« —
Drollig, was es doch für Menschen gibt!
Neulich beispielsweise geht der Herr Direktor durch.
Alle greifen fester zu und grüßen. Unser Dicker schneuzt sich nur
und dann — kaum ist der Alte weg — dreht er sich zu uns und
flucht.
Schimpft aus weiß der Teufel welchem Grund auf alle:
»Bückt Euch nur und wedelt!«, brüllt er: »Wedelt, was ihr könnt!
Spucknapf seid Ihr ihm, dem Schinder!...
Könnt Ihr denn nicht hassen?! Hassen, hassen,
hassen mit dem ganzen Blut?
Seht ihr denn nicht, wie sie unser Geld und unsere Zeit verprassen,
diese... diese... diese Schinder, diese Schufte, diese Wölfe!« — —
Nun, er ist ein alter Griesgram... Trink, wir gehen...
Er hat kein Weib und keine Kinder...

Gewitter

Die Helle wird auf einmal schier zur Nacht.
Der Himmel ist ganz schwefelgelb vor Wut,
weil ihn die dunklen Wolken so bedrängen.
Vor einer Stunde noch war er der Sonne gut
und hat an keinen Groll gedacht.
Der schwere Duft bleibt in den Büschen hängen
und Kühle drückt ihn auf die Erde nieder.
Die Bäume friert, in jedem Ast gerinnt das Blut
und Blatt um Blatt erschauert sacht.
Viel heftiger erschallen Vogellieder,
als ob sie voll von Angst und Ahnung sind.
Die Grillenrufe brechen ab im scheuen Wind
und schüchtern fallen erste dicke Tropfen nieder.
Der Himmel hält dies dumpfe Zögern nicht mehr aus
und scheint im Donnern zu zerbrechen.
Er blitzt und schüttet allen Regen aus
und durstig trinken seinen Zorn die Flächen.

GLÜCKLICHE HEIMATLOSIGKEIT

Städte und Länder, Meere haben wir durchbahnt
und sind noch immer gleich bereit,
hineinzuwandern in ein unbekanntes Land,
das ferne liegt und außer aller Zeit.
Um uns sind Felder, deren karge Traurigkeit
im herbstbewölkten Himmel sanft zerrinnt
und dort, der Wald, der wipfelschwer zusammenragt
rauscht dumpf in träger Ewigkeit.
Ziellos, verirrtem Sucher gleich, verflieht der Wind,
pfeift ins Gesicht und wühlt in unserm Haar
und zieht uns plötzlich ganz und gar
an seine lockre Brust wie eine Mutter ihr geliebtes Kind.
Die Hügelstraße fließt gemach in eines Dorfes Ruh'.
Ein schiefer Wegpfahl steht verlassen da und reckt
die beiden Arme wie ein Mensch nach Hilfe aus...
Wir stehen glücklich still und schauen immerzu
und wandern in Gedanken harte Jahre durch. Es weckt
uns neues Hoffen auf und hebt uns hoch hinaus
aus Einsamkeit und kurzer Qual.
Ganz klein zersinken vor uns diese Weiten,
ins Niegeseh'ne greift das Auge aus, die Brust wird voll
und kühner strafft sich unser schlaffes Schreiten. —

GUTE ERINNERUNG

Ich sehe viele Männer über Felder gehen
und säen
Sie trotten, jeder seine Furche lang,
die frisch von wunder Erde dampft.
Es ist in ihrem unbeirrten Gang
ein stummer Mut, der alles Leid zerstampft,
das aus dem aufgerissnen Boden quillt
und rachengleich den harten Schritt umschlingt.
Durch feuchte Frühluft schrillt
Gebrüll der Ochsen. Eine hohe Lerche singt
frohlockend über die bezwungnen Felder...
Es flossen schwere Jahre hin und ich bin älter.
Ich sehe immer noch die Männer gehen
und säen...

Heimkehrende Bauern

Trächtiges Land, das uns umspannt!
Endloses Grün, in den dämmernden Himmel fliehend!
Wogende Saatfelder, ihr, unserer Hände entwundenes Reich,
wie glänzt euer Friede an der Grenze des Abends,
wenn wir heimwärts gehen und noch einmal zurückschauen
in schweigendem Dank.
Unsichtbar über die duftenden Äcker schweben schützende
Scharen
und tragen auf Sänften des lauen Windes
eine unaussprechliche Aufrichtung hinter uns her.
Wir spüren sie sanft an den Wangen, die braun sind von Sonne
und klebrig von Schweiß
und denken im Dahingehen an das Gebet,
das wir wie immer nach dem Nachtmahl sprechen...

Nun fängt das Dorf an, und aus den Tennen haucht Leere.
Fester umklammern wir unser Erntegerät
und wissen nicht einmal zu was wir entschlossen sind.
Doch tief in der Bläue des Himmels hinter den Häusern
schimmert schon etwas wie Kälte und Kargheit endender
Jahreszeit
und mahnt uns ans Schärfen des Pflugs und ans Säen...
So kreist unser Denken und Tun täglich in nüchterner Ewigkeit
und gibt uns den Sinn,
die Erde zu füllen von Herbst bis zu Herbst
wie ein Faß mit dem Weine gedeiender Arbeit. —

Hereinbruch der Nacht

Vom Mond herab bahnt sich ein bleicher Weg.
Traumtaumelnd falten sich die Gärten auf.
Ein weißer Sternstrich stürzt sich auf ein Schieferdach,
Und rotgesengte Fenster warten aufs Verlöschen.
Taglahmer Häuser müdgejagtes Segelheer
Hängt schräg am Rand der flachen Ebenen.
Die aber haben jeden Raum vergessen
Und fluten hin wie grenzen-inselloses Meer,
So lastberaubt, so leicht, als wäre nie ein Mensch gewesen
Und hätte ihrem bittern Grund die Frucht entrissen,
Schweißtriefend, hart, gequält und adamsschwer.

HOFFNUNG

Bruder, jeder von uns hat jahrauf und jahrab
bitterstes Dunkel durchschritten.
Alles war Jammer und Joch.
Gib mir die Hand!
Leben beginnt und verrinnt
und macht die Besten oft blind.
Siehe die Sterne,
sie brechen durch finsterste Nacht.
Einmal erstrahlt uns das siegreiche: »Doch!«
Und durch die schwingende Ferne
beben die Harfen des Tages: »Vollbracht.«

Erhebe dich mit deinem letzten Geist, geliebte, flügellahme Erde!
Dir weht der Atem noch von Tod und Gestern in den morschen
Gliedern.
Die Jahre, wo um Mord und Hass der Kampf ging, werden nie
versinken,
bedenk es, Selbstvergessene, in deinen schwersten Stunden.

Kein Schmerz ist noch umsonst gewesen, kein Gram ohn' Merkmal.
Du wirst an deinem Irren tausendmal genesen
und immer wieder fallen in die gleiche Zeitgefängnisqual
und letztlich doch, als wär' es ewig so gewesen,
aufstrahlen wie ein greller Domturm in das dunkle All.
Du bist des Gottes größtes Schmerzensstück, o runder Traum,
der Tag und Nacht nicht ruht.
Um deine Grenzen braust verarmter Sterne wehes Blut
und fließt verdunkelnd in das Silberbett der kahlen Mondgruft,
um deinen Weg, o Pilgerin, nicht auszulöschen.

Die Menschen aber sind zu blind und wissen nichts davon.
Du aber Erde, die sie trägt und bettet,
o gieße diese Weisheit, diesen Trost, der rettet,
in deiner irren Kinder Schar, die müde ist und schwach vom
kleinen Sterben:
Die Hoffnung ist nicht tot und jede Wunde ist ein Stein zu einer
Stufe.
Wenn tief die Nacht um tristes Hausgebirg gespannt ist,
seh' ich am blanken Himmel dieses Bild wie Zeichen:

Ein Riesenjubelzug verbrüderter Legionen drängt durch ein
Prunktor.
Dahinter sind erstrahlende Alleen und Gefild
und irgendwo in weiter, weiter Ferne winkt endloses junges Jahr…

IN DER FREMDE

Störche flattern hoch durch Rauch und Dunst,
Abschied auf den breiten Flügeln.
Sie müssen hinkommen, wo zwischen sanften Hügeln
mein Heimatdorf schläft.
Der bleiig-schwere Regenhimmel gähnt so trist
und rundherum, die Stadt, sie kläfft
mich an, als ob sie ihre eigne Hölle ist.
Den grauen Strom durchfurchen schwerbeladne Boote,
die andren ruhn im Hafen, eine Rotte
müdgehetzter Riesentiere...
Und während ich vor Heimweh meinen Blick verliere,
erdröhnt in mir, was über alle Straßen bebt.
Ich fasse mich auf einmal neubelebt
und werde seltsam frei und froh.
Lastträger, drüben auf den Landungsbrücken,
ihr Männer mit den straff-gewölbten Rücken,
ich seh' euch werkeln, hör euch fluchen
und weiß: Holzfäller, knorrig wie die Buchen
in den Wäldern meiner Heimat sind so...

In einer nachdenklichen Sekunde

Es rann ein Tag wie alle andern hin.
Man weiß nur, dass man älter ist um Jahre.
Sehr müde will noch einmal aller Wundersinn
der schönen Welt die Flügel leis erheben…
Es träumt sich eine Sekunde lang so leicht
zurück in die verwundenen Schmerzen.
Fast ists, als flösse in die stumme Weile
ein Klang von einem alten Lied,
der auftut die gehemmten Herzen.
Man möchte alle Menschen grundlos lieben.
Die Helle weicht und rundherum steht Dunkel auf.
Das Lächeln stirbt auf deinen Lippen.
Kalt rauscht der Wind vergeblicher Vergangenheit
durch morsche Giebel der verlornen Zeit…

IN MEMORIAM RAINER MARIA RILKE

Du bist nicht mehr.
Und alles, was uns blieb, ist übereiltes Kreisen
und jämmerliche Wiederkehr.
Du gingst ins Dunkle wie die Weisen,
die das wüste Menschenheer
vereinsamt ihrem eignen Mitleid überlassen.
Du hast uns alle tief allein gelassen
in kalter Ohnmacht und in leerem Schmerz...

Schon als du lebtest, warst du uns Legende,
ganz groß und unerreichbar rein,
als hätten dich die liebsten Götterhände
herabgestellt wie einen wundertätigen Schrein.
Du warst nur Strahl und Glanz
dein kurzes, stilles Leben lang
und hieltest Süßigkeit und Bitternis gefangen
in deinen Harfenworten wie ein nimmermüdes Gleichnis.

O Mönch im Dichter! Ein gekreuzigtes Vollbracht
ist uns dein stummes Sterben.
Nun gähnt um uns herum erbarmungslos die Nacht
und Wüsten dehnen sich, und Scherben
sind unser Erbteil. Denn wieder neu entzweit
stehn Gott und Mensch an deiner Gruft
und spüren nur die ungeheure Trennungskluft.
Verloren weint dein Lied in ewige Vergeblichkeit...

KAMERADIN

Ich sehe dich in dunklen Nischen stehen,
verkauft, verraten, krank und alt.
Das Weib bist du, das obdachlos durch kalte Nächte irrt,
weil ein Betrunkner dich von deinen Kindern fortgetrieben.
Den Krankensälen, Klöstern, Stuben, Kneipen gibst du den Klang
und stehst an ratternden Maschinen, völlig aufgerieben,
und hast nur Augen noch, sonst nichts.
Du kannst auch sein, was tausend andre sind:
Ein keckes Mädchen und ein halbes Kind,
mit dem die Eltern manches planen,
dann wieder eines plumpen Spießers Frau,
verderbt und listig, wie man's wünscht.
Und Mutter kannst du sein mit vielen Kindern
und eine ewig Ungestillte,
die sich hineinwirft in die Flut der Welt.
Was hilft das Auseinanderstreben!
Auf allen Wegen treffen wir uns immerdar,
einsamer, klarer und noch mehr vereint von Jahr zu Jahr.
Ein Nichts sind wir,
viel weniger als Kreatur und Tier!
Nur in der Sehnsucht zueinander sind wir groß und rein. —

KEINE NACHT VERGEHT...

Keine Nacht vergeht, dass ich nicht denke
an die Brüder, die in Kerkern leiden.
Grausig zieht sich jede Stunde in die Länge,
nimmer wollen diese Bilder scheiden.

Soll denn das mein ganzes Leben dauern:
Knechtschaft, Schande, Unrecht und Betrug?
Ach, Genossen hinter dicken Mauern,
euch gilt ständig meiner Wehmut schwerer Flug!

An die Fenster schlägt der öde Regen
und die kalte Fremde weht mich an.
Immer muss ich schlaflos überlegen,
was mein Herz nicht mehr ertragen kann.

Immer trommeln meine Pulse euer Heldenlied:
Dieser hat das Foltern überschwiegen,
jenen schlug man tot, weil er kein Wort verriet.
Keiner wollte seinen Henkern unterliegen.

Und je mehr mich dies durchwühlt,
desto mehr verflüchtigt sich die Nacht.
Und mir ist, als ob wie ich der Fernste fühlt:
Kein's der Opfer ist umsonst gebracht!

KLEINER RAT

Gehorcht der Lockung nicht auf nahe schöne Zeit,
Genossen aus der Tiefe!
Das Heute und das Morgen heißt Beharrlichkeit
und weiter nichts.
Wir brauchen uns nicht tröstend anzulügen.
Zu lang war unser aller Leben bitt'res Unterliegen
und Qual und Schmerz und halbe Tat.
Bedenkt, wir müssen für ein ganzes Menschenalter siegen
und dies sei uns beständiger Rat:
Nicht leerer Lärm soll uns betrügen.
Die Zukunft kommt als wüster Acker, der nach Pflügern schreit!
Wir wollen uns nie selbst belügen.
Im harten Schweigen wird der Mensch bereit.

Kranker nach der Narkose

Über den Dingen liegt sänftigende Schwere
und wirres Wünschen fließt raumlos dahin.
Der lahme Herzschlag bebt ohne Verlangen
und jedes Etwas ist für die Sinne verloren.
Wie aus einem betrübten Ungefähren
bricht schläferndes Müdsein über mein Bangen.
Die Welt schaukelt wie aus den Fugen
und mir ist, als trügen unsichtbare Hände
mein Wesen äth'rischen Wüsten entgegen…

LASS NACHTEN, HERR!

Noch einmal will der Tag sich selber »Amen« sagen
und zieht rund um den Himmel eine hohe rote Wand.
Noch einmal glänzt, was Staub ist, Mühsal und Versagen
und fällt ins Dämmern wie ein wesenloser Tand.
Was ist nun alles dies, was uns so wichtig schien?
Ein Hauch geschah — und nun ists Gestern.
Und Morgen? — Morgen klingt so kühn!
und steht auf einmal rundherum, genauso fern
und ebenso gewesen.
Wir stehen wehrlos vor dem Riesenberg der Zeit,
von dem sich hart die Stundensteine lösen
und abwärtsrollen ins verkohlte Nichts.
Lass nachten, Herr! Die Seele schreit
aus der Verdammung dieses hoffnungslosen Weltgerichts. —

LETZTE LÄUTERUNG DES GLÄUBIGEN

An einem der fliehenden Tage kommt das Verlöschen
und allem Gewesenen entquillt die verklärende Wehmut.
Der irdische Kämpfer legt sieglos die Waffe zur Seite,
vergessend sich selbst, Gefahr und die Welt.
Reif sind wir zur Gnade. —
Umsonst kümmert und fristet die Zeit sich zu Ende!
Wir stehen außer ihrem Kreisen,
ihr Freund nicht, noch ihr Feind.
Und all das Wichtige in ihren lauten Weisen
ist Klang aus der Vermessenheit in unserm Ohr.
S o abgestorben will uns Gott
und so begierdenlos, dass selbst der Tod
für uns nur eine leere Stundenwende ist. —

LIED DER VERDAMMTEN

Das ist furchtbar, dass wir alle,
wie wir sind — geschehen.
Tausend sind wir, sind Millionen,
tun das Gleiche für das Gleiche,
füllen Städte, Länder, Reiche
und im Grunde sind wir weniger als einer.
O verflucht! Jedweder Tag ist Falle,
jedes Jahr verströmt im Nichts.
Grausam wehen Wind und Kälte,
Sonne brennt und Regen strömt.
Not zerfrisst uns ganz und gar.
Warum müssen wir denn leben alle,
wenn der Anfang schon ein Ende ist?! —

Manifeststück

Warum auch sollen wir nicht denken, wenn uns dies als etwas erscheint, was nach vorne züngelt?

Fernen sind nichts! Denken greift aus und macht die Berührten zu Nachdenkern. Unser Denken baut den Dom, pfercht Menschen zusammen, alle ungleich in der Art, aber alle schaffend. Nachdenken! Gibt es denn das? Wohl! Aber die Grenzen zwischen dem erschaffenden Denken und dem Nachdenken sind kaum merkbar. Nur die Wucht vielleicht unterscheidet.

Fühltest Du nie, Freund, dass plötzlich, nachdem Denken traf, Du sie selber weitertriebst als etwas anderes, als etwas von Dir, dem doch eine ewige, rufende Gleichheit innewohnt?

Heiß dieses Innewohnende Geist, heiß es Idee, heiß es nur irgendwie. (Einmal sagte wer etwas von ewiger Brunst.)

Das kann sein wie es will. Über uns sind unsichtbare Fahnen. Hörtest Du nie ihr schütterndes Flattern durch die Sphären menschlicher Werkschar- und Werkwahrhaftigkeit! — —

Baut Wälle! Erlasst Proteste! Wehrt Euch, weil Sattheit Euch niederhält und Haben Euch hemmt, flieht wohin ihr wollt! Durch die Wände Eurer Stuben wird etwas von diesem, unserem Vorwärts sickern.

Ruhelos werdet ihr zu Bett gehen und Eure Träume werden einmal (ach, einmal!) Lawinen sein, Ekellawinen, die über Euch herfallen und ihr werdet all Euer Leben verfluchen, weil es Lüge war! Lüge! Lüge! Lüge! — Freund, den dieses trifft, Du wirst nicht stille stehn! Ich weiß es! Denn wie soll eine Welle denn Welle sein, wenn sie nicht einer anderen den entfachenden Kuss geben kann!?

MASSE

Gewaltige Masse, die die Welt zusammenhält!
Du Bienenschwarm, in Städte eingepfercht
und in den flachen Gauen schaffend!
In Hütten hausend und in öden Mietskasernen,
im Bergwerk schuftend und am Laufband der Fabrik
und alle kargen Äcker pflügend,
wie gährt dein Tun durch alle wirren Tage!
Dein Weg hat dir nur Schmerz gebracht,
die Lust war anderswo, du ahntest nur die Schuld.
Geschlechter herrschten über dich und starben
trotz Reichtum, List und Glück
und hinterließen ständig Erben, deren Macht
für dich nur Knechtschaft war und bitteres Geschick.
Du warst ganz untertänig ihrer Huld
und hast Jahrhunderte die Last Verachteter getragen
und alle Wehmut der Geduld.
Die Deinen kamen mit gebundenen Händen
zur Welt und sind herausgewachsen aus den Ackernarben
der wunden Zeit wie eine unerwartete Legion.
Da rissen alle Fesseln jäh entzwei und wie verjüngt
stehn alle nach den schmerzerfüllten Jahren
der Zukunft zugewandt, die die Erlösung bringt
und Recht und das Gericht. —

MENSCHENLEBEN

Aller Anfang ist Hass.
Die Begierden flammen verrucht
und eh' du beginnst
beirrt dich schon Sehnsucht.
Jedes Gelingen ist wehmütiger Abglanz
und Marter zugleich.
Ewig nur bleibt uns der Schmerz. —
Alles Ende ist bitt'res Warum.
Und am Eingang des Sterbens stehet verstoßen
ein weinender Schatten von Liebe
und segnet uns stumm. —

MONOLOG EINES SELBSTMÖRDERS

Ich hab' eine Frau und zwei Kinder gehabt
und auch eine ganz nette Stellung.
Vor meiner Vermählung
bin ich samstags viel mit Huren getrabt,
aber das hat nichts geschadet und mein Leben
nahm dann doch den richtigen Lauf.

Ich muss jetzt lächeln über all dies,
weil ich ja immer noch da bin…
Seltsam — auf einmal ist mir alles zur Bangnis geworden,
die Menschen wurden mir zuwider
und Gott schon gar,
der war, scheint's, immer mein Feind.
Man soll sich, wenn man einmal denken kann,
auf nichts einlassen, auf gar nichts!
Gleich weg, das wär' das Beste.

Anfangs sagt man sich: »Vielleicht«.
Jetzt hock ich da und denk: »Warum?«
Jetzt wird's für immer Nacht sein,
immer gleichmäßige Nacht…
Und da gibt's Menschen, die um einen,
wenn er nicht mehr ist, weinen!…

MÜRRISCHER ARBEITER

Da ist man nun den ganzen Tag im Lärm gestanden
und hat die ätzend-schlechte Luft geschluckt.
Da hat man nun — als Mensch kaum mehr vorhanden —
gewerkelt für die andern und nie aufgemuckt.

Und jetzt? Was soll man tun? Man trinkt.
Es ist ja immer nur die gleiche Scheiße,
in die man jeden Morgen neu versinkt.
Und dafür kriegen unsre Herren fette Preise.

Man müsste doch, so scheint's uns oft,
auf das nicht hören, was die Klugen sagen
und einfach einmal wild und unverhofft
die ganze Welt in tausend Stücke schlagen.

Stoß an, Genosse, was liegt dran,
wenn man die Bitternisse niedersäuft.
Wenn wir krepieren, kommen andre dran
und können zusehn wie der Schwindel weiterläuft...

NACH DEM ZUSAMMENBRUCH DER MÜNCHNER RÄTEREPUBLIK 1919

Sie haben uns gejagt, gefoltert und erschossen
und ihre ganze Nacht bis zum Exzeß genossen.
Sie glaubten, uns mit einem Schlage auszurotten
und leicht ists ihnen, die Zertretnen zu verspotten.

Fast zum Ersticken ists in diesem Meer von Blut,
denn diese Bestien machten ihre Arbeit gut.
Ihr wilder Schrecken droht um uns wie ein Moloch
und so wird's morgen sein und übermorgen noch.

Am Blutgerüst erbaun sie neu die Vaterländer ihrer Staaten
und können wieder über Massenmord und Krieg beraten.
Uns stockt das Herz vor unsrer schauerlichsten Schuld:
Sie haben nur gesiegt durch unsere Geduld.

Und dennoch — Brüder, lasst euch nicht beirren! —
für jetzt mag ihre Meute triumphieren!
Vergeblich steht kein Mensch vor tausend Särgen.
Die Rache brennt auf unseren Kalvarienbergen!

Sie mögen sich nun fett in ihren Sicherheiten wiegen!
Nicht immer ist Verstummen Unterliegen.
Uns schweißen Qual und Wut erst recht zusammen!
Wir setzen hinter sie erbarmungslos das »Amen«.

Neujahrsnacht

Der Mond steht hoch und wie Kristalle blinken Sterne
herab auf die gefrorne, tote Erdenferne.
Die dunklen Wälder sind ins Blau gemeißelt
und weiße Felder fließen talwärts über steife Hügelnacken.
Der Uhu gurrt dem Wintertraum den Schweigenstakt
und Geistersänften tragen nun den Preis
des Fleißes, der in warmen Stuben schläft
hinauf zum heimlichsten der Erdendiener.
Es ist ganz still und weit und weiß.
Tief unterm Schnee nur gärt verjüngte Gnadehoffnung. —

OHNE BLEIBE

Der Schnee fällt unablässig still und fein
vom dunklen Himmel nieder.
Die Gaslaternen leuchten arm in gelbem Schein
und meine Schritte werden immer müder.
Ich bin den ganzen Tag von Tür zu Tür gelaufen
und konnt' mir dafür grad' die Suppe kaufen.

Die langen Straßenfronten sind verstummt.
Ich höre nur mein eignes Schnaufen.
Weitum ist alles weiß und schnee-vermummt
und nirgends kann ich schlafen.
Ich weiß nicht mehr, ists kalt, ists heiß
und werde langsam selbst ein Brocken Eis.

Ich will mich einfach auf den Boden legen.
Ich wette, wer dies sieht,
den wird dies Sterben nicht erschrecken.
Es ist ja immer nur das alte Lied:
Die einen werden fett vor lauter Segen,
doch unsereins kommt viel zu spät...

SCHLAFLIED UNTER EINER BRÜCKE

Du musst dich mehr an meinen Rücken legen, Kamerad,
sonst frieren wir.
So! — So! So wird es halbwegs warm…
Gott sei's gedankt, hier kommt kein Regen her! — —

Die andern freilich haben Stuben, Häuser, Schlösser
und weiß der Teufel was!
Sie frieren nicht und werden auch nicht nass.
Doch unsereins…? — —
Es ist bloß gut, dass es noch Brücken gibt.
Schlaf ein, mein Freund, schlaf ein……

SCHLUCHTEN IM VORFRÜHLING

Durch lockre Erde peitscht das wilde Blut des Frühlings.
Die wintersteifen Wälder sind gen März gereckt
und durch die Luft fegt Wind wie aufgeschreckter Anfang.
Baumkronen pinseln ihre frostig-weiße Kälte an den Himmel
und schüchtern zittern erste Gräser auf den feuchten Feldern.
Der letzte Schnee verkriecht sich bang. —
Auf einmal ist jedwede Weite frei und aufgedeckt.
Nur ihr, ihr dunklen Schluchten, wisset nichts von alledem
und eure kahlen Felsenstirnen sind wie immer.
Ihr lächelt tief in tiefer Ruh...
Der Erde Herz schläft in euch eingesargt.
Nichts kennet ihr als atemlose Stille.
Doch wenn einmal aus eurem Schweigen
die dünstigen Reigen steigen
sieht Gott machtlos hinab in euren dumpfen Denkergrund...

SCHWERE

Zerhetzter Tag veratmet abendlich
und seine wirre Emsigkeit entwich.
Die heiße Erde hat sich müd gedacht
und legt den Kopf ins weiche Kissen
des ruhig klaren Himmels...
Die welken Wiesen sind erwacht
und Bäume heben hoffend ihre Arme
in die erfrischte Luft.
Der tiefen Wurzel und dem hohen Wipfel
entströmt zufriedner Duft
und Haus und Ding zerfließen
im Weben sanfter Nacht.
Nur wir allein
stehn in der Pein
und wissen friedelos um unerreichte Gipfel...

SCHWERMUT

Es ist so, dass man ausgreift in die Nacht
um alles Menschenweh zu fassen.
Entschlussreif bohrt das überhelle Auge in ein Nichts,
aus dem kein Bruderblick entgegensieht.
Es ist so, dass man Worte aus sich wachsen fühlt,
die Ohnmacht an ein hoffnungsloses Ufer spült,
von wo nur Hohn herüberföhnt.
So alt kann alles Leben in Sekunden sein,
dass man davor erschrickt und schweigt
vor Scham...

Schwur der Opfer

Was kläffst du noch von Himmel und von Gott,
verdammter Lügenpfaffe?
Ach, dass dich doch die eigne Zunge strafe!
Was wimmerst du von schönen Jenseitstagen,
wenn sie uns wegmähn wie der Tod
und uns erbarmungslos zu Krüppeln schlagen?!

Dass dich doch gleich die Erd' aufsauge,
du Schuft mit deinem Kreuz!
Sieh, selbst der Fromme dort bereut's,
dass er dein Schäflein war und macht's wie wir:
Die ausgestreckte Hand vor's Auge
und ins Gehieb gerannt wie ein gemartert' Tier.

Geh weg mit Meßbuch und geweihtem Holz,
wir spucken drauf!
Man bringt uns um zu Hauf
und du willst uns die Demut anempfehlen!
Wir sind auch noch im Sterben stolz
und werden Hass und Feindschaft nie verhehlen.

Uns ist von unsrer Langmut nur geblieben,
du niedre Diener-Kreatur,
der eine große, stumme Schwur:
Wir wollen nie, nie wieder lieben,
wenn wir, so es der Zufall will, am Leben bleiben
und werden keinen Richt-Tag je verschieben.

Wir sterben nicht! Wir sind nicht auszurotten
und selbst im Grab noch nicht geborgen!

Die nach uns kommen, werden morgen
für unser Leid die Rechnung präsentieren.
Da wird so mancher Kämpfer noch verbluten,
doch keines Pfaffen Lug wird diesen Sieg verwirren.

SEHNSUCHT ZURÜCK

Noch einmal jung sein!
Kein Kind mehr und noch kein Mann
und sich jeden Morgen wie ein Titan
ergriffen dem köstlichen Leben
hingeben!
Noch einmal arglos sein
und meinen, es muss alles gelingen,
was man hoffend beginnt.
O, noch einmal jung sein!
Und mit planlosen Hemmnissen ringen,
als sei man allein der Gestalter
der festlichen Welt.
Und schwerelos lächeln über das Alter,
dem dieses Stürmen missfällt
und nie begreifen, dass je eine Stunde verrinnt…

SINNSPRUCH

Nun stehn wir wieder vor dem Abend,
Du — ich, wir zwei, und alle anderen Millionen.
Ein trüber Tag ist uns zerronnen
und alles was gelang war dumpfe Frage.
Was soll man viele Worte machen,
wenn man in sich das Nichts empfindet!
Die Zeit verrinnt, das Leben schwindet
und dies ist unser aller Gang:
Es wird ein wenig hell, dann dunkel,
plötzlich ist es tot und stumm.
Der eine denkt und spricht davon,
der andre füllt es mit dem Tun.
Und beide haben Unrecht.
Sei still! Das Beste ist, du liebst.
Wir werden immer vor dem Abgrund stehen
und trauern über die Vergeblichkeit…

SPRICHWORT

Vor einen Vorhang trittst du an jedem Morgen
und stehst, dem Wüstenwandrer gleich, bereit und stumm
vor immer gleichen ungezählten, kleinen Sorgen.
Und jedes Mal entführt der wirre Tag dein Ziel
und schändet dich vertausendfacht.
Du hast umsonst dem Lärm und Licht geglaubt
und starrst zum Schlusse wortberaubt,
wie einer, dem im Kampf der Mut zerfiel,
hinein in dieses rätselnde Warum
und sinkst geschlagen in die Nacht...

Ständige Gegenwart

Wenn Schwermut und Trauer sich regen,
hab ich den Trost: Du bist nie fern.
Über allen meinen Wegen
strahlst du als hoffender Stern,
und wie einen Segen
tragen unsichtbare Hände
dich vor mich her.
Am Morgen der Tau und am Abend
der Dämmer duften nach dir.
Und selbst im Schweigen die Wände
erzählen von dir.
Du bist Entfacherin der Brände
meines Verlangens
und in der Gruft allen Bangens
leuchtet stetig dein Licht.
Ich muss verlassen sterben,
wenn dieses alles zerbricht…

Sterbender Bauer

Da schaut hinaus! Der Herbst hat sich zum Sterben hingelegt.
Der neue Herr, der Winter,
hat ihn mit schönstem Linnen zugedeckt.
Es hat nicht e i n e Glocke was verlauten lassen,
auf einmal war d e r Tod geschehen.
Ein wenig hat der Wind geweint,
dann kamen weiße Schneewehen
und alles war vorüber…

Lasst mich in Ruh!
Ich bin wie diese Sachen draußen sind.
Ich bins gewesen, bins geworden,
was ist das schon! —
Jedweder Mensch fängt an beim Kind,
wird je nachdem ein Mann, ein Weib,
zum Schlusse muss er sterben.
Es muss, scheint's doch, dem Herrgott so gefallen,
dass es mit uns geht wie mit allem:
Die Alten schwinden hin, die Jungen erben,
kein Mensch, kein Vieh, kein Feld und Ding sagt: Bleib…

STOLZER BAUER

Gar oft des Nachts im Bette,
wenn meine Augen noch halbwegs offen sind,
seh ich die Welt als weiten Ackerboden
und meine Väter pflügen drauf und roden.
Da freu ich mich wie ein glückliches Kind.

Ich bin so froh und bete
und möchte nie was andres als ein Bauer sein.
Dann wird das Land wie eine Tafel glatt.
Mir geht schier wie dem lieben Herrgott:
Ich ziehe Striche mit dem Pflug und teile alles ein.

Am andern Morgen auf dem Felde
sieht freilich meine Schwärmerei ganz anders aus.
Da ist nun wieder dieser harte Erdstrich,
verlangt Geduld und Schweiß und narrt mich.
Doch ich bin vollauf lustig und mach mir gar nichts draus. —

Trauer über eine vergangene Nacht

Ich hör' auf einmal keine Uhr mehr schlagen,
urplötzlich ist es grausig still.
Die letzten Sterne im verglasten Himmel bleichen hin
und vor den trüben Fenstern fängt es an zu tagen.
Ich bin so müd, dass ich nicht einmal schlafen will
und seufze immer: »Du« und »Du!«
Was ist das nur? —
Ich war so glücklich in der Stille,
so frei und mit der ganzen Welt verträglich.
Nun hab' ich jähe Angst vor allen Gegenständen,
die in mein Auge rücken, fremd und unerträglich,
und möchte mich am liebsten an den Zimmerwänden
aufhängen wie ein abgegriffnes Bild.
Jetzt ist's schon hell. Die Trübsal bricht herein,
Tag kommt und mit ihm lauter falscher Schein.
Ich werde wieder durch die Straßen gehen,
dumm und fremd und völlig irr
und alle Menschen fliehen wie ein scheu-gehetztes Tier,
bis mich die Nacht aus dieser Hölle hebt…

Traum und Hoffnung vor dem Weltuntergang

Dies ist uns Blutverfluchten das tröstende Gebet
in der Verwesung Finsternis und Qual:
Wenn wir auch alle einsam und verhöhnet sterben,
so sind wir doch, o Gott, zu dir emporgewachsen.
Es kann nicht sein, dass ausgesäet wird,
dass Erde blüht und fruchtet für das Nichts.
Die tiefen Dinge kreisen lautlos um die Schmerzensachsen
des Alls und raunen sich noch sterbend ihr Getanes in das Ohr.
Und einmal wird ein Tag sein, den wir ewig suchten,
wie Pyramide strahlend aus entnütztem Schwall,
der Gnade trägt in alle gierverruchten
Wahnjahre unserer Erdenpein. — — —
— — — — — — — — — — — — — — — — — — — —
Der Würfel fällt. Die Welt geht krachend unter.
Noch brennt der Hoffnungstraum auf tausend schlaf-
umsäumten Lidern.
Die Wehmut einer letzten Stunde sinkt ins Grab.
Uns kann dies nur Erlösung sein. —

Traurige junge Arbeiterin

Immer lastet auf mir der hämmernde Tag
und ich mag
gar nicht mehr auf meine Sehnsüchte hören.
Und erst im Herzen, wo die Hoffnungen zerschwiegen
wie erfrorene Vögel totstarr liegen,
sieht es ganz kahl und traurig aus...
Oft in der Frühe schrei ich zerstoßen heraus,
weil ich spüre, wie mein Leben glücklos versumpft.
Dann dröhnt es durch mich wie von mächtigen Chören
und ich hänge mich selig an ihren Schall.
Plötzlich ists wieder die Kammer, die mich umdumpft
und die lähmende Schwere
und ich warte vergeblich in der drückenden Leere
auf den ermunternden Widerhall...

Traurige Vorstadt

In diesen engen, dumpfen Straßen wohnen viele Mütter
und Schwangere und Neugebärende und Kinder, ganze Heere.
In allen Gassen hallt's von Not und Missgunst wider.
Wenn du auch meinst, du stehst in einer bösen Leere,
beständig ist Geräusch, als ob es unterirdisch hämmert
und hörst du hin und siehst du her,
kein Hauch von mildem Frieden kommt daher.
Grau ist die Luft, als ob es unablässig dämmert
und immer riecht es wie aus moderigen Fächern.
Verweht ist jeder Himmel über diesen dichtbewohnten Häusern
und dicker Rauch von feuchten Blättern oder Reisen
zergleitet stinkend auf den braunen, morschen Dächern.

Nach Feierabend stehen vor den niederen Türen
die gelblich-blassen Mädchen, müd und ausgelaugt
und lachen karg. In ihren Augen ist das ganze Elend eingesargt.
Gern lassen sie sich in die Kinos oder Kneipen führen
und später ohne Scham und Schmerz mit sich geschehen.
Sie haben nicht die Zeit, um viel zu fragen
und denken nur an Morgen, an den Tag mit seinen Plagen.
Die kleine Lust ist allzukurz und sie verfliegt,
als wär' sie nie gewesen...
Ein solches Leben ist wie schleichendes Verwesen,
das sich nur manchmal selbst betrügt.

TROSTSPRUCH

Wenn wir wieder heimwärtsfinden
durch die dunklen Wälder unsrer Irre,
ists vielleicht schon grau und dumpf um uns.
Im Vorübergehen sehn wir in den gealterten Rinden
verwachsener Bäume die Wundmale gewesenen Glückes.
Wir schnitten sie einst und wundern uns jetzt,
dass es damals so war und auf einmal so anders ist.
Aber jeder von uns sieht zuletzt
die wenigen Lichter seiner irdischen Frist
und gibt sich zufrieden,
weil es mit ihm wie mit allem Vergänglichen ist. —

VERBRÜDERUNG

Gib mir, Genosse, deine schwere Hand,
in deren Zittern noch die Arbeit bebt.
Und eint ein unsichtbares Band,
das nur der Gleiche gleich erlebt.
Wir sind vielleicht vom Kämpfen müd,
doch nicht besiegt, und jeder Schritt
von uns geht mit den Tausend mit.
Was sind da Mühen, die missraten!
Wir dürfen nur nicht voneinandergehen.
In jeder Stadt und jedem Land sind Kameraden,
die wir beim Siege wiedersehen. —

Vergänglichkeit

Einmal wirst du am offenen Fenster stehen,
traurig und alt.
Und ein leichter Wind wird durch deine Haare wehen,
Wehmut in seinem Hauch.
Und ich bin bei dir...
Einmal werden wir lächeln vor Schmerz
und uns in die zerfurchten Gesichter sehen
ohne ein Wort. —
Und der Tag wird sterben
und die Nacht wird schweigen.
Unser Blick nur wird fassen,
was uns geschah...

Verlassenes Mädchen

Jetzt sind in mir und im Raum
all seine zärtlichen Worte verklungen.
Sie, die einen Traum
in mein Verlangen trugen.
Ich stehe wie ein Becher da,
den fremde Zecher ausgetrunken.
Aus den heimlichen Fugen
meiner Wehmut
haucht ein vergeblicher Ruf.
Nun sind um mich die Dinge abgelebt
und jedes sieht mich traurig an.
Ich sterbe langsam in die Zeit hinein…

VERS

Dies hat sich als Dein Finden hingegeben:
Ein Spiegel, der Dich aus dem Nichts herüberzeigte
in einer Stunde Nacht, da sich Dein Auge nimmer schließen
konnte.
Dir aufgetan und doch im Wesen fremd,
so hob Dich eine Welle Kuppel in die Sonne,
geschenkgleich wie ein freudeschwerer Mutterarm.
Und sonnenweh, zersengt, wirst Du als Unbekannter wieder in
die Tiefe sinken,
wenn alle Deine Freunde Deines Iches Balsam trinken
aus totem Wort und schiefer Tat, die nie Dein Eignes sind!

VERSE UM GOTT

1.

EINSAMER AUFSCHREI

Ich bin Adam, Herr, dein feindlichster Freund!
Aufwärts durch das Geröll der Steine
fand sich mein Fuß
den Weg zum Gipfel, um dir nahe zu sein!
Ich will dir mein Dunkles hinbreiten als Gruß
und dir zeigen das ewige Eine,
das uns trennt wie der Abgrund meinen und deinen Berg.
Gib Antwort, Herr! Auf dass ich um Angriff und Ziel weiß
und nicht verdorre im Nichts als deine bitterste Schande. —

2.

GOTT GIBT ANTWORT

Hörtest du nie, wie ich lächelte, quer durch die Nacht
wie einer, der im Grabe nicht schlafen kann,
wenn du dich knirschend in die Irre gedacht
um meinen Sinn und Namen zu finden?
Siehe, falsche Geheimnisse ermatten dich,
doch selbst die leblosen Steine verkünden,
dass wir ein Einziges sind ewiglich.
Magst du mir zürnen und magst du auch fluchen.
Einmal, von Sehnsucht zermartert, ging ich dich suchen,
weil ich nichts bin ohne dich. —

3.

WUNSCH

So will ich dich, mein Gott,
dass keiner mehr sich flehend an dich wendet
und dich im Beten schändet.
Als drohende Lawine, Bergsturz oder Ungeheuer
sei allen Starken du ein immer neuer
Ansporn zu Wachsamkeit und festem Mut.
Sei lieber keinem gut
und nie den Frommen Feier.
Ich bitte dich um Feindschaft alle Tage.
Du sollst die Milde ganz und gar vergessen
und lieber Mühsal sein und Hohn und Plage,
auf dass wir uns an dir beständig messen.
Entreiße uns die kindliche Verblendung,
als ob du fern seist, fremd und unnahbar.
Wir wollen spüren jeden Tag und jedes Jahr,
dass du in uns wirkst als die größte Sendung.

WORTE FÜR DEN WEG

Stürme sind es, die uns auferwecken!
Ruhe wäre Tod.
Tausendfach liegt Schmerz auf Morgenwegen,
aber näher sind wir Gott,
wenn wir ihn erleiden.
Immer heißt das Erste: Streiten!
Wir sind alle nichts im wachsenden Jahrhundert,
aber wenn es einst vollbracht ist,
blüht auch unser Kampf entwundert
und trägt Frucht für die und die.
Ob du Pflüger oder Acker bist,
niemand wird dich zählen.
Nur die reifen Mächte wählen
und erkennen dich im stillsten Glanz.
Mensch von gestern! Mann von heute!
Was dich auch zermürbte oder freute,
einmal sagt dein Schöpfer: »Nie«,
oder er erkennt sich ganz
in dir und lächelt ausgesöhnt mit seiner Schuld.

WUNDER

Es ist ein großes Licht aufgestanden
und hat der Welt den Traum genommen. —
Alle Menschen sind erblindet.
Es ist auf einmal Jesus wieder gekommen
und wartet, bis ihn wer findet.
Die Sterne haben ihren Weg verloren
und in einem fernen Land hat man die Sonne gefunden
als zerbrochene Krone auf einem Berg...
Viele sagen, sie hörten ein Lied,
das wie weinende Nacht klingt......

ZURUF

Lass dich nicht beirren.
Alle Zweifel schwirren
mächtig um uns her.
Glaube! Glaube! Glaube!
Sind wir nicht ein Schiff im Meer,
hoffnungslos allein?
Alle Wellen gieren
drohend um dies kleine Sein.
Einmal aber winkt die Taube
hoch im Blau und zeigt den Weg.
Einmal ist selbst der Geringste
groß und ewig, Gott und Welt.
Glaube! Glaube! Glaube! —

ZUVERSICHT

Glaubt ihr, o Knechte dieser öden Endezeit,
die selbst sich Tag für Tag ihr reifes Grab nur immer tiefer gräbt,
glaubt ihr, ihr könntet uns ermorden?
Wer denn! Wer hat Euch diesen eitlen Wahn gelehrt?
In Eurem Blutdurstschwert liegt nicht die Macht,
in ihm liegt Schuld und immer wieder giftverätzte Rache!
O Menschen ihr, die nur vom Gestern bis zum Heute kamen,
wie zittert ihr vorm Morgen bleich!
Stampft unsre Reihen nieder. Tötet! Wütet nur!
Wir blühen ewig auf aus Blut und Hingeschlachtetwerden
und gellen den Legionsschrei Gewillter, nicht Verstummter.
Denn wisset: Eure Waffen sind das Werkzeug todgeweihter Welt.
Doch uns hat Sehnsucht unser Bild gefunden
und geht nicht unter in Morast und Schmach.
Um unser Wehestes, um leidzerrissne Stunden
zäunt sich schon Anfang, strahlt und ragt......

– 1920 –

ABENDWERDEN

Die Wiesen fließen heimwärts in den Himmel,
von wo sie kamen, als der Tag
saftspendend sie an seine vollen Brüste zog.
Und ihre duftgetränkte Spur küsst weicher Dämmer abendfeucht.
Nach soviel feiler Sonne
hat ein Atemholen die matten Bäume aufgescheucht,
und jedes Blatt weiß tiefer nun um seine Mutterkrone.
Stumm schwebt die Luft, wie tot;
und aus dem kleinsten Ding strömt letzter Stunde letzter Sinn.
Es ist, als schritte fremder Gesterngott
auf seidenen Silberglockenklängen durch's Tor des Tags
in weite, dunkle Zeit hinaus......

ANGSTTRAUM

Plötzlich Gärten mit gierigem Gelb.
Züngelnde Brände wie flammende Hände empor.
Hügel in Flucht, die flaumigen Wangen abenderglüht.
Zwischen drückende Berge wirft sich tollkühner Weg
und ertrinkt im Gestein.
Moder und Schimmel auf bröckelnden Wänden auf einmal ein
Land,
das uralte Tiefe gnädig ins Licht hob.
Ich halte dich!
Zischt nicht die See?
Ich lasse dich nicht los!
Braust nicht Orkan um uns?
Nein! Nein! Es ist das rasengewordene Riesenrad zerbren-
nender Sonne,
das ausgreift und zerschundene Leiber surrend hineinwirft
ins Grab schwarzer Nacht.
Rattern springt. Rauschen ringt. Sausen singt
hoch aus stürzender Stadt wie verendendes Lied...
Begrabener Leib bäumt sich, auferstanden aus verwestem Schlaf
Und schreitet, gleitet, breitet
sein Amen auf das wunde Erdenrund...

WISSEN UM SIEGENDE SANFTMUT
Drei Gedichte für Anny Vessar in Liebe und Verehrung

I.

Was immer auch sei:
Hände sind aus gestreckt in dir
und Bitten tönen klagend in endlose Leere.
Sei still!
Sie finden sich einmal wieder zurück
in dein verlassenes Selbst als Sinn und als Lehre.
Du wirst in alle Öden so gestärkt dein Klingen wehen lassen
und seligend der Dinge Wesen tief befruchtend fassen
als Kind und Keim und dunkelste Erlöserschwere......

II.

Hör zu:
Heimliche Gefährtenlust schläft in jedem von uns
und bricht sich durch härtende Prüfung siegreich die Bahn.
Auf dem Berge der Sehnsucht stehst du
ewig allein am Ende des Wegs und der Irre,
nur erstarkt durch diese schweigende Tröstung,
und hältst Ausschau über bitteres Menschenland...
O Blick, wie bist du jedem Kommen zugeneigt
und grüßest durch die tiefe Fremde! —
Siehe, es strafft sich ein fliegender Segel in der offenen Bucht
meiner hungernden Freundschaft,
ausfahrtbereit,
und findet dich traumwandlerisch
irgendwo auf als Anker und rettendes Ufer......

Zwischen Abend und Nacht

Erschlaffter Tag veratmet abendzu.
Die heiße Erde hat sich müdgedacht
und legt ihr irres Haupt ins weiche Kissen
heimatsanfter Himmelslagerstatt...
Auf welken Wiesen ist ein Sehnen aufgewacht
und Bäume heben hoffender die Arme
aus dem heftigen Duft ihrer Kronen
ins feuchte Summen ruhewarmer Luft.
Wir aber wandern friedlos ins Tal der Nacht
und wissen bitterer denn je um unerreichte Sternengipfel.

Die Sterbende

In memoriam Emma

Es ist so wunderseltsam still. —
Die Madonna in der Nische reicht
dem Täufer das Kind.
Ein Glanz erhebt sich und strahlt wie nie.
Ist es Abend? Ist es Früh'?
Die Luft atmet sich auf einmal so leicht
und ist so viel.
Alle Eitelkeiten
liegen als Staub auf den Dingen,
die mich einst freuten...
Und der Raum wird zum Traum
und trägt mich empor...

Worte an den Einen

Von der Andacht und vom Gebet

Und eine Stunde ist, die sich wölbt über uns alle — : Wir erkennen zutiefst, dass wir ein Kleines sind, gleich und gleich.

Über dem Sumpf unserer Zerknirschung brausen Posaunen diesen Akkord: Ein Gewaltiger ist aufgestanden! Einer, der groß ist durch sein bloßes Sein!

So muss die Andacht dich fassen, Geschenkter der Welt.

In deiner Ohnmacht nur glüht die Erlösung von allem Haften am Ding.

Nackt und nichtig — ob König oder Bettler — will dich der Mächtige.

Und an deinem Beten zeigt sich, ob du zu den Oberen oder zu den Unteren gehörst.

Der Untere bittet um eine Erfüllung. Hilfe erwartet er, Lohn, Almosen. Sein Glaube ist ein mürrischer Bettler und verlischt, verkümmert wenn das Geschenk ausbleibt. —

Der Obere betet die Allmacht an. Nicht ein Anflehen entströmt seinem Mund. Nicht ein Erschöpfter schreit auf, sondern ein staunend Wissender, der aus solcher Besinnung Kraft schöpft und den letzten Grund seines Tuns. Denn Andacht ist ihm die immerwährende Erinnerung an die Gnade. —

Wisse:

Hier wird das Unfassbare des Menschenlebens sichtbar:

Der Herr und der Knecht. —

Nicht der Gang der Welt, nicht die Veränderungen der sichtbaren Mächte, nicht Arm oder Reich zeigen die Unterschiede.

Die Gebärde der Andacht, die Art des Glaubens, die Tätigkeit der Seelen zeigen sie auf.

Zum Mächtigen betet der Herr. Er betet ihn an.

Des Knechtes Geschick ist es: zu bitten. Um etwas bettelt er.

Dem Ewigen etwas abzulisten, ist für ihn Andacht. — — — —

— — — — —

Dies wissend und zugleich jene Güte, dass wir alle gleich sind vor dir, Gott, lässt mich nicht ruhen und hinsinken zur Erde!

Alles Endliche verbrennt an der Flamme deiner Unendlichkeit.

Furchtbar zerfällt mein Denken. — — — — — — — — —

Vom Etwas

Wir wollen die Weisheit dem Weisen lassen, das Dichten dem Dichter, das Reden dem Redner, Das Bauen dem Baumeister und die Arbeit am Ganzen jenen unzählbaren Teilen, die von Ewigkeit her geschlagen sind, ein gleiches Geschick zu haben, dies nämlich — : Mittel eines vorwärts-schreitenden Umfassers zu sein. —

Wir wollen uns hinstellen, lauschend, an den Rand der Stunden, die, ungleich an Fracht, kommen und gehen und nur dem, der an ihnen leidet, Offenbarung sind.

Wir wollen dich in unser Ungefähres fassen, Einziges! Und in unserer Andacht und Hoffnung suchen deine Funken und den ewigen Keim alles Geschehens und Seins. —

Die Dichter sind, um dein unnennbares Geheimnis laut werden zu lassen. Die Weisen, es zu entwirren. Im Tonfall des Redners schwingt deine Allgegenwart und kein Stein auf der weiten Welt wurde je auf den andern gelegt ohne den Hauch deines zwingenden Befehles.

Es gab Völker, deren gesamte Bewegung nur ein Zucken deiner Wimper war und eine, die wie geschenkte Oasen deinen Duft durch die Jahrhunderte dufteten. —

Tot sind sie, zerstreut, verflacht und ihr Übriggebliebenes nennt man heute Nation oder Menge.

Wäre deine Güte nicht — es würde nichts als Nebel und Morast sein. Doch du hast von den unvergänglichen Scharen, die e i n e s waren, die Augen genommen und sie ins Jetzige gesetzt.

Einsam sind sie und von ihrer Umgebung missverstanden, gehaßt, verfolgt, belächelt, diese Augen! Es gibt keinen ständigen Namen für sie, wie es für dich keinen gibt.

Die Bezeichnungen des Heute sind Hilflosigkeiten. Sie haben eine wechselnde Gestalt, ein fließendes Sein und eine Art, die von tausend Gebundenheiten abhängig ist.

Doch du und deine Verkünder, ihr seid so wirklich, dass alles Lebende erschrickt ob eurer Unwirklichkeit. —

Jeder, der dies liest, wird jetzt schon sagen — : zu was? Und das Quälende ist, dass er nie Antwort bekommen kann. Das Furchtbare ist, dass jeder Versuch, euch klarzumachen, aufhört von euch zu sein. —

Weder »Wesen«, noch »Gott«. Noch »Alleinziger« wird deinem Dasein gerecht. Und das, was jeder im Munde führt, das Wort, tötet dich für dieses Geviert.

Da aber Wort unsere Strafe ist und Tasten unsere ewige Unruhe, da das Fremdeste, Verachtetste dir am nächsten liegt und immer aus der Tiefe der unwissenden Wahrheit kommt, so vermessen wir uns, dich »Etwas« zu nennen.

»Gib mir etwas«, sagt der Hungernde zum Essenden.

»Sei mir etwas«, sagt die Mutter zum Sohne.

»Dich muss etwas einmal aufwühlen«, sagt der Erkennende zum Freunde.

»Es muss etwas kommen«, sagen Viele, wenn die Zeit drückend wird und die Luft entscheidungsgeladen ist.

Unzählbare Gespräche, die den Tag zum nutzlosen Geräusch machen, sind durchwirkt von diesem einen, missachteten, brotkrumenartigen Wörtchen »Etwas«.

Wenn das Leben uns hin und her wirft, wenn unaushaltbare Not kommt oder ein Reichtum einen Menschen segnet und ihn irr macht durch die Sucht nach Besitz, wenn Geliebte voreinander die Kluft des Einzelseins innewerden und furchtsam mit Liebkosungen eine tönerne Brücke zu einander bauen, stehst du wie ein Schatten hinter allem und errechnest, was gut und was erstarkend ist für jedes deiner Atome.

»Es hängt etwas nicht immer auf einer Seite«, las ich einmal über der Tür eines Bauernhauses und über der Schrift waren unbeholfene Wolken auf der einen Seite und verflüchtigende,

die die Sonne durchblicken ließen, auf der anderen. Im Wei-
terwandern erst fiel der feine Staub eines Begreifens auf meine
Seele. —

Der Freund fragt mich: »Dann haben alle Denker, Seher und
Weisen ein Verbrechen begangen, als sie sich über dieses Ge-
heimnis klar werden wollten und scharf und mit Mühe ihres
ganzen Lebens das Gebäude ihrer Lehren über den sichtlichen
Grund aufbauten? —«

Und schmerzlich sage ich: »Ja.«

»Wer denn soll sodann uns näherführen?«, trifft mich die
Frage.

Und noch schmerzlicher entflieht mir die Antwort:
»Niemand.«

»Aber irgendwer ist dem Etwas doch am nächsten, sagst du.«

Und ich antworte: »Der unwissende Stammler.«

Der Freund sieht mich an und fragt: »Warum?«

»Weil er im Glanz seiner hilflosen Augen das ganze
unberührte Geheimnis trägt und es nicht in verwirrende Worte
fassen kann.«

Der Freund schüttelt den Kopf.

Es ist ein Gefühl um uns, als säßen wir im Allraum. —

»Du hast einmal gesagt, der Dichter lässt das Geheimnis laut
werden?«

»Nur laut — sonst nichts.«

»Und die Weisen entwirren es?«, fragt der Freund und sieht in
meine Augen.

»Das ist der Fluch — : Am Beginne ihres Werkes traf sie ein
Funke und als sie anfingen mit einer Erklärung, mordeten sie
ihre Empfängnis selber.«

»Erkenntnis ist nichts?«, fragt der Freund.

Und ich: »Immer nur ein Ding, das Nutzen abwirft für das ver-
gängliche Zu-Hause der Lebendigen, eine Straße, die bequemer

in den Urwald führt — nie aber ein nützliches, beseligendes Stär-
ker-Werden unserer gesundenden Gewissheit, dass wir reicher
an Ewigkeit sind.«

Und der Freund: »So ist alles sinnlos?«
Da ist wieder der Baum, der uns alltäglich umgibt, lebendig. Die
Wände sind da. Das Licht, die Erinnerung an Straßen, Morgen
und Wie-wird-es-weiter.

Den Freund verlassend, befällt mich der Schmerz des Einsam-
seins. Ich bleibe stehen auf der Treppe, sehe zum Himmel und
möchte — den Gott verfluchen, der aus den Sternen schaut und
uns trennt, wenn wir ihn fassen wollen.

E T W A S tropft ungeheuer schmerzhaft in meine Seele. — — —
— — — — — — — — —

VON DER SEELE

Es ist bestimmt worden von einem Ungewissen, dass in jedem Lebendigen noch ein Tieferes die Leidhaftigkeit wach hält. Jedes Wesen ist der Gartenzaun um einen Sinn und doch ist der Sinn nicht das Letzte. Er ist noch aufzufinden. Er kann noch erklärt werden und alle diejenigen, die u m das Leben herumleben, altern, wenn sie den Sinn haben. Wie plötzlich mit Wasser gefüllte Schwämme muten sie an, diese Erfüllten. —

Jede Bewegung, jeder Druck von irgendeiner Seite preßt ihnen Tropfen ab und wenn zu Hartes auf sie fällt, entströmt ihnen ihre Fülle und sie selber sind tot, leer.

Dann treibt der Wind sein launenhaftes Spiel mit ihnen und trägt sie in das Nichts der Menge. —

Die Gewandten haben für diese Abläufe das Wort »Schicksal« geprägt und die Brüder der Leeren schweigen zufrieden, denn ihnen kommt es vor, als hätten sie durch den Tod eines solchen Schwammes einen Genossen erhalten.

In ihrer Schar lebt ein Hass gegen die Unwandelbaren, gegen die Leidenden und Hilflosen in deren Tiefsten eine schmerzende Unerklärlichkeit brennt. —

Diese Unerklärlichkeit verwundet, zerreißt und hebt in taumelnden Augenblicken die Herzen der Verachteten ins Jubelhohe, ist ihr Abgrund und der umstrahlte Berggipfel, dessen glänzende Gletscherflächen das Lächeln des ETWAS spiegeln. Spiegeln und immerwährend erkennen, dass zur Gnade der Empfängnis eine undenkbare Weite ist. —

Und in der Qualwanderung, auf dem Wege durch die Sachen und Wälder des scheinbar Wirklichen begegnen den Trägern des Schmerzes die überlegenen Wegelagerer der Verführung. Sie sind nicht gewalttätig. Sie lächeln und breiten Schätze der Erleichterung vor die Wanderer. Sie gebärden sich dienerhaft und scheinen alles Wohlige der Welt aus ihren listigen Augen zaubern zu können.

Und der Dürstende, der Gemarterte, der Wunde folgt arglos ihren Lockungen ohne zu wissen, dass in all diesen Geschenken, in den Betten der Ruhe, in den Speisen und Getränken stärkende Tropfen für das Schmerzende lauern.

Im Weiterwandern, irgend in einer Wegnische, liegt die klägliche Bettlergestalt der Erkenntnis und wimmert sterbend: »Freund, du hast dich geirrt.«

Doch wenn der Getroffene sich niederbeugt, findet er einen verwitterten Stein.

Klar steht der Tag im Himmel. Die Leeren schreiten vorbei und lachen. Die Sonne brennt. Kein Schatten winkt weit und breit. Der müde Körper schmerzt. Staub trinkt der Atem. —

Und da nirgends eine Rast sich bietet, geht der Müde in ein Feld, um auszuruhen. Sucht sich ein weiches Flecklein Boden, legt sich hin und schläft. —

Gezeter und Schimpf wecken ihn auf und treiben ihn fort. Und hinter ihm her jagen die Flüche eines Leeren.

Verlassen und vereinsamt, hungernd — so will das ETWAS seine Schmerzkinder.

Im Zweifel oft, im Verlies der Verzweiflung schreit ein Gequälter auf: »Warum nur ich! I c h!«

Flucht auf ohne zu wissen, dass, wenn er Antwort erhielte, der Wind ihn fassen würde wie einen entleerten Schwamm...

So hart ist des Vaters Freundschaft zu seinem verlorenen Funken. —

Andere wissen. Andere atmen. Andere trinken den Saft der Zufriedenheit. Andere leben geregelt von Jahr zu Jahr und sind immer umgeben von ihresgleichen. D u aber — du, der du wie ein verlorengegangenes Samenkorn herabfielst, du bist von deinesgleichen getrennt durch Jahrhunderte oft. —

Und über die Türe des Vergangenen zu schauen, ist dir nicht vergönnt. Dumpf und freudlos treibst du durch die Gassen des Sichtbaren, gepeitscht und gemartert von dem Nie-Erkennbaren in dir. —

Deine Seele ist der Scheiterhaufen, auf dem du langsam verbrennst. Und wenn der Rauch des Brandes hoch aus den Häusern der Jahre steigt — einen Augenblick nur — schaust du über die Rundung des Alls und siehst, wie auch aus anderen Tiefen fernfernen, vergessenen und zurückliegenden, Rauchsäulen aufsteigen...

Dies ist dein Glück in der Stunde deines Vergehens. —

Denn Seele ist nur in dem, der nichts ist im Geviert der Vielfalt und alles ist, wenn er vergessen ist. — — — — — — — — —

Vom Bittersten

Es war ein Mann, dem fiel das Glück auf den Tisch. Er wollte es fassen, da war es ein wertloser Stein.

Höre hinein in die tiefere Gruft dieses Gleichnisses und für eine Zeit wird die sanfte Ruhe dich trösten.

Doch mich quält die Unruhe. Ich lese aus deinem Gesicht, dass du nur das dir Gemäße heraushörtest, das Bequeme und die Lehre: »Geh' nicht über den Sumpf, du könntest ertrinken«, oder »Wer Gefahr sucht, kommt in Gefahr.« —

Wie aber rede ich dich an, dass du meine Worte erfassest, Nächster! Wie gelingt es mir, die harte Masse des Bitteren in dir und in mir flüssig zu machen, heißem Öl gleich, das man lindernd ins kranke, schmerzscheue Ohr träufelt, auf dass es wieder aus jedem Rühren des Dings den Klang ewiger Gerechtigkeit höre, das Ticken des Denkens, das ruhelos den Sinn unserer Sendung errechnet?

Viele Zeit ist vergangen, während ich dachte. Wieder und wieder strich der Frost des gewonnenen Öls barg und ließ es erstarren zu Eis. —

Aber es erging mir, wie der glimmenden Glut in der Asche, die der Wind aus der Verschüttung befreit und auf einmal auflodern lässt und zum Brand macht, der sich selber verbrennt. —

Ich weiß — : Wenn ich alles getan haben werde, bin ich ein Häuflein Asche. Nur dass einige meiner Funken in Nächste fallen und wieder entfachen, ist mir Trost. —

Sieh, das betrifft nur mich. Ich will von dem reden, das in uns allen quälend wirkt, vom Bittersten. —

Lastträger der Schwermut sind wir auf schattenlosen Landstraßen. Manchmal sprudelt aus einem Jahresfels der labende Quell einer Stunde und während wir den Durst daran löschen, bricht das innere Geschwür unseres Schmerzes auf. Auf einmal vermeint der Rastende, es löse sich der Knoten all seiner verborgenen Qual. Einen Augenblick atmet er auf, dann bricht er ersterbend zusammen. —

Sieh mich an. Ich habe eine solche Rast überlebt. Ich saß auf einem Stein, damals, und sah meine Genossen verröcheln — mir wurde ein anderes Wissen zuteil. Meine Qual brach nicht auf. Sie war etwas anderes. Sie war die sich bewegende Schwere meiner Last.

Ach Freund, wie befällt mich auf einmal eine Traurigkeit, jetzt da ich so weit ins Dickicht einer Erklärung die Spur des Bitteren verfolgte! —

Schon glaubte ich das Geheimnis gefunden, da war es nichts als — ein Wort. Das Wort ist immer der Mörder des Sinns. Das Lautlose entschwebt, wenn ein Laut seinen Namen ruft.

Das ist die wehe Wahrheit in mir und in dir.

D a s ist die Bitternis: dass alles stirbt, wenn es aufgefunden wird, wenn wir es zu nennen vermögen.

Denn es ist mit allem Begreifen, mit allem Erkennen, mit allem Auffinden, wie mit dem Ziel — : Wenn es erreicht ist, wird es zur Stufe. Die Bitternis fällt uns an. Wir fluchen der Mühe. Auf unserer wunden Schulter brennt das Kreuz. —

Ach, flüssig wollte ich machen ein weniges in mir — es rinnt mir davon. Das Wunder, von dem wir alle ahnen, dass es uns erhält, wollte ich aufzeigen — da verließ mich die Kraft.

Mein Atem stockt und lallende Laute fallen aus meinem Mund. Ich — der begann, sein schmerzvollstes Selbst zu erklären — vergehe. — — — — — — — — —

Vom Dichter

Einmal geschah es, dass dieser Letzte und Dunkelste aufwuchs in der unruhigen Heerschar der Menschen, anders als alle Gewesenen. Ein Traum war seine Mutter. —

Propheten, Märtyrer, Helden, Entdecker und Denker waren da. Von ihm wusste noch niemand.

Bislang war man gewohnt die Grossen an ihren Handlungen oder an dem Aufgefundenen, das sie wirkend weitergaben, zu erkennen. Sie alle waren auf irgendeine erklärliche Art Überwältigter, groß durch das Sichtbare ihrer Taten; Geheimnislose, denen man ablernen konnte. Sie machten die Zeit müde. So müde, dass sie einschlief und von dem träumte, der noch fehlte, vom Dichter.

Als sie wieder erwachte und immer und immer noch gleicharm ihre dienenden Jahre wie ein gemartetes Heer von Söldlingen über die Rundung der Welt schreiten sah, fasste sie der Schmerz. Der Schmerz, der keine Antwort gab auf ihr Warum. Lange sann sie in der Höhle der Ewigkeit und langsam wurde die Qual in ihr reif, das Wissen um das Rätsel in der Nacht des unentrinnbaren Geschehens. Und es verlangte sie nach einem Klang dieses Geheimnisses, nach einem Künder ihrer Tiefen.

Bis jetzt waren Große, die ihre Kraft ausströmten über eine Zahl von Jahren, über eine bestimmte Schar von Menschen und ihre Sendung hieß: Das Faßbare und die Dinge gelenkiger, gefügig und brauchbar machen.

Nun aber kam ein anderer, rätselhaft bis ins Blut, sich selber ein Geheimnis und ringend mit dem noch tieferen Geheimnis der Unentrinnbarkeit.

Und lauschte dem Pulsschlag des Wesens.

Und musste erst alles verlieren, was ihn menschengleich machte.

Und empfing erst die Gnade, als er sein Heiligstes tötete.

Denn nie trifft der Segen der Vollendung sein Werk, wenn ihn irgendein Band an ein Ding oder an einen Menschen bindet.

O, dass ihrs doch wüsstet, wie arm er sein muss, wie einsam und wie von allem Gefühl verlassen, wenn sein Erschaffenes die rechte Härte bekommen soll.

Wisset, es lebt keiner auf der weiten Welt, den solche Heimsuchung traf! Mensch unter Menschen, lebt der Dichter unter euch und verlebt.

Ihr erhieltet die Tröstung des erleichterten Gefühls. Er aber irrt durch die kurze Frist seiner Jahre und weiß nichts davon. So will ihn sein Herr; das verlangt sein Schaffen von ihm — : nicht liebend, nicht hassend, nicht mitleidend und freudelos, alles erlebend, aber unergriffen.

Und dies ist der Urtrieb seiner unmenschlichen Sendung: Aus dem Leiden des Nichtleidenkönnens heraus zu schöpfen.

Ihr fasst den Sinn alles Dichtens in die Worte: »Grausam muss er sein gegen sein Herz! Grausamer noch gegen sein empfindendes Ohr und die Träne, die in sein Erschaffenes tropft, löscht dessen Seele aus.« Ich aber sage euch: Im Herzen eines Dichters ist keine Kammer des Weinens. Taub ist sein Ohr für den Klang der Freude. O dass ihr es doch fasset, was es für eine Qual ist: Ewiger Rechner zu sein um des Werkes willen!

Während ihr weinet, steht der Dichter unter euch und muss rechnen. Wenn einer schmachtet und aufschreit, forscht er nur nach dem Klang dieser Verzweiflung.

Ein Volk kann sterben um ihn. Er steht gleichmütig damitten, füllt seine Augen und geht erbarmungslos weiter. Der listige Dieb ist er: Er stiehlt euch euer Innerstes und opfert alles dem Werke. —

Wie oft geschah es, dass dein Herz dir aufbrach, Letzter und Dunkelster unter den Menschen, dass du einsam weintest aus Zorn und aus Ohnmacht und aufschriest zu Gott: »Warum müssen alle Schmerzen mir fremd bleiben, Herr! Und warum darf ich nicht verweilen, wenn eine Freude mich fassen will!«

Und wie viel tausend Mal öfter raunte eine Stimme diese Weisheit aus der Gruft deiner Finsternis: »Ich halte dich nicht! Geh, du willst Neues erleben!«

Und hörbar wurde in Lachen. —

Dann irrtest du herum in der weiten Nacht des Geschehens, warfst dich in die Süchte, haschtest nach einem Vergessen, nach einem Leid oder nach einer Freude und wurdest auf einmal gewahr: Es schwebte alles vorüber. Es floss durch dich und hinterließ nichts.

Du durftest nur schauen!

Sieh, deine Verdammung ist deine Kraft. Erst wenn dein Erlebtes dir fremd geworden ist, quillt das Werk aus der rechten Tiefe deiner ruchlosen Seele. —

Du bist einer, der, wenn ihn ein Funke träfe, verbrennen würde. Bräche deine Fülle aus ihren Schleusen, sie würde verströmen im Nichts.

Du vergingest.

Das ist es! — — — — — — — —

Vom Gericht

Es wird kommen, Gefährte, das was nicht ausbleiben darf; die letzte Zahl der Rechnung, die du nicht weißt und ich nicht. Schweigend legen die Jahre das Eins und das Zwei und das So-weiter nebeneinander; die Zeit fängt alles auf und siebt es auf den hingebreiteten Teppich der Ewigkeit. Und das Übrige streut sie in die wandernde Luft, auf dass es vergehe in der kahlen, leblosen Ferne, im Nirgendwo.

Unter dem Sieb wächst der Haufe des Gebliebenen. Körner sind es, Erträgnisse des Erlittenen. Als Same fielen sie einst in die Erde, brachen auf, trieben Halme und kamen neu zur Welt in der Kruste der Ähren. Und das Wasser der Tränen, die Glut der Schmerzen machten sie hart. Tief in ihrer Mitte verbarg sich das Unvergängliche. —

Rastlos, jahrauf und jahrab siebt die Zeit. Sie altert nicht, sie ermüdet nicht. Sie ist gedungen von dem Verborgenen, von ihm, der lebendig in unserem Wissen wirkt. Der als Duft jedem Ding entströmt. Und wir alle, du und ich, unsere Kindeskinder und die Menschen lang noch nach uns, schauen staunend seine Werke und ringen um eine Erklärung seiner Unwandelbarkeit. —

Lebe dahin, du Nächster und Fernster! Siehe, dein Tun kannst du nicht nach einer Gerechtigkeit richten, denn ein Griffelstich in seinem Plan ist dein irdischer Weg nur. Du bist ein Stück Acker und in den Scheunen der Jahre klopft man dein Getreide, damit ihm das Korn entfalle.

Du gibst wenig oder viel her, du und niemand weiß es. — Und alles hört auf: Der Tag, das Jahr, dein Leben. Doch dein Korn stirbt nicht. Und darüber wird Gericht gehalten.

Nicht vom Jetzt, nicht von der Zeit, sondern von der Zahl, die am Ende der Rechnung steht. Die urteilt schweigend und weiß, ob ein Eins oder ein Viel in ihre Undenkbarkeit fiel. —

Sei wie du bist. Es ist gut. Es ist deine Prüfung. Besser noch ist, dass keiner von uns weiß um das Wie seines gewundenen Weges. O diese Güte, die uns schuf und nichts von uns verloren gehen lässt. In ihrem innersten Verlies muss ein Ozean von Klugheit brüten, immer nachdenkend über unseren Wandel.

Blind sind die Besessenen, die dich beraten wollen und sich abmühen um dir etwas zu erleichtern.

Denn es wird sein, wie es von Ewigkeit her sein muss: Alles was du warst, wird vergehen. Es ward sichtbar und ist geboren aus einem Zweck, der von Gnade nichts wusste.

Als du dies erfuhrst, begann aus der treibenden Ackerfläche deiner Schwermut die Qual zu wachsen und setzte Ähren an. —

Zu keiner Zeit wird die Welt ein solches Wachsen sehen und das ist die größte Liebe des Namenlosen, dass er das Unvergängliche hineinlegte in die Herzmitte deines unscheinbaren Kornes. D a s ist seine Klugheit: dass er den Begnadeten selbst nicht schauen lässt seine Gnade. —

Und so ist es gut! Siehe Gestalt du, ein Windhauch nur bist du! Ein Augenaufschlag geschieht und dann bist du nicht mehr! —

Und doch ist diese Spanne lang genug, dein Erhaltenes reifen zu lassen. Wenn alles, was du ins Licht hobst und ins Sieb der Zeit warfst, vergessen sein wird, wenn es nicht mehr D U, sondern Korn in jenem Haufen der Unvergänglichkeiten sein wird, dann kommt das Gericht.

Denn dein Tun ist nichts. Deine empfangene Gnade hat dem Werke nichts geholfen, solange man weiß: Es ist von dir gekommen.

Es muss auslöschen deine Spur in allem, was du hinterließest. Und erst dann ist deine Sendung erfüllt, wenn man von deinem Geschaffenen sagt: Es ist gekommen aus der guten Hand des Namenlosen. —

Denke, grüble, handle gerecht oder ungerecht. Nichts zählt hier. Denn siehe, d a s ist das Urteil, das vom Gericht kommt:

In die Fülle des Gebliebenen greift die Hand des Richters, der dir alles gab, wägt ab, prüft noch einmal und nichts entgeht ihm. Dann streut er die aufgehobenen Körner über die Gärten der Jahrhunderte und wieder und immer wieder brechen die neu aus der Erde und dies ist ihr Kreislauf: Halm, Ähre, Korn in alle Ewigkeit.

So wird sichtbar dein Erlittenes oder das Nichts, das du warst. Denn jegliches Anfangen ist eine Frage und verlangt nach Antwort. Dein Leben ist eine Frage und wenn du vergangen sein wirst, findet sich die Antwort oder sie findet sich nicht.

Aus dem Dunkel ins Helle geht aller Drang und wer ihn nicht hat, bleibt ein Dunkles, ein Nichts. —

Höre das Urteil!

Nimmer entrinnst du ihm. — — — — — — — — —

Vom Geschenk

Geschenk!

Uralt ist dein Stamm. Alles was lebt, ist deines Geschlechts, dem All und der Erde gegeben von dem Unbegreifbaren — : Die Sonne, der Mond, die Sterne, das Meer, Tag und Nacht, die Pflanzen, Tiere und Menschen.

Bis zu den Tieren hinab vererbte sich der Adel deiner Herkunft und blieb rein wie das Wasser des Bergquells im Wandel der Zeit. —

Ein anderes bist du geworden bei den Menschen. Die entwuchsen dem zärtlichen Ja des Erschaffers und waren das Nein.

Und es geschah, dass die — selber geschenktes Geschlecht, noch im letzten und niedersten Abkömmling wie durch einen Spiegel immer aufzeigend dein unverändertes Erstes und den klaren Lauf deines begnadeten Sinns — langsam verlöschte die selige Spur vom Vater zum Kind.

Auf einmal standst du verlassen und einsam in der Wüste der Menschenwelt — : ein Fremder, heimatlos und gezwungen Dienst zu tun als verachteter Sklave. —

Es ist gesagt worden: »Wer sich selber erniedrigt, wird erhöhet werden.« Doch du erfuhrst dieses nicht. Siehe, schnell haben die Menschen den Sinn deiner Sendung verändert. Unter der Knechtschaft deiner dunkelsten Abkömmlinge starb deine Seele. Dein unsichtbarer Adel wurde zu einem sichtbaren Ding, den Sklaven machte man zu einem wenig mehr als zur Scheidemünze.

Das ist die Linie deines Weges. —

Komm — jetzt, da du allein und ohne Bewachung im steinigen Garten des Dankes arbeitest, können wir ungestört reden. Dein Herr ist auf dem Markt und hört herum, wie du im Wert stehst und errechnet im Wirtshaus der Schwätzer auf welche Art der dich am besten nutzbar machen kann.

Ich ging an vielen Gärten und Feldern vorbei und sah deine Brüder. Ihr schmerzvoller, scheuer Blick traf mich, sie wollten mit mir reden, doch ihre Herren standen hinter ihnen. —

Sei nicht bang. Lege deine nützende Schaufel weg, vergiß einen Augenblick, dass du wohl tun musst.

Meine Wehmut duldet kein stummes Verweilen.

Sieh, ich bin ein Empörer geworden aus Schmerz über deine Erniedrigung und dieser Schmerz zeugte Hass in mir, grenzenlosen Hass gegen die Mörder deiner Seele. Ich will dir den Jammer deines Erdenganges enthüllen und dir zeigen, dass du noch viel tiefer gesunken bist, als du begreifen kannst, seit du aus der Hand des Reicheren notlindernd dem Ärmeren gegeben wirst. —

Höre! — Lohn erhält der Arbeiter, die Münze ist ein begehrtes Tauschmittel noch und wird geachtet, — dich aber, Geschenk, nimmt der im Überfluss Lebende und wirft dich dem Notgeschlagenen hin. Und dieser umkrampft das Empfangene, macht Bücklinge und treibt dich auf die Felder oder in die Gärten des Dankes, auf dass du Segen trägst, auf dass des Reichen Eitelkeit geschmeichelt wird.

Doch nicht genug! Noch größere Schmach ersinnt der Beschenkte für dich — : Eine schmeichlerische Hure musst du werden! Er behängt dich mit dem falschen Flitterwerk der Heuchelei und lässt dich tanzen in den Lasterhöhlen der Selbstsuchtsgedanken der Völler, der Fresser, der Habenden, der vermeintlich Milden.

Läßt dich missbrauchen, bis du zusammenbrichst, damit er dem Beschenker gefällt.

Dies ist dein Los, Geschenk, seit du Ding bist, seit man deinen Sinn vergaß:

Du bist Mittel der Hilfe. Man gibt dich hin, um bei den andern zu glänzen. Man hilft: O dieses Schandwort! Was ist es denn anderes als ein Schmeicheln der eigenen Selbstsucht!

Was zitterst du, Sklave!

Ja, ich sehe, der der dich deinem Herrn gab, kommt über die Felder.

Fürchte dich nicht. Ich trete vor ihn.

Dich fiebert? Ja — ich zermürbte dein Innres, aber die roten Flecken auf deinen Wangen zeigen mir an, dass deine verschüttete Seele wieder auferstanden ist in dir.

Straffe deine Glieder, Sklave! Stelle dich fest hin! Brich nicht zusammen!

Die Stunde ist da.

Den Saulus warf der Segen vom Pferd und dann ward er Paulus. Sieh, bald bist du befreit und gewandelt zu dem, was du warst seit ewiger Zeit! — —

Nun stehst du da, vermeintlich Milder, Geblähter, und missest deinen Sklaven mit herrischem Blick.

Gut!

Dein Feind steht vor dir!

Sprich!

Keine Antwort.

Gut!

Höre:

»Du bist nicht besser und schlechter als alle andern. Die Zeit hat dich gemacht. Die Gewohnheit ließ dich aufwachsen. Deine Regungen sind die aller Menschen. Die Gefühle des Wohltuns gäbe es nicht, wenn sie dir nicht wohl tun würden.

Doch d a s ist es nicht, was dich treffen soll.

Wisse:

D a s was du Geschenk heißt, ist ein Nichts, seit du vergessen hast, dass du selber nur Geschenk bist. Es ist ein Ding geworden. Es verlor den Wert, seit es nicht mehr Sinn ist.

Denn Wert ist nur das, was vom Kleinsten ins Größte wächst, unaufhaltsam. Immer das nächste besamend, vom winzigen Fleck zum All anwachsend.

W e r t liegt im Sinn, ewige Zeugerkraft, unaufhörliches Größerwerden, ruheloses Überflügeln des Gewesenen.

Doch das Ding stirbt in der Zeit, wächst nicht mehr an, sondern schrumpft zusammen und erstarrt zu einem fruchtlosen Nichts. —

Einer war, der schenkte dem andern. Der andere wurde groß, wuchs über ihn hinaus. Da sagte sein Beschenker: ›Wie wärst du geworden ohne meine Hilfe?‹

Da brach ein Gelächter aus und eine Stimme rief:

›Stein du! Siehst du nicht den Zufall? Was wärest du denn, wenn dein Fruchtloses nicht durch meine Gerechtigkeit wieder zur Frucht gemacht würde!‹

Hörst du das Gelächter?

Warum steht dein Sinn nach Dank?

Warum also machtest du das Geschenk so erbärmlich?

Du, den eine allmächtige Güte zum Zufall erkor? — —

Es gibt ein Schenken, das wie Krieg, wie Mord, wie Raub aussieht und doch letzter Segen ist.

Fasse es, Erstarrter, Sinn-Beraubter!« — — — — — — — —

VOM FREUND

Vermeinst du aber einen Freund zu haben, so vergiß den Adel deines Tieferen nicht. Vergiß nicht, dass dir wer begegnete, der alles Wesen in dir zum noch Höheren anspannt.

Viele finden im Gefild ihrer Umgebung das Rechte, sind zufrieden und lassen sich gehen. Ihre schwachen Geheimnisse legen sich in die leichte Sonne des Möglichen. Die Tennen ihrer Seelen öffnen sich und das wenige Korn, das darinnen ist, faucht auf und verstreut sich. —

Du aber, sei anders.

Dein Korn ist schwer. Deine Geheimnisse erhalten jedesmalig, wenn ein Freund dir begegnet, eine glänzende Kruste. Und dieser Glanz ist die Lockung und der Beweis, dass du von den Einen einer bist. —

Die Welt wächst ohne unser Zutun. Endliches schwillt zur Unendlichkeit an. Aber das Gewachsene schaut nur der Eine. Er ist der Entbehrende. Die Vielen ziehen Nutzen. Er schaut nur. und am Rande einer solchen Schau sitzt der Kampf. —

Denn es ist unsagbar hart, schauen zu müssen und nicht davon zu nehmen. Auch nicht zu hoffen, dass sich jemals eine Wohligkeit für das tägliche Wetter ergibt. —

Ist alles in dir so weit — dann wird ein Freund dir erstehen. Frage nicht: Weshalb und Warum?

Gründe suchen nur diejenigen, die am Sichtbaren haften. — Die erhabenste Gerechtigkeit alles Lebens liegt im Grundlosen. Und du bist einer von der Schar der Verächter der erklärbaren Gründe.

Darum wächst dir ein Freund im Walde der Menschen. —

Der Freund ist der Baum. Und du der Holzfäller. —

Aber eh du die Axt anlegst, legt man an dich die Axt.

Das ist der Weg vom Freund zu dir und umgekehrt. Die ewige Laufbahn eines Kreises, der auf dich herabfiel wie ein Lasso. —

Einen Freund haben — was ist es denn anders als das lebenslängliche Ringen mit dem Kreise, die Empörung gegen das Gesetzmäßige!

Und die Süße solcher Übung —: das immerwährende Stärkerwerden, das messende Fordern voneinander.

Und die Ruhelosigkeit, der Durst nach immer Mehr. —

Etwas geht verloren —: Zeit, Ding, Welt.

Etwas nimmt zu —: Die Sehnsucht nach dem ETWAS. Das Innewerden der Seele, die nur lebendig werden kann, wenn das Ewige tröstend die Hand ins Blutmeer der Zeit legt.

O diese Hand!

Aus ihren Fingern fließt die beruhigende Wärme des Wissens, dass Heute und Morgen gleichgültig ist, nur eine vorübergehende Erscheinung, wonach sich die Hilflosen richten. —

Wenn der Kampf mit dem Freund in dir begonnen hat, wirst du diese heutigen und morgigen Erscheinungen verachten lernen — und diese Hand im Hauch der Luft verspüren.

Und dann heißt es hart sein gegen den Baum. Dann heißt es: den Schmerz vergessen, den eigenen und den des anderen — und die Äste des Zeitgeborenen abschlagen, mögen sie noch so gesund sein und noch so blühend und saftspendend.

Besser der Schmerz als die Ruhe!

Besser die Heimatlosigkeit als das Begnügen.

So oft fiel das Wort »Bruder«.

Fluche ihm!

So oft erfand man die Rettung durch gemeinsame Hilfe.

Verachte sie!

Linderung ist das Verbrechen der Verbesserer.

Bleibe rein!

Entziehe dem Freund selbst noch das Teuerste.

Auf dass wenigstens dieser Eine weiß, — dass es darauf nicht hinausläuft. Und dass er erkennt, dass Menschen g e g e n e i n -

a n d e r sich stellen müssen, wenn je eine starke lebendige Liebe aufwachsen soll.

Damals war Gott seinem größten Freund am nächsten, als dieser am Kreuze verzweifelnd ausrief: Warum hast du mich verlassen!

Diese Sekunde ist die strahlendste, die je in der Seele eines Lebendigen aufglühte.

Und ihr Hauch weht durch die Luft aller Freundschaft und ruft in dich ihr: Noch einmal!

Der Damm des Kreises wird fallen. Die Gesetzmäßigkeit wird sich verlieren und aus allen Ruinen wird aufstehen der Mensch.

— — — — — — — — —

Vom Besitzen

Das Mädchen, das ins erste Gefühl wächst, hat eine Ahnung und ein bestimmtes Bild vom Erwarteten. Die Welt lebt in einer Vorstellung und sieht den Einen als Hungrigen, Verkommenen, Einsamen. —

Der Wille treibt mich, diesen Wahn zu zerstören. —

Freund, zum Allergleichgültigsten kehren wir zurück, zum kleinen Anfang, zur Wirklichkeit Jedermanns.

Der Nimbus zerfällt. Wir zeigen uns nackt.

Unser Tägliches spricht zu den Täglichen. Unsere Feinde horchen auf. Wir reden die Sprache ihrer Triebe. Wir ergreifen Besitz von ihren Dingen. Wir erden wie sie. —

Diejenigen, die zwischen Sehnsucht und Beängstigung zaghaft harren, wenden sich von uns, denn auf einmal werfen wir den Mantel der Sanftmut von uns. Unsere Bewunderer — haftend an der Kruste des Sichtbaren — haben kein tröstendes Bild mehr. Sie vergessen an der Fülle unseres Kleinen den Funken Etwas in uns.

Werden plötzlich inne, dass nichts ist, das wir n i c h t begehren — und verachten zugleich. —

Alles was schön und köstlich ist auf dieser Welt — höre mein Freund! — lebt für uns. Hungrig sind unsere Magen und verlangen gierig nach Sättigung und fragen nicht viel nach dem Wie und Wodurch. Die Genüsse sind wie Rebenlauben über uns gespannt. Was wunders, wenn wir so viel nehmen, als wir zu fassen vermögen.

Der Plebejer sagt: »Man lebt nur einmal« und wir mit ihm. Lebensheißblut schlägt in uns. Ein Stück vom Abenteurer und eines vom Verbrecher liegen als Beete im Garten unserer Seele.

Barbarisch trinken wir den Saft der Welt, ohne davon berauscht zu werden, —

Fluchet uns, Vergangne, die ihr ängstlich die Verführungen und wohltuenden Geschenke des Tages flieht, weil ihr das Starke nicht ertragen könnt, das in allem Weltding glimmt.

Wir nehmen lachend eure Verwünschungen hin.

Bedenkenlos werfen wir uns in die Flut der Süchte. Sei es, dass in allem Genommenen Hemmung schläft. Wir fürchten sie nicht, denn für uns sind alle Sachen der Welt, die die Vielen in besitzender Gier aufhäufen und zusammenscharren, nur Blumen, die man pflückt, deren Duft man trinkt, aber nicht dauernd behalten kann.

Luxus, Reichtum und alle Fortschritts-Ausgeburten machen wir uns zunutze. Die List, die von Uranfang ein Stück von uns ist, den kürzesten Weg zu diesen schwindelnden Gletschern wissen wir und gehen ihn auf die Gefahr hin, abzustürzen. —

Gehe hinaus in die Mondnacht der wankenden Welt, Freund! Nimm alles Befriedigende, Wohltuende und Nützliche, wie man ein Mädchen nimmt. Frage nicht. Erkrafte an seinen Lenden.

Der andere Morgen treibt dich lächelnd weiter. —

Schwelge am prasserischen Tische des Reichen, trage dessen Kleider, fahre in seinen Kutschen. In deinen Händen zerfließt alles zu einem Nichts, sobald es fesselnder Besitz werden will. —

Lass dich beschenken von den mitleidigen Kleingläubigen, die des Wahns sind, dass ihre Geschenke dir über den Tag helfen und die dich anfeinden, weil du sie in derselbigen Nacht schon vergeudest und am anderen Morgen ebenso arm bist wie vorher.

Mögen Reichtümer dir hingebreitet werden — du bleibst doch arm. Dein Leben lang darfst du besitzen — du bist doch ein Bettler.

Denn in dir ist die süße Verdammung, dass du d u r c h all die Dinge gehen musst, dass sie dir zerfließen. —

Ein Bettler begegnet dir zu einer Zeit, da du fürstlicher Schlossherr bist. Du schaust ihm in die Augen und siehst in ihrem Spiegel dein Bild, deine Gestalt und dein Geschick.

Er hält dir seinen Hut hin. Du wirfst deine Krone hinein und gehst weiter als Besitzloser.

Er wird deine Reichtümer verprassen — und eines Tages ebenso wie du weitergehen.

Auf einer verwitterten, einsamen Heide trefft ihr euch und umschlingt euch beseligt als wahrhaft Reiche, als Übersatte.

Und jeder denkt: Wie werde ich reich?

Und jeder ersinnt einen Streich, der ein solches Gelingen birgt.

Und jeder lacht schallend in die Kälte der Luft. — — —

O wie schön ist dieses Glückrittertum, das allem Mönchischen Feind ist. Wenn ihr wieder in die Stadt kommt und die Gassen des Nötigen durchwandelt, fasst euch der Schelm am Nacken und wirft euch den Tand des Besitzes zu.

Gierig nehmt ihr ihn und gierig verpraßt ihr ihn. — Immer ist Sehnsucht nach solchen Dingen die wüsteste Dirne. Sie lockt, lockt — und empfängt den Verführten als Totengerippe. — — —

Lass uns auf diesem sonnigen Hang liegen, Gefährte. Unbekümmert strahlt der Tag in gnädigem Licht.

Und diese Rast lässt deinen Mund übergehen.

Laut werden die Fragen.

»Sage mir Freund, warum sind wir arm selbst im erdrückendsten Reichtum?«

Ich sinne. Dann:

»Weil wir geborene Arme sind.«

In meinem Auge verliert sich das deine, Freund. Ich weiß dein ungesprochenes Wort:

»Was ist der Sinn, den wir ableben?«

Aufklingt mein Wort ohne Besinnung:

»Der geborene Arme dient nicht dem Haben. Nie herrscht dasjenige, was die Vielen Besitz nennen, über ihn. Denn er ist wahrhaft nicht von dieser Welt. Aus ihm kommt die Zerstörung der

Dinge und Stetigkeiten. Darum ist der Drang nach ewiger Vergeudung in ihm.

Er zerstört, wenn er bekommt, die Wichtigkeit alles scheinbar Notwendigen. Er genießt, ohne genossen zu werden.

In ihm schlägt ständig die Leichtigkeit der Nimmernot, das sichere Gefühl des Wildes, das am Morgen, erwachend, weiß — : Irgendwo wartet eine Wiese mit saftigem Gras.« — — — — —

EPILOG
(zur Novelle: »Das Testament des Kaspar Heimrath«)

Du hast das Blut nicht aufgehalten, das verlangte,
und hast die Schuld auf dich genommen wie ein Leichtes.
Durch alle Jahre, die der Schmerz dir auftat,
gingst du hindurch, ein Fremder ohne ein Daheim,
bis dich dein Andres auffand und ins wilde Leben stieß.
Du hast geirrt bis auf den Grund,
wo Helles sich und Dunkles stumm die Hände reichen,
weil sie erkennen, dass sie einer Mutter Kinder sind.
Wie eine goldne Kuppel ragt dein rundes Alles
hoch aus der düsteren Wüste des Nichts.
Wir brechen schambedeckt ins Knie.

EINSTIGES (VERBOTENES) BAYRISCHES NATIONALLIED

I.
Und auf den Bergen wohnt die Freiheit!
Und auf den Bergen ist es scheen.
Ja wo des König Ludwigs zweiten
alle seine Schleesser stehn…

II.
Mit Chloriformen und Bandaschen
traten sie behendig auf.
Nach Schloss Berg ha'm sie ihn hingefahren.
Dorten endet dann sein Lebenslauf…

III.
Doktor Gudden und der Bi-ismarck,
den man auch den großen Kanzler nennt,
haben ihn in'n See 'neig'ste-essen,
indem sie ihn von hinten angerennt…

IV.
Feiger Kanzler, Deine Scha-ande,
traget Dir ganz g'wiss kein Ehrenreis.
Du trafst ihn nicht in'n offnem Ka-ampfe,
wie 'd üns der Rippenstoß von hintenher beweist…

V.
Und auf den Bergen wohnt die Freiheit!
Und auf den Bergen ist es scheen.
Ja wo des König Ludwigs zweiten
alle seine Schleesser stehn…

MÄDCHENHYMNUS

Mädchen! Wölbende Biegung einer Welle!
Wenn dein Körper sich hochstreckt
— offnes Gesicht der dürstenden Sonne zu,
den Kopf rückwärtsgeschleudert, fliegendes Haar im zitternden
Nacken —
bist du lebendiger Ja-Ruf.
Traumkind! Säuseln des Schilfs auf mondwachem See!
Dein Widerhall bin ich und trage
deiner Frommheit Lied in die choraldurchklungenen Wandel-
gänge
des Tempels, der unsichtbar deiner harrt. —
O du! Die Nacht ist hoch!
Zerfalle nicht an kalter Welten seelenloser Frage! —

Nacht in einem Arbeiterviertel

Durch dumpfe Häusergrotten pflügt ein Atem
von Last und Rache sich den schmalen Pfad.
Ein blutbemalter, schwerer Himmel drückt die Dächer flach
und siech gehalt'ne Menschen schleichen stumm durch diesen
Dämonsgarten.
Eisiges Grauen stelzt auf samtnen Füßen durch die Luft,
und alles stöhnt hier, ächzt, und ist sich Feind und Meuchel-
mörder.
Die Brücke vorne greift wie eine rost'ge Zange aus,
die satter Nacht das Herz entreißen will.
Und kalter Fenster gnadenleeres Leuchten stiert
durch dieses seelenlose Qualgeviert.

HYMNUS

Du junges Volk, das unermeßlich lebt im Gang der Welt!
Du Bienenschwarm, in Städte eingepfercht
und breit in flachen Gauen schaffend;
in Hütten so und in den düstren Mietskasernen,
umwölbt von dunklen Molochswänden der Fabrik
und wieder frei auf weite Äcker hingestreut!
Wie gärt dein Tun durchs Emsige der vollen Tage!
Geschlechter blühten vor dir, dorrten ab und starben
und ließen eine alte Herrlichkeit mit wenig Sinn zurück.
Du bist herausgewachsen, schwer aus wunden Ackernarben.
O Dienermenschheit, Knechtsgemeinde!
Du hast jahrhundertlang die Last Verstorbener getragen
und alle Wehmut, alles Schweigen der Geduld.
Du Samen Gottes, der ihm selber unerklärlich näher wuchs
und plötzlich eine andere und fremde Frucht war!
Der Größte wusste nichts, als er dich schuf.
So kamst du aus den dunklen Zeiten — erst klein,
dann immer größer — schwollst zum Strom
und überschüttetest die Erde als Legion.
O Volk! Wie sich die Worte aus den tiefen Widerständen
in meinem Herzen aufwärts finden
und weiter rollen, brausend wie Orkan, als erster Ton des Kindes,
das sich staunend als gefundene Heimat fühlt...

BAYRISCHES WILDSCHÜTZEN- UND SOGENANNTES
JENNERWEINLIED
Zu Tage gebracht von Oskar Maria Graf

Ein junger Mann von achtzehn Jahren,
er ward hinweggerafft von dieser Welt.
Man fand ihn erst am neunten Tage
zu Hohenpeißenberg am Tegernsee.

Auf hartem Fels hat er sein Blut vergossen,
und auf dem Bauche liegend fand man ihn.
Von hinten war er angeschossen,
zerschmettert ward sein ganzes Unterkinn.

Man lud ihn dann auf eine Bahre,
und in der Nacht noch, da ging es fort.
Begleit' von seinen treuen Kameraden
nach Schliersee 'nein, in seinen Heimatort.

O falscher Jäger, deine Schande,
das bringet dir kein Ehrenkreiz.
Du stundst ihm nicht im offnen Kampfe,
der Schuss von hinten her uns das beweist.

Und wenn dereinst am jüngsten Tage
so mancher Jaager's Gwissen putzt und's Gwahrn,
muss er ob seiner Missetaten
ins hohe Gamsgebirg zum Luzi fahrn.

Denn auf den Bergen wohnt die Freiheit,
ja auf den Bergen ist es schön,
allwo auf grauenhafte Weise
so mancher Wildschütz muss zu Grunde gehen. —

NACHT

Langsam sucht sich Stern um Stern.
Jede Ferne ist gewichen.
Welt und Himmel haben sich so gern,
dass sie ausgeglichen,
schweigend ineinanderfließen.
Alle Wege sind nicht mehr.
Nur der eine hält die Mitte
ruhig in das Herz der Nacht.
Und von ungefähr zu ungefähr
tragen leis Erinnerung und Bitte
alle qualerlöste Erdenfracht...

Das Ende brach zusammen hinter mir.
Anfang hat morgenfrisch die Tore aufgetan.
Der Boden unter meinen Füßen klingt,
und hoffend straffen sich die Schritte.
Noch einmal aber raste ich, um ins Vergangne auszuschauen,
und sehe Brüder aus dem Nebel näher kommen,
auf gleichem Weg und gleichgebeugt von Last und Prüfung.
Auf ihre Stirnen hat das Tägliche und alle stumme Not der Zeit
ein helles »*Doch!*« geschrieben. —
Wir sehen uns nur an
und schreiten weiter, Mann für Mann.
Denn jenes Ewige, das Gott so züchtigt, weil er es unendlich liebt,
ist tief in unserm Blut geblieben
und strahlt uns wie ein Gnadenlicht voran. —

DER DICHTER AN DIE REVOLUTION

Du starker Trieb, der tausendfältig lebt im Völkeratmen,
ich bin dir manchmal nah — dann wieder endlos fern,
wenn du zur Form erstarrst und endlich wirst.
Du bist die Edle, die nur schlichte Seelen liebt,
doch schläft in deinem Blut ein Stück von einer Dirne,
das aufloht, wenn sich deine Pfade weitern.
Ich zeuge dich und mehre ewig deine Schar
und trage dich zuletzt als Kreuz auf den Kalvarienberg,
verhöhnt von allen, denen du das Leben gabst
und unerkannt selbst von den Besten. —
Wir wuchsen auf als bitt're Knechte
und haben viele Jugend hingehaucht im Joch der Welt.
Nie aber hassen wir uns so, als wenn wir stille sind. —

ACH EIN HUND SEIN ...!

Bläh' dich auf in deiner ganzen Würde,
Lieber satter Patriot!
Christenbruder bete dich zu Tod!
Schrei in deiner Gummizelle, armer Idiot!
Sprich zu deinen Schafen,
Fürst des Landes oder du der Kirche!
Präsident, erlasse eine Botschaft an dein Volk!
Stemmt euch, Diplomaten, Parlamente
Gegen Vergewaltigung und Bruch des Völkerrechts!
Wetzt die Schwerter, ladet die Gewehre,
Alle ihr, die gern zu sterben wünschen!
Wuchert, rafft und windet euch durchs Leben,
Macht in Aktien, Ethik, in Idee und Vaterland!
Tröpfe ihr, in e i n e r Finsternis!
Größer als ihr alle, ist der Hund,
Der weitertrippelt, bellt, wenn's ihm gefällt,
Frisst, wo etwas liegt
Und weder Zeit, noch Gott, noch Vaterland
Und sonst was achtet!
Ach, ein Hund sein ...!
Nur ein Hund auf einer Straße ...!

PREISLIED AUF DEN BÄCKER

Nun aber lasst uns heben an
das hohe Lied vom braven Bäcker!
Er ist des Daseins guter Mittelsmann
und alles wahren Friedens Wecker.

Was wär' das Korn auf jedem Feld,
das Mehl, das alle Mühlen mahlten,
wenn er, der stumme Arbeitsheld,
nicht schalten tät' und walten?

Und denkt: Die Welt ist riesengroß
und voller Zank und Streit.
Was wär' sie ohne Brot erst bloß:
Ein Trümmerfeld aus wüstem Leid.

So aber läuft der Herrgottskreis
vom Samenkorn bis in den Trog!
Dem Bäcker blüht des Segens Preis:
Zu sättigen von Tag zu Tag.

An Trog und Ofen steht der beste Krieger,
bannt Hunger und hebt Not von hinnen.
Denn Bäckers Sinn ist: Einem Ganzen dienen.
Er ist der größte Weltbesieger!

LEITSPRUCH

Da ist das weite Feld,
drauf sprosst das gelbe Korn.
Rundum in all der großen Welt
ist dies der wahre Nährerborn.

Drum Bauer tu' dich fleißig regen!
Ihr Mühlen steht nicht still!
Was Gott mit Korn und Weizen will,
das ist der schönste Segen.

Und ihr, o Bäcker auf dem Erdenrund!
Ihr gebt für alle »Stund' um Stund'«
vom Müller- und vom Bauernfleiß
den allergrößten Preis.

So geht das Eine in das Andre,
wie auch allsonst im Leben.
Jedwedes Ding ist da, damit es wand're.
So ist's geregelt und gegeben.

Sehnsüchtiges Gebet

Geh hin in alle Länder
Und fliehe tausendmal vor mir.
Zergehe in der fremden Lust
Und sterbe selbst
Und werde nichts als Nichts.
Du bleibst der Staub, der meine Augen streichelt
Und bist der Duft der Frühluft,
Der sich in mein Atmen mengt.
Du bist der Hauch, der in den ungezählten Fällen
Nur immer süßer mich umdrängt
Und bist Geräusch der Stadt
Und Klang des weiten Landes.
Dem Tag gibst du die Friedenskraft
Und jeder Nacht die Schwermut.
Mag Zeit und Jahr verfließen,
Ich stehe ewig unverwandt
Und kann das Blut nicht schließen
Und sehne mich nach deiner Hand.
Dein ist das, was ich lebe
Und selbst die Erde, die ich einstens werde
Ist noch geweintes Du,
Das selig auf dich wartet...

Es wird scheint's, Früajohr…
Uhlands Gedicht »Frühlingsglaube«,
nachgedichtet von Oskar Maria Graf

D' Luft is lin' und warm gnua
Und Tog und Nocht, do gibt's koa Ruah,
Es wachst, wos's wachsn ko.
Frisch riacha tuat's und d' Vögl singa.
Jetzt wird's a jedn wieda gringa,
Es geht a anders Viertl o.

D' Welt kriagt oiwai a schöners Gsicht,
Ma woaß it, wos no ois'samm gschiehcht,
Es treibt und blüaht grod so.
Wo sd' hischaugst, siehchst a d' Bleamin nei,
Do konn ma nimma granti sei!
Jetzt geht dös bessa Viertl o.

AN EINE ARBEITERHAND

Alle Berge, die einst aufwollten aus dir,
drückte das Müssen breit.
Oft in der Flucht meines Schauens übersah ich dich,
aber nun, da du dich hinlegtest vor mich
wie ein stahlhartes Gesicht,
glänzt es auf den flachen Gletschern deiner gewesenen Gipfel
und aus der Schlucht deiner knorrigen Mitte
greifen die mutigen Stämme deiner Finger...
Gefährtenhand!
Achse der Welt, Antrieb und Schöpferin tief in der Not,
wie wachsen die Dinge aus deinem Bewegen
und spiegeln dein gnädiges Heldentum!
Einmal im Traum sah ich euch, wie einen Himmel über mich
gewölbt,
und Sturm entwand euch Tropfen, die schwer herabfielen ins
dürre Tal
der Erde wie Manna.
Und begriff euer wortloses Wunder, Hände der Arbeit!

Wir alle wachsen auf mit diesem einen Wissen,
wenn totgestampfte Tage abwärtsflammen:
Die Nacht wird kalt sein. Die hat Sterne.
Gut wird es sein, das Fenster zuzuschließen,
vielleicht ist morgen Frost und plötzlich schneit es...
Und wenn noch viele Tage in die bunte Ferne fließen,
kann's sein, dass unser Haar ergraut und unser Rücken krumm
wird.
Dann sind die kleinen Hungerwürmer groß und können
wieder dienen
wie wir. Und werden wieder groß und krumm, verkommen.
Wir haben immer einem Laut gelauscht, als unsre Körper
bluteten,
und waren manchmal wie berauscht, wenn Wünsche bitter
fluteten,
grellhelle Jubeltage – ach, nur Bilder! – rasten durch
gebäumten Traum
und etwas kam auf goldnen Morgenschienen
— ein Licht — ein Wundergarten — eine Märchenstadt — —
Da war es wieder nur der frühe Tag, Fabrikraum und zermal-
mende Maschinen.

SOMMERREGEN IM WALD

Der ganze Wald rauscht wie ein Käferlabyrinth.
Es rieselt unablässig auf ihn nieder.
Der Regen kommt vom Himmel ohne Wind
Und gibt sich seiner Erde wieder.

Ein jeder Baum trägt an der Krone schwer,
und alle schweigen sich was vor.
Es ist ein Irrgang ohne Tor,
und nirgends kommt ein Laut von Leben her.

Der Boden tritt sich wie ein voller Schwamm
und schmiegt sich feucht an meinen Fuß.
Es riecht rundum nach einem Tropentraum,
der langsam aufweicht in dem Regenfluss…

Der Tote im Dorf

In unser'm Feuerwehrhaus — nicht mehr erkennbar —
da liegt ein unbekannter Toter.
In der vergang'nen regendunklen Nacht
hat ihn SA hierhergebracht.
Die Leute raunen es von Ohr zu Ohr:
»Ein umgebrachter Roter.«
Ganz insgeheim, verängstigt sagen sie es,
schau'n hin auf das, was ehemals ein Mensch gewesen
und gehen schaudernd ihren Weg.
Auf jede Miene malt sich dumpfer Schreck.
Kein Mut lebt mehr. Nicht wagen sie es,
stehnzubleiben. Sie fliehn wie vor dem Gift des Bösen…
Es kommt ein ausgedörrtes Weib
und schaut hinein mit seinen alten Augen,
bleibt stehen und erschrickt nicht,
weint auch gar nicht,
und sieht: Aufs dreckige Pflaster hingeschmissen
dies blutige Etwas mit geplatztem Leib.
Die Därme sind herausgequollen, der Kopf ist breitgetreten.
Da hebt dies alte Weib die Arme, die zu nichts mehr taugen
und plappert wie das unerstorbene Gewissen:
»Gibt's denn für die gar kein Gericht?…
Wenn das jetzt gar mein Sohn ist
und umgebracht sein einziger Lohn ist!…
Herr, gib ihm das ewige Licht…«

Kennst du das: Aufwachen in der Nacht, aufgeschreckt werden von der Stille, die unsagbar fremd und starr im engen Zimmer brütet?

Ist's ein Sarg, in dem du liegst? Oder bist du ins Nichts gesunken?

Kennst du das: Mit wehrlos offenen Augen hineinschauen in einen unbegreiflichen Tod?...

Und kein Mensch ist da, dem du rufen kannst. Kein Ding um dich lebt. Alle vertrauten Erinnerungen sind erstorben, und du selber bist dir fremd. Nur diese dunkle wesenlose Stille schließt dich ein...

Du hast das Atmen ganz vergessen, als habe dir jemand deine Brust eingetreten. Du wagst nicht, dich zu rühren. Nach einer Weile erst, schier so, als sei's es gar nicht du, ringst du nach Luft und spürst das Leben schwer und langsam wiederkehren.

Das Leben?

Welches Leben denn?

Das Leben Tausender, die so wie du in tristen Zimmern, auf versteckten Bänken oder unter Brücken aufwachen in der Nacht! Das Leben derer, die — verweht in alle Städte, alle Länder — mit dir gemeinsam atmen!

++++++

Der Schlaf ist fort, und das Vergangene wird dir gegenwärtig:

Ja, es war schön in unsrem Mutterland! Ach, jeder, der sehnsüchtig heimwärtsdenkt, trägt so ein mütterliches Stück mit sich herum und wird es nie verlieren!

Die Berge, Täler, Seen und diese prallen Felder, die grünen Flüsse und die tiefen Wälder, die sauberen Dörfer, die belebten Märkte und die brausend zweckbesessnen Städte! Und jene

unverwelkten, still verträumten Winkel, die nur Dichter und
Verliebte kennen! Und all die derben, lauten Feste des Volks
nach vieler Arbeit!

Oft scheint es uns, als gäbe es dies nirgendwo! — — —
Beinahe, Freund, hat alles einmal uns gehört, uns ganz allein,
das ganze Land! Und keiner sagte es, doch jeder fühlte atem-
tief: Nicht dem und dem, uns ist das alles! Uns — den Betro-
genen mit Lammsgeduld, die Krieg und Krise, Not und
Jammer überwanden! Dir, Mann am Schraubstock! Dir, Bauer
hinterm Pflug! Dir, im Büro und Dir, der für die Zukunft
denkt und dichtet: Euch harten Vätern und Euch ewigen
Müttern!

Der unverdrossene Geist und unser aller Bienenfleiß,
sie machten dieses Leben brüderlich und fruchtbar und schufen
Unvergleichliches! Nur niemals wussten sie, dass sie das wahre
Deutschland sind!!

+++++

Schon bricht der Dämmer in das enge Zimmer. Das schwarze
Nichts zergeht. Mein Herz schlägt laut. Die Pulse trommeln.
Die Zähne knirschen und die Fäuste ballen sich. Und fassungs-
los erfährt mein heißes Blut:

Was Dieb und Henker schänden, ist mit Finsternis verhan-
gen, doch ewig wechseln Nacht und Morgen! Schwer wird der
Tag sein, da wir alles wiederfinden, schwer und bitter…

— — — — — — — —

Trinkerhymne

Schon schwimmt der Raum. Es lockert sich die Zeit.
Gebetmild hör ich über meiner Einsamkeit
dein sanftes Flügelrauschen, Trauervogel du,
und schwebe hauchgleich dem Nirwana zu.
Schenkt ein! Schenkt ein!

O Durst, der über sich das Dürsten jäh vergisst
und wie erlöster Aufschrei eines Gottverlassnen ist!
Ich danke dir! Ich dank dem Wein,
denn ohne Euch bin ich so leer und so allein.
Schenkt ein! Schenkt ein!

O Rausch! Noch immer warst du Tor zu einem Traum,
der mir die Schwere aus der wunden Seele nahm.
Wer dich nicht kennt, du Inselstunde im Vergessen,
der ist noch nie ein ganzer Mensch gewesen!
Schenkt ein! Schenkt ein!

Der Rauch wird Meer. Die Menschen schauen aus den Gläsern
und sehen aus wie Schwimmerköpfe in den Mondgewässern.
Und jeder schweigt sich seinen Schmerz entgegen,
und jedem stirbt das Ich auf unbekannten Wegen.
Schenkt ein! Schenkt ein!...

EMIGRANTEN I–IV

I.

Wir treten die Pflaster von Prag, Paris, Amsterdam.
Man kennt uns in London, Zürich und Kopenhagen.
Nur flüsternd darf man unsere Namen sagen,
und keiner weiß, woher der andere kam.

Wir lieben die Heimat wie du, wir kannten das Glück,
und schwermütig träumen wir oft, wie schön das war.
Wir wollen stets vorwärts und fallen nur tiefer zurück,
und so zerfließen uns Stunden und Tage: Das Jahr.

Wir wandern verfemt und verfolgt ohne Ziel und Gefühl,
und leer ist der Magen, die Seele wie Blei so schwer.
Wir sind ja der ganzen Welt schon lange zuviel,
und hinter uns schleichen beständig die Spitzel her.

Wir sind nur noch Schatten, die fad und langsam verhauchen.
Wenn einer auslöscht, dann bleibt es überall stumm.
Ein jeder von uns kann sich nur sinnlos verbrauchen.
Wir gehen verschmäht um das fremde Leben herum...
— — — — — — — —

II.
Wir leben nicht, wir sterben nicht.
Wir sind nichts mehr als Haut und Knochen.
An uns hat tausendmal der Tod gerochen.
Ihm schauderte. Er mag uns nicht.

Wir hatten Herz und Hirn und Aug' und Ohren,
wie alle Menschen auf der weiten Welt.
Nun sind wir stumpf in Not und Nichts verloren.
Man hat uns gänzlich außer Dienst gestellt.

Der Tag zerrann, die Nacht fällt drohend nieder.
Ob's Sommer oder Winter ist — wir frieren.
Wir summen die daheim verfemten Lieder,
damit wir nicht das bißchen Kraft verlieren.

Die Stunde strömt, die Stunde bläst
in unser glimmend-schwaches Hoffnungslicht.
Und jetzt, da uns der müde Gram verlässt,
zeigt uns die Zeit ein helleres Gesicht...
— — — — — — — —

III.
Uns helfen mitunter reiche Damen,
denen wir sagen, es geht uns sehr schlecht.
Sie streicheln die Kinder, sehn die Kranken und Lahmen,
und das rührt und bewegt sie dann recht.

Auch von den energischen, wortreichen Herren,
die zu uns kommen und Ratschläge spenden,
hören wir folgsam die erbaulichsten Lehren,
als ob uns gar keine Abgründe trennten.

Wir haben das Betteln gründlich gelernt.
Wir kennen der Reichen weiche Gefühle
und sind von jeglicher Seele entkernt.
Sie nützt nicht in dieser schaudernden Kühle.

Am liebsten möchten wir unbändig hassen,
doch das erlaubt unsere Lage nicht.
Es muss sich jeder zusammenfassen,
damit nicht das Letzte jäh zerbricht.

Das Letzte ist wenig: Obdach und Essen,
barmherzige Nachsicht bei den Behörden.
Man hat ja schon lange vergessen,
dass auch wir einst zu den Menschen gehörten…

— — — — — — — —

IV.
Ach Mensch, mein lieber Bruder,
sei still! Wenn unsereins schreit,
niemand hört das, du armes Luder!
Für uns gibt's keine Wunder und Zeichen.
Wir sind die lebendigen Leichen
dieser missratenen Zeit

+

Du musst dir nur immer einbilden:
Morgen legt man dich endlich ins Grab.
Dann prallen alle verhüllten
und offenen Tücken an dir ab.

Nur sich jeden Tag hartnäckig sagen:
»Alles vergeht. Nichts mehr ist groß.«
Dann erstirbt dein wehes Verzagen
und du bist die Hoffnung los.

Uns ist doch gar nichts verblieben!
Also warum grämst du dich so?
Wir sind vertrieben, zerrieben
und verwehen wie Staub so jämmerlich.

Lass sie nur reden, trösten und mahnen.
Sie haben Heimat, Liebe und Geld
und können für die Zukunft planen.
Wir sind verlöscht in ihrer Welt...

+

Da trink! Warum auch weinen?
Im Fusel zerrinnt jede Bitternis.
Er ist das Letzte für unsereinen!
Denn man kann doch das nicht verraten,
wofür so mancher sein Leben ließ...
....
Wir sind in die endlose Öde geraten!...

Lapidares Schicksal

Wie soll man nur aus der Misére kommen?
Man müsste es wie unser Heinrich machen.
Der hat sich eine Witwe genommen
und lernte endlich wieder lachen.

Sie liebte ihn sehr und konnte gut kochen.
Es zog Zufriedenheit in Heinrichs Leben.
Stets sauber waren seine Hosen, Hemden, Socken.
Sie hat ihm viel von ihrem Mann gegeben.

Und dann hat sie ihm mehr versprochen,
wenn er nur ständig bei ihr bleiben will.
Der Heinrich ging vier lange Wochen
mit sich zu Rat und war sehr still.

Er soll, so meinte sie, sein Weib vergessen,
das noch in Deutschland für ihn leidet.
Das alles sei vorüber, sei gewesen.
Und manchen gäbe es, der ihn beneidet.

Der Heinrich war im Innern schwer bedrängt.
Das Gute schien ihm äußerst schwierig.
Und eines Tages fand man ihn erhängt, — —
Zu tief sind wir dem Leide zugehörig...
— — — — — — — —

Gebet der Emigrantenkinder

Lieber Gott, wenn es dich wirklich gibt,
sag uns doch, wer wird von dir geliebt?
Peter heißen wir und Hans, Ursula und Annelies.
Von der Heimat wissen wir nur dies:
Einmal nachts, da holten sie den Vater.
Wochen später sagte Mutter: »Kinder, er ist tot.«
Heimlich kamen Nachbarn, brachten Geld und Brot
und gingen. Langsam und mit matter
Stimme hat die Mutter dann zu uns gesagt:
»Weint nicht, Kinder und bleibt stumm, wenn einer fragt.
Seht, das war der Vater!... Nie vergessen!«
Dann sind wir sehr lange dagesessen...

Viermal holten sie dann Mutter in drei Wochen.
Krank kam sie zurück und war zerbrochen.
Endlich sind wir fortgegangen
und nun wissen wir nichts anzufangen,
hier als Bettler in dem fremden, fremden Land.
Unsere Mutter siecht dahin und wir sind klein. —
Fremder Gott, man sagt, du sollst gerecht sein,
aber — ach! — uns hast du sicher nie gekannt...
— — — — — — — —

ZURUF!

Lieber Freund, es kommen Stunden,
wo du glaubst, du bist umsonst gewesen.
Alle Schmerzen, alle Wunden
brennen — wollen nicht genesen.

Ach, die Bitterkeiten strömen
hemmungslos, als sei'n sie nie versiegt!
Und man möchte sich das Leben nehmen
das zerbrochen auf der Erde liegt.

Fragen stehen auf und bleiben.
Antwortlos schwebst du im Nichts.
Und du scheinst dich zu zerreiben
an der Schwere dieses Selbstgerichts.

Denk', o Freund: Den vielen
ungezählten Kameraden geht es ebenso!
Dieses große, gleiche Fühlen
macht in aller Schwermut froh.

Atme, Freund! Lass' dich erfüllen
ganz von der Gefährten Zuversicht!
Einmal sind wir Einen doch die Vielen
und die stumpfe Welt zerbricht!

Kleiner Trost

Immer ist es mit uns so:
Tage kommen, werden Wochen,
die wie kalter Wind verwehen.
Jeder ist in sich verkrochen,
und wir alle gehen, gehen
wie die Wandrer in das Nirgendwo.

Doch auch wir, wir leben gerne!
Jeder will sich neu erschaffen
und verlorne Freunde wiederfinden.
Nur nicht ohne Zweck erschlaffen
und ins Ungewisse münden
oder untergehn in fremder Ferne!

Viele sind, die uns verachten.
Denn wem nichts verblieben ist
als die Zeit, die weiterrinnt,
dem wird jeder Augenblick zur List,
die er sorgsam weiterspinnt,
um nicht in der Leere zu verschmachten.

Heute noch sind wir nur Warnung
für die ruhelose Welt.
Unsichtbar wächst unser Heer.
Und wenn erster Widerstand den Weg verstellt,
gibt es keinen Ungeübten mehr.
So gereift sind wir durch List und Tarnung. —

WEIHNACHTSSPRUCH FÜR MEINEN FREUND FRISCHAUER

Es macht's nicht die Fülle,
es gilt nur das Herz!
Der Stein ist die Hülle,
drin funkelt das Erz.

BRIEF EINES EMIGRANTEN AN SEINE TOCHTER

Kind, du schreibst mir aus der Heimat,
dass es wieder Frühling ist
Wenn man morgens übers nasse Gras geht,
schreibst du, sei man wie die Erde selber,
die in neuem Wachsen steht.

Wenn ich das so lese aus dem Brief,
seh ich Äcker, Wald und Feld
ganz wie einst, als ich sie noch durchstreifte.
Unvergänglich glänzt das gute Bild
und beglückt mich immer tief.

Und du schreibst vom Krieg fast lustig,
weil man so viel davon hört.
Ja, die Alten, meinst du, seien meist gestorben
und die Jungen viel beim Militär,
weils bald losgehn wird.

Kind, beim Lesen stockt mein Atem!
Ist das alles, was du weißt?
Ist vom freien Frieden nie die Rede?
Ich seh Wald und Feld, die Äcker früchteschwer —
alles öd! Und keine Menschen mehr...

ILLEGALER TOD

Nacht war es, und es hat dünn geregnet.
Wieder sind wir über die Grenze gegangen.
Die Büsche im Wald waren spinnweb-verhangen.
Ein scheues Reh nur ist uns begegnet...

Dämmer stieg schon vom Tale herauf.
Müde hielten wir Rast im nass-schweren Dickicht.
Das Moos war weich. Immer versanken darauf
unsere Schritte. Wir hörten sie selber nicht.

Spähend drückten wir uns durchs Gebüsch,
schauten hinab in den brauenden Tag,
wo im langsam verschwimmenden Nebelgemisch
unsre geliebte Heimat lag.

Sinnend lauschten wir in die Weite.
Ferne bellte ein einsamer Hund.
Wir dachten an Jugend, Wald und Heide...
Dann drückte der Fritz seinen Finger an den Mund.

Leise rief er: »Jetzt größte Vorsicht!«
Oft rutschten wir auf dem nassen Laub,
und es löste sich ab und zu eine Schicht
im morschen Geröll. Wir waren wie taub.

Wurfweit nur noch, dann war es geschafft.
Furchtbar sind Schritte kurz vor dem Ziel!
Unsere Nerven waren fiebernd gestrafft.
Wir stockten und lauschten — alles blieb still.

Schüsse krachten auf einmal rundum,
Schreie bellten und Kugeln pfiffen.
Vornüber sank Fritz und blieb reglos und stumm.
Ich habe das Ganze erst später begriffen.

Tod steht beständig in unserm Kalender.
Niemand erfährt unser schweigendes Sterben.
Uns werden weder Freunde noch Schänder
in den wachsenden Stamm der Geschichte kerben...

FRAGE OHNE ANTWORT

Und Menschen gibt's, die nehmen immer wieder die Gewehre
und ziehen gegen irgendeinen Feind!
Sie denken nichts. Sie fühlen nicht die schauderhafte Leere
und sind wie Maden in die Finsternis geschreint.

Und niemals sagt zu ihnen einer: Hört nicht auf das Schwätzen
und achtet Eure Liebe, Euer Leben mehr!
Was ist gewonnen, wenn die Welt in Trümmern und in Fetzen
da liegt? Wer will denn das? So sagt doch, wer?!

HEIMWEH

Lieber ein Knecht sein und Kreatur,
als die ruhige Flur
der Heimat nie wieder schauen!
Ach, eifert und kämpft nur
und ringt um Aller Vertrauen!
Ich kann das nicht!

Einmal im beklommenen Innern
weint das Erinnern
so weh, wie nie noch zuvor!
Und mein Trachten und Sinnen
bettelt vor dem verschlossenen Tor.
O, ich kläglicher Wicht!

Niemals vergehen die Wälder
und die saftigen Felder
so wie Menschen und Zeiten!
Ich bin nur Behälter
in diesem wirren Zergleiten.
Heimat allein ist ewiges Licht!

SCHWACHER TROSTSPRUCH

Von fern her weht's
als guter Trost der ewigen Natur.
Bedenk' es stets,
du liebe, viel geschundne Kreatur:

Es war ein armer Mann,
der kam zu Macht und Größe.
Napoleon gleich, stieg er aus Hass und Not
Der halben Welt ward er ein neuer Gott.

Nun nahm er Rache
an den Kleinen, die ihn ehemals rügten
und riß, da alle sich ihm furchtsam fügten,
in namenlosen Jammer einen ganzen Kontinent.

Groß stand er da
in seiner erzenen Gewaltigkeit.
Verbrechen schien ihm wahre Lebens-Süsse,
und er war nichts mehr sonst als — böse.

Da kam der trübe Tod
zu ihm auf ungeseh'ner Spur
und sieh', von Glanz und roher Macht blieb nur
ein Haufen blutvermischter Kot. — —

Nichtigkeit des Ruhmes

Palme des Ruhmes,
wie kärglich schattest du
dem, der unter dir ruht!
Sonne der Welt,
wie sengend brennst du
auf jene, die trachten
in deinem Glanze zu leben!

Besser der Mond
und die funkelnden Sterne
in tiefstiller Nacht,
wenn gelassen
Nähe und Ferne
in eines verrinnen!
Nichts ist mehr deutlich,
als ich und das enge
Geviert,
dem mein Denken entschwebt...

Palme des Ruhmes!
Sonne der Welt!
Lieber der Mond
und die Stille der Nacht,
als traumlos nur Euch!

TRAURIGES LIED

Kühl wie die Nacht,
so ist dein einsam Herz.
Es hat nur Leid gebracht
und ist nun starres Erz.

Müd an der Welt,
so gehst du trübe hin.
Was mit dir fällt
verweht in deinem Fliehn.

Gib mir die Hand!
Mir ist so kalt und fern.
Wir stehn am Zeitenrand,
beglänzt von keinem Stern…

ABWEHR

Sie sagen, was ich jemals gemacht,
sei vergeblich.
Und sie meinen, was ich einsam gedacht,
sei unerheblich,
denn in dieser Untergangs-Nacht
sei das Beste schädlich
und selbst des Menschen innere Frucht
sei wertlos und nicht mehr redlich.

Ich kann nicht leben mit diesem Verdacht
und will lieber sterben dabei!
Denn besser ein Narr und Jahrzehnte verlacht,
als zu glauben, dass es wirklich so sei!

Schwermut und Hoffnung

In einem fremden Zimmer wird' ich sterben,
in fremder Erde wird man mich begraben.
Fremd wird der Odem sein, der mich verwesen lässt.
Und niemand wird von mir was erben.
So gnadenlos wird mich die dunkle Ferne haben,
dass selbst mein Wesen stumm in ihr verbläst.

So sieche ich in diesen kargen Zeiten hin
Als frühes Opfer eines vagen Ungefähren,
das viele ungeliebt erahnen in den fernsten Tagen
als einen schmerzlich-süßen Sinn.
Wer dies erfasst, ganz ohne jedes Klagen,
der wird dann stark sein, wenn ich nicht mehr bin...

In den Wind gesprochen.
Nachlese neuer Gedichte aus dem Exil
1941 bis 1942

TRAUER ÜBER DIE VERGÄNGLICHKEIT

Wir alle leben nur bis fünfunddreißig.
Bis dahin lieben wir, sind mutig, unbeirrbar fleißig,
und jeder glaubt, vor ihm liegt grenzenlos das Leben da.
Da kommt, dem Hauche gleich, dahergeweht der leise Tod,
und keiner weiß, wie dies geschah.
Du fängst zu rätseln an und fügst dich einem Gott...

Das Herz siecht hin. Um uns wird alles überhell.
Noch einmal fassen Aug' und Denken scharf und grell;
das Tiefste kennen wir, doch lieben können wir nicht mehr,
und dort, wo Glaube war und Hoffnung auf ein Ziel,
glotzt ein verblichner Spiegel, unbegreiflich leer...
Und wenn wir traurig lächeln, ist's schon viel.

Die Jahre gehen. Wir sind nicht anders als die Andern.
Nur fühlen wir in uns den Sterbenskeim.
Und jeder Tag ist wie ein trübes Wandern,
als wollte ein Verirrter endlich heim......
O, Bruder Mensch! In dieser letzten kurzen Zeit
wird jeder ungerecht und blind vor Bitterkeit! —

Plötzlicher Frühling

Die Bäume zittern scheu im ersten Grün,
die Büsche schwellen.
Am blanken Himmel ziehn die hellen
Wolken lächelnd hin.

Die jähen Vogellieder gellen
wie eine große Zuversicht.
In Fluß und See, die sanften Wellen
Bespiegeln sich im klaren Licht.

Hoch in der blauen Luft verkünden
Äonen ihren ewig jungen Lauf.
Wir schau'n erstaunt zum Himmel auf
und stumm ergreift uns dieses Überwinden.

HERBSTMORGEN IN DER HEIMAT

Die warmen Düngerhaufen rauchen.
Das Vieh brüllt hungrig in den offnen Ställen.
Im Dorf regt sich allmähliches Erwachen.
Die Fenster blinzeln ungewiss im Hellen.

Die weite Landschaft schläft noch starr und kalt
und seidig-weißer Frost liegt auf den Flächen.
Der Nachtmahr geistert durch den Fichtenwald
und heimlich murmelt's in den dünnen Bächen.

Es riecht nach Herbst vom Boden bis zum Himmel.
Lautlos verflüchtigen sich die Nebelschwaden,
und jetzt beginnt die Kirchenglocke ihr Gebimmel.
Die Sonne hebt die Welt aus Dunst und Schatten.

Ein Wandel, der den Glanz behält
wie jenes schiefe Feldkreuz auf dem Hügel,
das sich nun golden aus dem Nebel schält
und seine Arme reckt wie segensschwere Flügel…

Der Nacht verfallen

In jeder Nacht, die ich erlebe
tönt eine andre Melodie.
Von Kampf und Tag gelöst entschwebe
ich grenzenlos befreit in sie.

Ich sehe staunend meine Sterne,
und immer sind sie neu.
Berührt von großer Ferne
macht mich die Demut scheu.

Es zirpen ruhelos die Grillen,
rundum ist alles wach.
Ich bin ein Ding von Vielen,
dem Kleinsten sinn' ich nach.

Viel bleicher in den Bäumen
steht heut' der hohe Mond.
Gebüsch und Sträucher träumen,
schon leicht an Herbst gewohnt.

Jäh ist es still geworden
in diesem Traumgeviert.
Als ob die Wälder dorrten,
weil sich ihr Klang verliert…

Mir selber überlassen,
lausch' ich dem dumpfen Schritt
und will den Schatten fassen,
der mir den Weg vertritt.

Die welken Blätter fallen
herab aus toter Luft.
Ich bin der Nacht verfallen
und ganz ihr Hauch und Duft...

HERBSTABEND

Ich seh' die Welt im Abendrot erglühn,
als sei sie über unsre Nichtigkeit beschämt.
Starr stehn am Hügel dunkle Bäume
und ihre Kronen leuchten in der alten Pracht.
Schon ziehn durch sie die Dämmerschleier hin...
Bald ist es Nacht
und Sterne funkeln auf wie Kinderträume,
die kein Gedanke, keine Grenze hemmt.
Ich aber trieb durchs Meer der Unvernunft
und stehe da um jeden Sinn gebracht.
Ich möchte in das tiefste Dunkel fliehn
und finde nirgends stille Unterkunft.
Ein Staubkorn bin ich nur,
das wie ein Hauch verweht.
Es ist, als ob die sterbende Natur
mit mir vergeht...

GEFÜHL DER HEIMAT

Auf der Höhe das Haus, davor alte, schattende Bäume
und ein trüber, verschlafener Ententeich.
Im Grün grast das Vieh. Seitab gähnt die offene Scheune. —
Dies ist der Heimat ewig geschlossenes Reich.

Hoch über allem webt sommerlich-summende Stille.
Ferne sonnen sich Wälder, Wiesen und Rain.
Vogelgesang und dünnes Zirpen der Grillen
fügen zögernd in diese Ruhe sich ein.

Jedes Ding ist vertraut; wir leben stark und geborgen
in diesem schlichten Friedensgeviert.
Odem der Erde erfüllt die Nacht und den Morgen
und nichts ist von falschen Wundern verwirrt.

Viel ist im Kämpfen zerstört, viel ist im Zeitlauf verwichen!
Was auch so mancher herbe Tag noch zerreibt —
Das ruhende Bild meiner Heimat glänzt unverblichen
und strahlt wie ein gnädiger Sinn, der bleibt...

EINGESTÄNDNIS

Ich sag es ungern, doch ich muss es sagen:
Ich bin ein ausgetrunkner Becher,
der unnütz stehen blieb und nun vergessen ist.
Einst in den fernen, heitern Jugendtagen
war ich ein ausgelassner Zecher,
voll Lebenstrotz und Kraft und List.

Ich möchte am liebsten müde schweigen,
doch hab' ich Freunde vielerlei,
für die mein Herz ein klarer Spiegel ist.
Ich möchte mich in Demut vor dem Ende beugen,
allein [...] steht dabei
und mahnt, dass jeder Anfang schon ein Amen ist.

Ich leide es und will es tragen
und schenk' mich ganz dem traurigen Gefühl.
Geliebte, bleib bei mir! Sei mir nicht feind,
mein guter Freund in diesen bösen Tagen.
Es lebt im grenzenlosen Stillen
all unser Weh und klingt wie hingeweint.

Tiefe Betrübnis

O wilder Tod, komm und erlöse
uns von dem Element, das wir gerufen!
Was einstens gut war, ist jetzt böse
und nichts will bleiben, was wir schufen.

Kein Held war ich der blauen Blume,
gekämpft hab ich mit den Verfluchten!
Geduldig hob ich manche Ackerkrume
und sie kam letztlich doch ins Fruchten!

Dies war trotz aller Kraft der Jugend
ernsthaftes Sinnen, vielen Freunden teuer.
Nun, da nur noch Vernichtung eine Tugend
verbrennt der Mensch in diesem Feuer.

Wohin seid ihr, o überreiche Stunden,
als Klang und Wort dem Innersten entquollen?
Ach, selbst die flüchtigsten Sekunden,
sie gleichen Bechern, ganz betrübnisvollen!

Es will der letzte Schmerz sich bäumen,
doch seh' ich keine Hoffnung leuchten!
Hinsiechen wir in kranken Träumen,
seit die Tyrannen diese Zeit verseuchten!

KLEINES STOSSGEBET

Es ist so trüb geworden
in dieser unsrer Zeit.
Am Anfang steht das Morden
und die Soldatenheit.

Man spricht nur noch von Waffen
und von Vernichtung, Krieg und Feind.
Als habe Gott geschaffen
niemals die Liebe und den Freund.

Wie lange soll das dauern?
O, Herr, wir bitten dich!
Ein jeder Tag ist Trauern,
wir weinen bitterlich.

Auch uns trifft ja Verschulden!
Die Freiheit schenkt sich nicht.
Durch unser aller Dulden
verlöschte jedes Licht...

Ein Tag wird sein, wie gänzlich aufgespalten.
Die Wirrnis wird sich noch einmal entfalten
in uns und in den vielen Andern.
Wir werden ziellos durch die Straßen wandern,
verloren lächeln, brüllen oder auch ergriffen singen
und wollen alles in die <u>eine</u> Stunde bringen
und wissen kaum noch, wie uns ist
und fühlen vage, dass uns nicht <u>ein</u> Mensch vermißt…

Wir suchen Plätze auf im Park, dem liebgewordnen
und wollen plötzlich alles in und um uns ordnen.
Vertraute Wege gehen wir, sehn den Fluß, die Brücken
und spüren, wie wir willenlos entzücken.
Es zieht vorbei das lange, lange, dürre Warten…
Ganz wehmutsvoll fällt uns Versäumtes ein.
Wir glauben, wir sind gar nicht alt geworden
und sehen es auf einmal schaudernd ein…

Es gibt ein Händedrücken; Freunde werden reden.
Und wir? Wir blicken ohne Blick durch jeden. —
Mag sein, dass wir auch dem und jenem Antwort geben,
doch ist uns ständig, als ob all das vertane Leben
längst fortgeronnen ist ins Ungefähre.
Wir atmen trocken in der tristen Schwere…

Und dieses alles wird der dumpf geahnte,
schon in das fade Nichts verbannte,
armselig ungewisse Anfang sein…
— — — — — — — — — — — — — — — — — —
Dann schließlich wird es Zeit zur Abfahrt sein…

BITTE

Lass mich träumen, mein Kind,
lass mich träumen,
eh uns das Beste zerrinnt
in diesen finsteren Jahren.
Denn wenn wir im Träume versäumen,
wovon wir beengt und beklommen sind,
haben wir erst unser Wesen erfahren. —

*

Lass mich singen, mein Kind,
lass mich singen,
dass die Sekunden wie Vögel sind,
die singend den Sommer erfüllen.
Erst der Klang in den Dingen
verrät uns, was keiner ersinnt
und hilft ihr Geheimnis enthüllen. —

*

Lass mich sinnen, mein Kind,
lass mich sinnen,
solange noch Worte sind.
Ihr Letztes will ich ergründen
und mit diesen steinalten Worten ringen,
bis sie ein Leichten gewinnen
und im Kleinen das Größte verkünden. —

Lächelt, wenn die Bitternisse kommen...

Lächelt manchmal, wenn die Bitternisse kommen,
lächelt ruhig über Euch!
Warum sollen wir uns denn belügen?
Arm ist, wer sich ständig ernst genommen,
nur wer sich belächeln kann ist reich!
Brüder, trotzt dem dumpfen Unterliegen!

Narrt uns auch das Steigen oder Fallen,
seid getrost und nehmt's gemach!
Einmal sich im Innersten verhöhnen
nimmt dem größten Schmerz die Krallen
und es macht nicht welk und brach.
Brüder, eine Welt ist zu gewinnen!

Denn die Zukunft, die wir ahnend wittern,
sie verlangt nach heit'rer Klarheit!
Niemals soll uns eitel Kleinheit hemmen!
Stark ist, wer auch noch im Todeszittern
nie den Blick verliert für eigne Nichtigkeit!
Lächelt, wenn die Bitternisse strömen...

DIE VERLORENE GENERATION

Sie leuchten nicht mehr, unsre Bilder,
wie einst in guten Tagen.
Sie sind wie alte Häuserschilder,
verwittert und von Rost beschlagen.

Wir möchten ihren Glanz entfachen
in diesen Dämmerzeiten
und sehn sie schattenhaft als Nachen
entgleiten stumm in Nebelwelten.

Sie klingen nicht mehr, unsre Lieder,
die wir beglückt gesungen.
Wir singen sie wohl immer wieder,
ihr Ton ist längst verklungen.

Was wir auch tun, siecht am »Gewesen«.
Wir können es nicht fassen.
Noch gestern schworen wir auf Thesen,
die heute schon im Wind verblassen.

Und während wir so traurig sinnen
und weh ins zage Hoffen fliehn,
erheben sich erstarrte Mienen,
die geisterhaft vorüberziehn.

Es hebt der Blick sich zu den Sternen,
das Unbekannte zu befragen.
Da zischen Wogen aus den Fernen
und überdröhnen unser krankes Klagen...

Im Weiterdenken …

Dröhnend schrillt das wilde Höhnen
falscher Sieger durch die Welt.
Rächend toben feindliche Legionen,
die uns nur noch knirschend kennen,
weil sie glauben, wir sind längst gefällt.
Ganz verloschen starren unsre Sonnen …

Vieles ist für uns zerronnen!
Opfer starben in der Bitterkeit.
Dennoch war uns dieses Leben Reifen
und wir haben klare Sicht gewonnen
in dem schwarzen Dunkel langer Zeit.
Nichts verlöscht, was wir begonnen …

Niemals wird uns Lockung trügen
auf die nahe, schöne Zeit.
Einem Kriegsfeld wird die Zukunft gleichen
und sehr lang wird nicht versiegen,
was gespenstisch aus den Trümmern schreit.
Unerreicht wird viel verbleichen …

Schüchtern keimt ein großes Finden
dann aus aller Nacht und Not.
Starke Hände werden sich in andre fügen
wie von bisher Tastenden und Blinden,
die ergriffen schauen in das Morgenrot.
Nimmermehr wird Freiheit unterliegen! —

AUFRUF

Zu früh gejubelt, finstre Helden!
Zu früh, ihr feigen Menschenschänder!
Wir leben immer noch!
Als Eure Siegesschreie gellten,
da freilich wurde uns die Welt zum Totenloch.
Doch zog mit uns, vom Winde fortgetragen,
die Freiheit über Meer, in fernste Länder
und war uns Licht in bittertrüben Tagen.
Wir leben noch! Die Rache lebt,
die Eure Gräber gräbt!

Emporgereckt, ihr Sklavenscharen!
Empor, wo immer Menschen schmachten!
Nicht dauern soll der Tod!
Wir wollen, was wir einstens waren
und wieder leben, lächeln, lieben ohne Not!
Wie in das eigne Fleisch gerädert
begleiten Todesschreie uns, gleich dunklen Frachten
und schweigen nun, da Freiheit wettert
durch ganz Europa und die Welt
und jeden Henker fällt.

Jetzt ganz gehandelt, liebe Brüder!
Brecht auf aus Euren Schmerzensgrüften
wie Sturm, der alles überweht!
Wir wussten es, wir kommen wieder,
wenn unsre Zukunft ihre Körner sät.
Nun schwillt und dröhnt, was wir erharrten
und dem wir lauschten wie dem Brausen in den Lüften,
das fernher kam in unser banges Warten.
Entflammt, vom Hass verjüngt
ist unser Kampf, in dem die Schmach versinkt.

HYMNUS AN DAS VOLK

Der Acker bleibt! Und niemals sterben Wälder, Berge, Hügel!
Gebüsch und Blumen blühn, die Bäume tragen Früchte.
Die Vögel schwingen jubelnd ihre sanften Flügel.
Der Fisch im Wasser und die Welle sonnen sich im Lichte.

Die Erde schweigt! Doch immer wird sie trächtig keimen
und kein Tyrann kann ihre Kraft mit Fesseln binden.
Die Kriege brausen, doch die stolzen Meere schäumen!
Die Luft verlacht die Bomben und verschwistert sich den Winden.

Die Nacht vergeht! Denn dauernd hüllt sich Nichts ins Dunkel!
Es treibt erhellt das Leben über wache Fluren.
Du ahntest schon im bleichen Mond, im Sterngefunkel
am hohen Himmel eingezeichnet seine starken Spuren.

Du Volk bestehst! Du glaubst geduldig diesen stummen Zeichen.
Der Schlag des Pulses bist du ihrem Wesen.
Die leeren Mächte sterben und Despoten weichen.
Dein Atem lebt, und das Jahrhundert wird an dir genesen!

AN DAS AQUARELL EINES FREUNDES

Da hängt dein Bild: Ein Landstrich unsrer Heimat.
Du hast es noch gemalt, eh' sie dich fortgetrieben.
Du wärst fürs ganze Leben ruhig dort geblieben,
selbst noch als Kreatur, die alles zu ertragen hat.

Ich seh' es an: Sattgrüne Hügel und viel Wald,
darin Einöden und versteckte Dörfer, wie hineinverloren.
Fern stehn die stummen Berge wie zu Eis gefroren,
darüber weht der blasse Himmel, groß und alt.

Es riecht in dieser Luft nach stillem Brot,
als gäb's Getreide nur, viel Vieh und reife Früchte.
Es strömt aus Laubwald und aus harz'gen Fichten
unbändig jene Urkraft, die den starren Tod verlacht...

Oft fällt mein Blick darauf, und unverhofft,
ganz seltsam überfällt mich mächtiges Beglücken.
Und alles dies verwandelt sich zu einem Bauernrücken,
der sich ganz langsam in die freie Höhe strafft.

Neues Deutschlandlied
(Melodie: »Deutschland, Deutschland…«)

Volk von Deutschland, Österreich, Böhmen,
von Madrid bis nach Athen!
Lass' das Leben dir nicht nehmen,
kämpf für dich! Die Fahnen wehn!
Denk' an Kind und Kindeskinder —
ganz Europa stehe auf!
Stampf' sie nieder, deine Schinder!
Und bau' deinen Frieden auf!

Immer sei gedacht der Helden,
die im Kampfe starben stumm —
Mordgesellen, die sie quälten,
wissen: Ihre Zeit ist um!
Nein, es darf das Blut nicht rinnen,
Bächen gleich, und ohne Sinn!
Neu heißt's, eine Welt gewinnen,
und uns segnet der Beginn!…

FAZIT

Am Ende des Lebens dann endlich,
da ist man einander gewöhnt.
Man redet von allem verständlich
und ist selbst mit Fehlern versöhnt.
Das Bitt're ist längst vergessen,
sogar das Trübe stimmt froh.
Fast alles scheint schön gewesen,
als sei es schon immer so...

Und wird eins begraben, so weint man
und lügt nicht einmal dabei!
Und alles das wird und das kann dann
ergeben so vielerlei.
Die Witwe erwählt sich den Neuen,
der Witwer, er trinkt sich zutod.
Und letztlich erwacht noch ein Freuen
an dem, was ihr Dasein nicht bot...

Doch ist's schon zu spät, und die Jugend
zerrann im kläglichen Nichts.
Erhebt nicht den Irrtum zur Tugend!
Wer Leben berührt, den zerbricht's.
Denn irgendwo flötet im Dunkeln
ein böser, spöttischer Gnom.
Du fühlst es im Innern wie Munkeln —
der Tod ist's! Er spricht nur sein: »Komm!«

AN DIE DEUTSCHEN SOLDATEN
(Melodie: »Brüder zur Sonne…«)

Brüder, hört mich noch einmal,
ehe der Rasen Euch deckt!
Wehret Euch gegen das Kainsmal,
das Euch für immer befleckt!

Vielleicht in die Winde gesprochen
sind meine Worte nur.
Denn zerfetzt und zerbrochen
fault ihr dahin ohne Spur.

Was ist aus Euch doch geworden,
seit Euch die Henker bedrohn?
Schamlos, gleich Satans Kohorten
treiben sie Euch in die Frohn!

Hebt Eure Herzen und Waffen
gegen das Otterngezücht!
Stürmt, die Tyrannen zu strafen,
dass diese Schmach jäh zerbricht!

Brüder im Süden im Norden!
Kämpfer, wo immer ihr seid!
Freiheit kann man nicht morden!
Nützet den Tag und die Zeit!

Volk in der Heimat und Ferne,
auf dich wartet die Welt.
Dass jeder Mensch wieder lerne,
wie man den Frieden erhält.

Niemals ist Krieg und Zerstörung
Ziel, drin die Menschheit verhaucht!
Zukunft ist stille Bewährung,
die jeden Einzelnen braucht...

Für eine neue Melodie

Rings, die Welt steht hell in Flammen!
Städte brennen; Menschen schrein!
Selbst das Tier schrickt jäh zusammen,
und das soll für immer sein?!

Über Elend, über Grauen
weht der Himmel tief beschämt.
Und auf all die wüsten Gaue
brennt die Sonne wie gelähmt.

Zuchthaus, Friedhof und Kasernen:
Das ist jetzt der Heimat Sinn!
Viele möchten sich entfernen,
doch sie können nirgends hin.

Ihr, die kämpft in fremden Ländern,
sagt nicht nur in Euch ein »Nein!«
Dreht die Waffen, es zu ändern!
Morgen kann es anders sein!

Nicht gezögert, nicht gebangt!
Nicht verzweifeln in der Schmach!
Wenn die Freiheit es verlangt,
gibt's kein Aber, Wenn und Ach!

Wollt Ihr denn ein Volk von Heuchlern
und für immer Sklaven sein?
Nieder mit den Menschheitsmeuchlern!
Sprengt der Knechtschaft Totenschrein! —

VICTORIA!
(Melodie: »Es geht bei gedämpfter Trommelklang...«)

Entronnen den Schändern! Gejagt übers Meer.
Zerstreut in den Ländern, als sei keiner mehr.
Der Jammer, das Zagen hat manchen gefällt,
dem Wunden geschlagen die Irrnis der Welt.
Misericordia!

Dem Leben verschworen! Zum Kampfe bestellt!
Viel Schlachten verloren. Vom Siege erhellt,
so glüht unser Dasein, und jeder ist Teil!
Ob Glück oder Pein — trotz Galgen und Beil:
Sursum corda!

Zur Freiheit geboren! Von Sehnsucht gestählt.
Wir lachen der Toren, denn Knechtschaft zerfällt!
Die Opfer, sie mahnen, und geben uns Mut.
Zur Hölle Tyrannen, den Schindern den Tod!
Sursum corda!

Wir hissen die Fahnen, von Zukunft beseelt!
Vorbei mit dem Planen! Zum Angriff gestellt!
Wie donnernde Wogen, so fallen wir ein!
Zu Kämpfen erzogen, das Volk zu befrei'n!
Victoria!

MÄRZTAG

Leerer Schnee und zähe Trübe
machten, ach, so dumpf und nüchtern!
Wochen schwanden ohne Liebe,
jeder Tag verrann in nebelhaften Lichtern.

Endlich fegen frische Winde
den verfärbten Himmel rein!
Aus der aufgebrochnen Wolkenrinde
fällt der Sonne erster Schein.

Durch das Fenster, ganz verwundert,
siehst du auf die kranke Erde,
die, vom Leuchten aufgemuntert,
lächelt ohne jede Härte. —

MEDITATIONEN ÜBER DEN DICHTER
Für Thomas Mann

Im Grund genommen sind wir Mönche in Verbannung,
die sich unbändig in der Einsamkeit und Spannung
nach Freiheit, Liebe, Lust und Reichtum sehnen.
In Nächten ohne Schlaf, die sich unendlich dehnen,
lebt nur die Gier nach jenem schrecklich schönen
und fernen Leben, das verruchter ist als jede Ahnung.

Denn wer lebt so, wie wir zu leben haben?
Von nichts erquickt, woran sich Menschen laben
und so von Sinnen nach dem Unergründlichen besessen
dass wir den Freund und die Geliebte blind vergessen,
wenn uns der schöpferische Augenblick ergreift?!

O wüsstet Ihr, die noch das Glück, die kleinen Freuden kennen,
wie uns die Ruhelosigkeit durch alle Höllen schleift
und wie wir langsam an uns selbst verbrennen
und ständig dastehn, fremd in allem, völlig ausgedorrt,
weil wir nur einem untertan: Dem Wort.

Wer kann denn sagen, was geschieht,
wenn uns ein unverhofftes Wort ersteht,
ein Wort in seinem Glanz und seiner Herrlichkeit?!
Wie eine Mutter, welche die Geburt besteht,
erschauern wir in trunkner Seligkeit
und halten dieses Wort, dass es nicht flieht
und hüten es wie ein Geheimnis, eine Kostbarkeit
und pflegen es mit banger Zärtlichkeit und List. —
Wir warten Stunden, Tage, lange, lange Wochen,
dass es den Sinn bekommt und aufersteht als Bild.

Auf einmal spüren wir, dass es vergangen ist
und uns nicht die geringste Treue hielt.
Das ist weit mehr als Schmerz! Im Innersten gebrochen
sind wir, von Fadheit bis zum Rand gefüllt. —
Und weiter treiben wir in unser dunkles Müssen
und werden wieder einsam, ohne es zu wissen...

So wehen wir in unserer Besessenheit
vorbei an jeder Forderung der Zeit,
die unser Dasein wie ein wirrer Sturm umschäumt.
In keinem Augenblick ist uns geheuer
bei dem, was unsrer engen Brust entkeimt.
Das Wort, dies vielverzweigte Abenteuer,
das uns in atemloser Spannung hält,
es wird zum Satz, zum Buch und endlich zur Idee
und gibt sich missverstanden einer lauten Welt
und sagt zu uns zum Schluss verächtlich: »Geh!«
Denn alles, was wir je als Eigenstes vollbracht
ist schon beim Widerhall um unsren Sinn gebracht. — —

Und dennoch, Dichter, dessen sei stets eingedenk:
Du bist des Schöpfers teuerstes Geschenk.
Ein Ding aus Augenblick und Atemzug,
zur Lust gemacht wie heitrer Vogelflug.

Denn Dir gehört die Welt seit Anbeginn
und ihrem Leben gibst erst Du den Sinn!
Zugleich von Stolz und Demut überhellt,
ragst Du aus allem unverstellt. —

Arabeske zum Schluss
Wenn aber einer von den Deinen sagt:
»So mache ich's! Das habe ich gewollt«,
der hat schon tief in sich versagt
und nur der Eitelkeit Tribut gezollt.
Denn bleiben musst du Vogelflug,
ein runder Augenblick, ein voller Atemzug. —

HERBSTGEFÜHL

Da nun der Herbst die reifen Früchte gibt
und Blatt um Blatt in Rot und Gold verfärbt,
die Gärten schweigen in der prallen Fülle
und sich das Nahe und das Ferne tief verliebt
in deine Augen gräbt, vom Sommer reich vererbt,
stehst du berückt in dieser blauen Stille
und fühlst ein Sehnen grenzenlos. ...

Dich streift ein Hauch von schwerem Glück.
Du hast kein Bild davon, der Name fehlt.
Es fließt durch dich wie durch ein fremdes Wesen. —
Du bist ein Kind, das zag den ersten Blick
erhebt in dieser wunderlichen Riesenwelt
und spürst nur, wie die Spannungen sich lösen
in einer Unschuld, die schon lang zerfloss. ...

Sommerabend in New York

Der schrille Lärm versickert heiser,
ein wenig lassen Hitze nach und Hast
und in das Menschengrab der Häuser
versinkt der Tag mit einer ungeheuren Last.

Im Fernen wird das Laute leiser.
Die Menschen stöhnen schweißbedeckt
und wissen, morgen wird es wieder heißer
und schlafen wie von Ohnmacht hingestreckt.

Die kleinste Wolke ist wie ein Versprechen,
du hoffst umsonst, dass draus ein Regen wird.
Der Asphalt dampft, die Sonnenstrahlen stechen,
der Himmel hat sich nur geirrt.

Die gift'ge Stadt wirft bunte Schatten
ins Sterngewölk, das Dunst verfleckt.
Wer weiß noch, dass wir Nächte hatten,
die wir ersehnten, leicht und froh bewegt...?

Ach, irgendwo ist jetzt ein Feierabend,
wo mild und kühl das Licht verblasst.
Nicht einmal Eiscreme ist noch labend.
Das ganze Leben ist uns tief verhaßt.

WINTERTAG

Die Raben haben sich im grau verflogen.
Der Frost schloss jeden Acker über Nacht.
Mit dünnem Eis sind Pfützen überzogen,
und alle Weiten warten kahl und nackt.

Es hat schon lang nach totem Herbst gerochen.
Die Erde schämte sich der Tristheit rundherum
und hat sich tief im Schnee verkrochen.
Die Flocken fallen dicht und stumm.

Die Dörfer fangen an, sich einzumummen
und sind so leer von jedem Laut.
Fern ist die Welt. Nur Telegraphendrähte summen
vom Leben noch, dort wo ein Frühling blaut...

Der Tag scheint seinen Atem anzuhalten
und zeigt sich fleckenlos, so weit man sieht.
Die Bäume stehen steinern wie Gestalten
aus einem Traum, der ungewiss verflieht. ...

Märztage

Im Himmel hängt die Wäsche auf der Leine.
Die Wolkenlaken flattern leicht im Wind
und bläh'n sich heiter in dem blauen Scheine.
Dazwischen lacht die Sonne wie ein dickes Kind.
*

Von weit her weht ein hohes, dünnes Klingen,
doch niemand weiß, woher es kommt.
Vielleicht dringt es aus jenen Dingen,
in denen noch ein spätes Frieren summt.
*

Die Häuser stehen blank, wie neugeschaffen,
und ihre Fensteraugen staunen sich was vor,
denn jeder Baum reckt seine winterschlaffen,
rostbraunen Äste plötzlich kräftiger empor.
*

Mit keinem Menschen ist was Rechtes anzufangen,
weil jeder wünscht, was er nicht gerne sagt,
verwirrt von Keckheit ist und voll Verlangen
nach einem Abenteuer, das im Blute jagt.
*

Als sei es lange, lange stumpfe Nacht gewesen,
so gieren wir nach Luft und klarem Licht
und spüren tief ein endliches Erlösen,
an dem die Wintergrämlichkeit zerbricht. —

DIÄT

Diät! Diät! Das ist das große Wort.
Der Doktor riet dazu und auch mein Nachbar Meier,
die Freunde und Bekannten und so fort.
Die Waage droht, sie wird zum Ungeheuer.

»Trink nicht so viel, das schwemmt dich auf!«
Du hörst es Tag für Tag, und all dein Klagen
nimmt ohne Wimperzucken deine Frau in Kauf.
Den Hunger nennt sie Beichte für den Magen.

Dein Herz, dein Bauch, dein vieles Fett,
sie sind jetzt aufgerückt zu Wichtigkeiten,
um die sich jede kleine Sorge dreht.
Zum Schrecken werden alle Essenszeiten.

Wie labten sich einst Aug, Gemüt und Herz
an den Kartoffeln, am gespickten Braten.
Es troff von Saft, und nirgends anderwärts
schien er so knusperig und wohlgeraten.

Vorbei! Das Essen ist jetzt Wissenschaft
Mit Kalorien und Vitaminen in der Mitte.
Der liebe Mittagsschlaf ist abgeschafft,
stattdessen gehst du die bekannten tausend Schritte.

Verbissen kämpfst du gegen dein Gewicht.
Du darfst nichts würzen, zuckern, salzen
und möchtest dich am liebsten dünner walzen,
doch leider, leider geht das nicht.

Wie ist das Leben doch so grundverkehrt!
Am Anfang hieß es: »Nur genügend essen!«
Nun scheints, am besten wäre es gewesen,
man hätte dich das Hungern gleich gelehrt.

So bringst du endlich los das letzte Pfund
und hast die schwere Prüfung überstanden.
Es werden wieder reicher deine Essensquanten
und langsam wirst du wieder dick und rund.

Doch etwas bleibt. Es nagt in dir und nagt:
Dass du von jetzt an jeden fetten Bissen
hineinißt mit dem schlechtesten Gewissen.
d a s haben sie dir nicht vorausgesagt.

Auf einmal…

Auf einmal kommt dir der Gedanke,
an einen Menschen, der dich rührt, zu schreiben.
Du lässt dich träumend ihm entgegentreiben,
und dein Gefühl kennt keine Schranke.

Nur selten hast du ihn gesehen. —
Du kannst den Grund dafür nicht nennen,
warum du plötzlich glaubst, ihn ganz zu kennen,
denn so viel ist seither geschehen.

Von warmer Zärtlichkeit durchdrungen
denkst du ihn in dein eignes Leben,
als habe er dir irgendwas gegeben,
das groß erstrahlt aus winzigen Erinnerungen.

Beflügelt fängst du an zu schreiben
und brauchst kein Wort zu überlegen.
Wie Gnade ist's, wie grenzenloser Segen. —
Und doch lässt du es jählings bleiben,

weil du erschrickst vor deiner Liebe
und Scham empfindest, trauriges Bereuen
vor der Gewalt des ewigalten Neuen,
das dich erhellte. — Wieder wird es trübe…

AN DER SCHREIBMASCHINE

Mein Zimmer, Stille, meine Schreibmaschine
und Zeit, dass keine Stunde nach der andern greift,
ist alles, was ich will. Ich sitze da und sinne
wie einer, der sein ganzes Glück begreift.

Die Bilder steigen aus der Tiefe, unbekannte Dinge
durchströmen mich mit ihrem Traumgehalt
so mächtig, dass ich, ohne es zu merken, singe…
Auf einmal bin ich knabenjung und greisenalt. —

Ein Außer-sich-sein wie bei großer Liebe
erfüllt mein Wort in jedem Augenblick.
Ich juble jäh und laut: »Ich bin!« und schiebe
die Nichtigkeiten in das Nichts zurück.

Denn wer erfasst je bis zum letzten Grunde
das Wort »Ich bin« in seiner Unermesslichkeit?
Es macht die Ewigkeit zu einer kurzen Stunde
und hebt dich himmelgroß aus jeder Zeit. —

Viel später, wenn ich meine Verse lese
und Traum und Rausch und Glück verflogen sind,
ist es, als ob ich nichts von alledem besäße
und nur mehr spüre, wie mein Wort zerrinnt…

Hoher Augenblick

Du weißt nicht, wie dir plötzlich ist.
Du fühlst nur, irgendetwas könnte jetzt geschehn,
von dem du nur den wilden Antrieb spürst. Gehisst
wie eine steile Fahne flattert es im hohen Wehn.
Du bist mit ihm zu gleicher Zeit das große Glück,
das Überwältigtsein in einem kurzen Augenblick,
vor dem du jäh und atemschwer erschrickst.
Du kennst die Zeit, die Welt und dich nicht mehr,
wenn du verzaubert auf das Nächste blickst,
das traumwirr ist und grenzenlos und inhaltsschwer
und wie ein losgebrochner Jubel um dich klingt,
dass dir vor Bangnis fast die Brust zerspringt.
So stehst du übermächtig da und bist doch fortgeweht
aus jeder Sicht, aus aller Hemmung, allem Denken.
Ein Schrei bist du, ein Brausen und das innigste Gebet
und stirbst und wirst geboren im Verschenken.

MEIN ZIMMER

Was ich im Lauf der Zeiten liebgewann,
das hängt verstreut an meinen Zimmerwänden:
Tolstoi und Goethe, Lincoln und Lenin,
ein Bild von Marx, von Masaryk und Thomas Mann,
drei Aquarelle (Wiesen, Berge, Wolken drüberhin),
dazwischen, werktäglich und ohne Drum und Dran
und dennoch wie das Krönende schlechthin,
hängt meine alte Mutter, und mit ihr vollenden
sich gleichsam nach geheimnisvollem Sinn
Zusammenhänge, die mir erst nach schweren Jahren
und wie durch einen Zufall offenbar geworden sind. —
Denn manchmal, wenn ich grübelnd oder sehr zerfahren
in meinem Zimmer auf- und niedergehe und zerquält
nach Worten ringe, eine klare Ordnung im Geschehen suche,
wird das, was ich bisher für einen Wandschmuck hielt,
zu einer in sich ruhenden und beispielhaften Welt,
aus der mein Herz den größten Trost gewinnt. —
Mein Blick fällt unverhofft auf so ein Bild
und langsam rührt mich eines Menschen Leben an,
in seinem Glück, in seiner Lust und seinem Fluche,
und wenn es sich zutiefst entblättert und entschält,
erglänzt es als ein Gleichnis aller Menschenmühen. —
Doch nie erschöpft es sich in einem Werk, in einem Buche,
weil es zu vielgesichtig ist und unaussprechlich bleibt.
Es mag wohl sein, dass manchmal einer es erfühlt
und überwältigt zittert wie in innerstem Erglühen,
wenn er sein Denken bis zum Grund der Gründe treibt,
wie ich in manchem Anflug starker Freudigkeit.
Dann wird es mir erst ganz bewusst: Nicht hohle Schemen
und bildgewordne Zeugen des Unsterblichkeit

sind all die Männer, die von meinen Wänden schauen.
Ihr tiefstes Wesen ist dem Leben einverleibt
wie jede Wiese, jeder Berg, die Wolken hoch im Blauen.
Und auferlegt ist jedem jene schwere Fruchtbarkeit
der Mutter, die nur geben kann und niemals nehmen
und sich erfüllt als das Verschenkende in jeder Zeit. —
In solchen Augenblicken will mir manchmal scheinen,
als sei in meinem Zimmer etwas von dem reinen
Zusammenklang von Menschensein und hoher Ewigkeit. — —

ÄLTERWERDEN

Erschrocken aus dem Schlaf gerissen,
das Aug' noch starr, und unentschlossen
die Blicke sammelnd im verwischten Raum,
so liegst du ganz mit mir allein
und fürchtest dich vor einer unbekannten Größe.
Du siehst den Himmel dunkle Fahnen hissen,
die schattend in das Mondlicht stoßen
und so gespenstisch wirken wie zuvor dein Traum. ...
Auf einmal bist du wie ein Staubkorn klein
in diesem grenzenlosen fahlen Ungewissen. —
Du möchtest weinen, weil du aufgewacht
und lässt erschöpft der Traurigkeit den Lauf.
Denn wie das graue Alter steht die Riesennacht
vor dir im Schein der Mondesblässe
und rührt dich an. Du schreist nicht auf.
Es würgt dich nur. Dir ist, als löse
dein Körper sich in langsame Verwesung auf. —
Die Nacht steht da, als hielte sie die Totenmesse. ...

VORLESENDER DICHTER

Leicht hebt er seine Hand und spricht ins Ungewisse,
als säßen keine Menschen um in her.
Aus jedem Wort zieht er die letzten Schlüsse,
wenn es erklingt in seinem sondernden Gehör. —

Und trunken von den Lauten werden seine Worte größer,
so groß, dass er davor erschrickt.
Doch plötzlich überrieselt ihn ein böser,
sehr fader Hochmut, der ihn fast erdrückt.

Er fühlt, dass er im Eishauch eines Überhebens
aus dem Geheimnis seiner Schöpfung trat.
Im Nu zerrinnt die Unschuld seines Lebens.
Ihm schaudert vor dem eitlen Selbstverrat. —

Betroffen sucht er Raum und Menschen zu erfassen,
und wie um Hilfe bittend wird sein Blick.
Er ringt ums Wort, das ihn allein gelassen,
und redend flüchtet er ins Innere zurück. —

Der Beifall kommt und macht ihn tief verlegen.
Ganz linkisch steht er da und schaut wie blind,
weil seine Qual und Lust, sein Fluch und Segen
so ohne Sinn und traurig hingestorben sind. ...

Der bittere Preis

Bedenke stets, wenn du im Glück und Ruhme stehst:
Du bist umstellt von Neid, von List und Tücke.
Drum setze eine Maske auf, wenn du zu Menschen gehst,
und lass dir auch nicht von der Liebe in das Inn're blicken.
denn dir ist aufgesetzt, sehr wahr zu sein im Lügen.

Und glaube nie, dass man dein schweres Spiel entdeckt.
Der Ehrgeiz und die Ruhmsucht haben Traurigkeiten
wie unsichtbare Fesseln um dein Herz gelegt.
Doch sei getrost: Du lernst sie so geübt zu leiden,
dass sie dir nach und nach sogar Genuss bereiten. —

Du wirst bestaunt und jeder nennt dich »groß«,
doch musst du das mit deinem Blut und Leben zahlen.
Wer diesen Weg wählt, kann nicht mehr geheimnislos
zurück in das Gesunde, ins Gewöhnliche verfallen.
So bitterarm wie er ist keiner von uns allen. —

Wie giert er oft nach Kuss und Mädchenruch,
nach Lust des Leib's und Trunk, Vergessen und Verschenken!
Doch einsam wird er alt und opfert seinem Fluch
das Herz und Hirn, das Mark in den Gelenken,
und manchmal schaudert ihn vor dem Zu-Ende-Denken. ...

Mädchen im Bad

Das sanft gebogne Sprungbrett federt leicht.
Du ragst empor, glanzbraun und jung und schön,
hineingemeißelt in das helle Sonnenlicht,
und spürst im Überschwang, dass viele nach dir seh'n. —
Dein ganzer schlanker Körper lächelt feucht
und schenkt sich hingegeben diesem Staunen, dieser Sicht,
als wär' kein Tod, als gäbe es nur ewig Leben. —
Und wenn sich wie zwei Kerzen deine Arme heben,
und du dich straff und langsam tiefer biegst,
ist ein Triumph auf dein Gesicht geschrieben,
als ob du ganz allein der Welt im Arme liegst.
Du fühlst berückt ein niegekanntes Streicheln,
dein Auge strahlt, die Muskeln zittern, wenn du springst —
hochauf zischt Wasser, das du lächelnd auseinanderzwingst,
und selbst die kleinste Welle will dir schmeicheln. ...

ZWISCHEN SOMMER UND HERBST

Wieder wölbt sich eine Nacht wie jede,
und die Sterne treten ihren Reigen an.
Lautlos zieht der Mond die breite Spur.
Und das All ergreift durch seine stete
Ruhe Pflanze, Mensch und Kreatur.
Wald und Felder halten kurz den Atem an,
da der weite, silbern überhöhte
Himmel dichten Tau mit seiner Kühle
niedersenkt, dass es sie friert. —
Eingesponnen in das dämmergroße,
vielverzweigte Reich der Träume
schlafen in der bleichen Ferne umrisslose
Dörfer. — In den Gärten schaudern Bäume,
weil sie fürchten, ihnen liefe
vielzuschnell das Glück des Fruchtens fort,
und der kleinste ihrer Äste spürt,
dass in einer dunklen Schattentiefe
sich der überreife, aufgebrauchte, späte
Sommer mit dem frühen Herbst berührt...

Der ewige Kalender

ORDNUNG DER ZEIT

Am Anfang war die Zeit! — Doch wer ist so verrannt,
nicht schon, da er dies sagt, im Stillen
erschrocken allen Widerspruch zu fühlen,
den dieser Satz enthält? — Zu weit gespannt
sind jene Fragen, die wir stets durchleiden!
Wo waren Sonne, Mond und die Gestirne? Wann
fing Helles an sich von der Dunkelheit zu scheiden?
Und ists nicht so, dass Gott erst da begann,
als ihn der Mensch für sich und seine Not erfand?
O Furchtbarkeit, wenn wir versuchen zu begreifen,
was unser Auge sah und der Gedanke fand
in unsrer Sehnsucht nach dem Allumgreifen!

Wer aber wagt's nach alledem, der tödlichen Gefahr
des tiefsten Sinnens nicht mehr auszuweichen
und ihr, die immer und vor allem Anfang war,
der ZEIT, bis dahin, wo Gedanken nicht mehr reichen,
geduldig nachzuspüren? Jenem leeren Nichts,
das unfassbar, gewicht- und farblos ist und ohne einen
verborgnen Ursprung? — Dem Kern des kleinsten Lichts,
dem Schall, der Luft und Sonne und dem Scheinen
der fernen Sterne entrissen wir die letzte Kraft.
Sie aber blieb das ziel- und willenlose Strömen,
und selbst der Scharfsinn kühnster Wissenschaft
vermochte nicht, sie zu verschnellern, sie zu hemmen.
Und was der Mensch auch grübelnd ins Gewisse trug,
er konnte sich nur an das Werden und Vergehen halten.
Sie rann darüber hin, unsichtbar und sich selbst genug.
Dies atemleere Etwas ließ sich nicht gestalten.

Und da geschah, was immer zu geschehen pflegt,
wenn wir uns einer Übermacht ergeben müssen,
die unzerstörbar und für immer unser Dasein prägt:
Der Mensch in seiner Ohnmacht sah dem ew'gen Fließen
mit allem Trotz des Unterlegnen auf den Wesensgrund,
und ahnend fand er an den vielen Winzigkeiten,
die sichtbar wurden zwischen Welt und Himmelsrund,
in dem Geheimnis »Zeit« die Spuren vieler Zeiten.
Und es gab manche, die aus der Gestirne Lauf,
dem Mondbild aus der Dauer zwischen Blühn und Fruchten,
aus Witterung und Samendrang vom Boden auf
die Zahlen und Geschwindigkeiten rechnend buchten,
bis sich aus diesem unbeirrten Mühn ein Plan ergab,
dem scheinbar Regellosen eine Ordnung aufzuzwingen.
Darüber sanken viele, viele Völker in das Grab,
doch mitten durch die Katastrophen ging das Ringen
der stillen Helden des Gedankens, welche aus der Norm
des Stundenganges Tage schufen, Wochen, Monate und Jahre
und sie zusammenfassten zur Kalenderform,
damit das Dauernde sich aufbewahre.

Du, der nur sorgenklein das Tägliche noch kennt,
ergreift dich nie, wenn du ins Faltenspiel der Monatsstirnen
versunken bist, die Riesentat von unbekannten Hirnen,
die aus dem Nichts, der Ewigkeit das ausgewogne Fundament
der Jahre schuf, das dich nun trägt, als wär' es immer so gewesen?
Wer mißt dein Glück und Ziel? Wer sondert unsre Größen,
wenn wir verloschen sind, als sei'n wir nur der Zeit entlehnt
als kurzes Zwischenspiel, das sichtbar wurde im Geschehen?
Wer nimmt uns auf, wenn wir als Staub im Winde wehen,
gleich einem Mutterschoß, der nur Gebären kennt,
doch keinen Tod? Hast du noch nie erzittern müssen

vor dem Verstricktsein, vor dem dunklen Wissen,
dass wir als Waage hängen, winzig zwischen Zeit und Leid,
die in den Schalen hält, was aller Wechsel in den Jahren
verschenkt: Geborgenheit und Ruhe, Wagnis und Gefahren,
des Blühens Pracht und jeder Reife Köstlichkeit? — —
Und dennoch gibt es Viele, die aus dem Gedankenlosen
hinsagen: »Ach schon wieder ist ein Jahr verflossen!«
als sei das irgendeine Nebensächlichkeit...

Der Januar

Das greisenhafte Bartgesicht
der Kälte trotzig zugewandt,
so geht im fahlen Winterlicht
der Januar durchs weiße Land
und keiner weiß, wohin er geht.

Als Riese trat er kurz zuvor,
vom Mond der Mitternacht erhellt,
aus dem vereisten Jahrestor
und watet durch den Schnee der Welt,
bis er am Rand des Himmels steht.

Erst dort verweht er schattenhaft,
gigantengroß und himmelweit,
und während die Sekundenkraft
aus Gegenwart erzeugt Vergangenheit,
zieht ohne ihn das Jahr in seiner Bahn.

Doch die Vision in diesem Bild
zerrinnt in einer kurzen Nacht
und wenn, vom Nebel dicht verhüllt,
der nächste bleiche Tag erwacht,
schaut uns der gleiche Winter an...

DER FEBRUAR

Er kommt, ganz Winter noch, aus Januarfrösten
zu uns, und nichts verrät den Übergang.
Er kommt mit bunten, lauten Faschingsfesten
und überlässt sich schon am ersten besten,
erwärmten Tag dem wilden Frühlingsdrang.

Noch in der Frühe stehn mit Rauhreifbärten
die Bäume da, wenn sacht der Nebel steigt.
Und wir erspähn, dass sich im unversehrten,
geflockten Schnee ein scheuer Hase zeigt.

Der Tag enthüllt sich. Alles ist wie immer:
Das letzte dünne Eis säumt noch den Bachesrand
und Sonne gibt der Luft den klaren Schimmer,
der stumm die weißen Flächen überspannt.

Die Häuser, welche fern die Stadt begrenzen,
sind nah gerückt und scharf ins Blau gezackt,
und ihre sonst so trüben Fenster glänzen.
Die Rehspur hat sich bis zum Zaun gewagt.

So innig eint das Ferne und das Nächste
allein der Februar in unserm Blick.
Erst dieser kurzbemessene und schwächste
der Monate schenkt uns dies Augenglück.

Ist's nur geträumt, wenn unvermerkt im Ungenauen
die klare Sicht verschwimmt? Wie schnell verlischt
das Deutliche und alle stumme Innigkeit
der kleinen Dinge in der ungeklärten Zeit,

da Wintersterben und noch zages Frühlingsblauen
sich mit dem warmen Wind vermengen wie
die vagen Töne einer ungeformten Melodie,
die in das Rauschen eines dichten Regens übergeht?
Wer hat die Tage plötzlich so verwischt?
Nur dunkel fühlen wir, dass aus dem tropfengrauen
Verlorensein der Monat in ein neues Leben weht...

FRÜHLING

Das ist der große Irrtum, den wir stets begehen,
wenn uns der Frühling eines Tages jäh berührt,
dass wir nur leichthin meinen, es geschieht
nichts andres als der Wechsel einer Jahreszeit. —
Durch die erwärmten Tage läuft ein wirres Wehen.
Es jagt vom Boden bis zum Himmel, und es hört
sich wie ein befreites Atmen an, das unsre Welt durchzieht,
die unentschlossen daliegt, wartend und voll Bangigkeit. —
Und während wir die muntren Vögel singen hören
und uns des Blühens freuen oder nach dem Nebeldunst
der Frühe, überhaucht von einem ersten Sonnenglück,
den Tau auf allen Feldern diamanten glitzern sehn,
erzittert jeder Wurzelgrund, und selbst die Lüfte spüren
auf einmal tief im All das Rasen einer wilden Brunst. —
Doch was wir sehn mit unsrem engen Menschenblick
entschleiert nichts von den Gefahren im Geschehn
des aufgeschreckten Jahres, das in einem Gehenlassen
die Kraft des Herrschens und der Ordnung fast verlor
und nun die sonderbare Schlacht geschehen lassen muss,
die zwischen Sonne, kurzem Schnee und Regenwut
die Flächen überfällt wie ein verstörtes Hassen. —
In seinem blinden Zorn, und tückischer als je zuvor
schickt der bedrängte Winter seiner Fröste Gruß
noch oft aus Bodentiefen aufwärts in die grüne Flut
und freut sich, wenn die Keime und die Knospen sterben,
eh' sich der Frühling auf die Gegenwehr besinnt.
Ihm liegt daran, dass ihn sein junger Feind verkennt,
denn ganz im stillen weiß er, dass er unterliegt
und denkt beim Rückzug nur an Schaden und Verderben.
Im März noch hofft er, wenn sein Schnee zerrinnt,

dass sich der störrische April vom Kampfe trennt
und ahnt erst dann, wie ihn sein Hoffen trügt,
wenn du und ich, erwacht in einer Nacht, es fühlen,
dass draußen in der schwarzen Dunkelheit
das Jahr besorgt die rührend stolze Unerfahrenheit
des Frühlings mit der warmen Kraft erfüllt,
die schon vom Sommer kommt und seinen reifen Zielen. —
Da endlich schwindet alles Ungewisse,
und ins Entscheidende des Wettersturzes
sinkt wie ein unsagbares, atemkurzes
Ergriffensein der Mai mit seiner Fliedersüße...

DER MÄRZ

Erst wenn ins Tal des Tags aus Morgenhöhn
herniederklingt ein frühes Lerchenlied,
wird uns bewusst: Der Februar verschied.
Gelassen lässt das Jahr den März geschehn.

Von ganz besondrer Tönung ist sein Blau,
doch wann er's trägt, das bleibt sehr ungewiss.
Er wandelt sich wie eine liebesdurstige Frau,
die der Geliebte dem Verlangen überließ.

Und Sonnentage sind, wo er erschauernd staunt,
dass er bei jedem Sturm aus seinen Grenzen tritt
und jubelt, schluchzt, dann wieder lockend raunt:
»Komm mit, o Mensch, komm in das Unbekannte mit…!«

Denn jeder Wechsel raubt ihm Ziele und Halt,
er ist ihm hörig und er weiß es nicht.
Er löst sich auf in Regen, Sturm und Sonnenlicht,
und nichts von ihm wird je Gestalt.

Der April

Der schwache März versuchte es verfrüht,
den letzten Frost des Winters auszutreiben,
und der April, der sich erneut darum bemüht,
muss rastlos bei der groben Arbeit bleiben.

Habt ihr darum Nachsicht und verargt ihm nicht,
wenn er so oft mit einer Windesschnelle
nach kurzer Sonne in ein kaltes Stürmen bricht
und Schnee herabwirft oder dichte Regenfälle.

Er wär' so gerne blütenfromm und ausgesöhnt
mit seinem Los, denn ihm ist auch daran gelegen,
nur das zu tun, wonach er sich schon immer sehnt:
Die vielen Vögel und die Blumen sanft zu hegen.

Doch was bedeutet er dem Jahr im Wechselspiel
des rauhen Wetters, das mit seinem unberechenbaren,
verbissnen Grimm die endliche Entscheidung will?
Mit ihm wird schlimm und ungerecht verfahren.

Er ist zu Opfer ausersehn, und schnell vergisst
man ihn, obgleich erst er dem Blühen und Entfalten
des fernen Sommers seine Kräfte gibt. Was also ist
der bittre Hohn, den wir ihm stets entgegenhalten?

Wie oft wird er verdrossen, wenn er müdgehetzt
einhält auf nassen Äckern und zerzausten Wiesen
und schmerzlich zittert, weil er bis zuletzt
auf das verzichten muss, was andere genießen!

Ach, jene Zeiten, die ihm folgen, sehen niemals ein,
dass er für sie hat leidend sterben müssen.
Wir aber ahnen wie erbarmend, dass sein kurzes Sein
trostreiches Beispiel ist, das wir von ferne grüßen.

DER MAI

Der Mai ist keusch wie eine Zimmerlinde,
die mädchenzag die Zweige in die Sonne reckt
und sich unendlich sehnt nach einem starken Winde,
weil sie die grüne Unschuld nicht erträgt.

Und manchmal schluchzt er traurig ohnegleichen
in einer Nacht aus einem Käuzchenruf,
weil er nur blüht im lächelnden Verweichen
und keine Zeit ihn für die Frucht erschuf.

Dann weint sein Schmerz verhalten in den Lüften
und teilt sich den erschrocknen Blumen mit.
Und wenn er stirbt in ersten Sommerdüften
ahnt nur der Liebende, wie tief er litt…

SOMMER

O gute Zeit des sommerlichen Reifens,
wenn goldne Ähren sanft im Winde wiegen,
die Bienen summen und die Gärten blühn,
wie segnest du uns mit dem Troste des Begreifens,
dass alle Dinge in der stummen Erde liegen,
nach einem uralt mütterlichen Sinn!

Randvoll ist jeder Tag mit Duft und Farben,
und über aller Fülle, allem Fruchten
wölbt sich besonnt der Himmel, blau und schön.
Was gilt das karge Wissen, das wir uns erwarben,
und aller Tiefsinn, den wir grübelnd suchten,
wenn wir dies klare Wunder niemals sehn?

O Einfachheit, wenn bang in großen Schwüngen
die Schwalben über die belebten Äcker fliegen,
weil ein Gewitter sich zusammenzieht!
Die fernen Vögel hören auf zu singen
und wortlos fügt der Bauer sich dem Unterliegen,
wenn er hinauf zum dunklen Himmel sieht.

Und da sind stille, lange Nachmittage,
wo sonnenmüd kein einz'ger Vogel zirpt
und ausgeglichen zwischen Glück und Klage
in der Gelassenheit das Sehnen stirbt...

DER JUNI

O Junilicht, das heiter flimmernd auf den Avenuen
den Reiz der schönen Frauen voll ins Bunte hebt,
und uns, da die Asphalte noch nicht brennend glühn,
als zärtliches Begehren ungewiss durchbebt,

wem sänke nicht aus der Verschwendung deiner Mitte
die ganze Menschenseligkeit und Jahreslust
wie eine unnachahmlich süße Liebesbitte
befeuernd in die sommerlich durchbrauste Brust!

Wie greifbar wird dein Sinn, wenn wir den Städten
entflohen sind und sonnverbrannte Bauern sehn,
die Tag für Tag gelassen in dem steten
und ausgeglichnen Plan gewohnter Arbeit stehn.

Es riecht nach fettem Gras, nach Heu, und Gärten bieten
sich in der Frühe taubeglänzt und morgenfrisch.
Und viele Köstlichkeiten birgt der Junifrieden,
wie jeder See und Fluß den Frosch und Fisch.

Das Licht in dir, o Mensch, wird nie verdunkeln,
wenn je dies Sommerglück in deine Seele sank.
Schau' nachts ins Hohe, wo die Sterne funkeln,
und sag' dem Glanz des Mondes stillen Dank…

Der Juli

Wenn er sich aus dem vollen Mond als silberblasser,
unsagbar süßer Zauber auf die Flächen senkt,
strömt er in uns, unwirklich und gespensterleis.
Doch schon beim Frührot, wenn sein funkelnd nasser,
erfrischter Körper sich dem Tag entgegendrängt
und Lerchen singen seiner Unerschöpflichkeit den Preis,
wird er verwegen wie ein hemmungsloser Prasser,
der blindlings aus dem Vollen schöpft und denkt,
dass ohne ihn selbst unsre Erde nicht zu leben weiß.
Ins reife, reiche Land, ins strahlend klare Wasser
ist er vom hohen Sonnenlicht hineingeschenkt
und riecht nach Blumen, Honig, Korn und Bauernschweiß.
Nur allzugroße Hitze macht ihn jäh zum Hasser,
der seinen Zorn ins Donnern und ins Blitzen lenkt.
Doch in der Regenkühle rastet müd der gute Fleiß...

DER AUGUST

Dies ist's, was wir als Erben nie vergaßen:
Wenn im August aus Weizen- und aus Roggenäckern
in den gewölbten Himmel steigt der Körner-Ruch,
gleicht unsre Erde einem aufgeschlagnen Buch,
aus dem schon unsre Ahnen und geplagten Eltern
den Trost und Segen aller Mühen lasen...

Nie wird, was auch geschehen mag, verblassen
in uns dies Sinnbild aus Geduld und stillen Siegen,
selbst wenn noch mancher in die Wolken grüßt
und im Triumph der Technik alles Maß vergisst,
weil Aeroplane steil hinauf zum Monde fliegen.
Die Erde wird sich nicht beirren lassen.

Lass' du die Körner ruhig durch die Hände rinnen
und dich von dem erfüllen, was in ihren Krusten
als großes Wunder wirkt, das nie vergeht.
Und schau den Bauern an, der müd im Abend steht
und glücklich ahnt, dass nur im Ungewussten
die größten Dinge immer neu beginnen.

HERBST

Das Glas gehoben und den Spruch gesagt
für Freund und Feind und für den nächsten Besten!
Wer auch am Tische sitzt, er sei in unsrer Heiterkeit
und atme frei, als ob die ganze Welt verbrüdert
vom blanken blauen Himmel auf uns niederschaue.

Den Wein getrunken und den Flug gewagt
aus Herzensdrang und aus den gramverwesten
Gevierten unsrer grauen Täglichkeit.
Dem Herbst gegeben, der die Lust mit Lust erwidert
und uns umgarnt wie eine schöne schlaue
Geliebte, die mit einem Lächeln alles sagt.

Wer nie in diesem Riesenraum von Blau und Gold,
beim Wein und in der Weite solcher Stunden
beseligt zitternd das Umgreifende
im tiefsten Grunde seiner Seele spürt,
der kann am Herbste nicht gesunden.

Nur in der Trunkenheit sind wir ihm artverwandt
und fühlen innig das Ergreifende,
wenn er, vom eignen Segen übermannt,
herausbricht als der träumend Schweifende,
der sich aus Endlichem in der Unendlichkeit verliert
und alles Übermaß aus unsrem Innern holt.

DER SEPTEMBER

September ist um uns, der bis zu seinen Hüften
im hohen, ausgebleichten Grase steht,
mit seinem Wesen aber in den lauen Lüften
als das Erfüllende des Sommers weht.

Nicht aus der Nacht, aus letzter Erntehelle
kam er, schon stark und reif beim ersten Atemzug,
und goss sein Leuchten auf die kleinste Stelle,
weil er so viel des Glanzes nicht ertrug.

Die Spieglung aus dem Prunk von späten Faltern
haucht er als Färbung in den stummen Wald
und lässt die leeren Äcker ihrem Altern
aus deren Öde kein Geräusch mehr hallt.

Die Äpfel macht er rot und gelb die Birnen.
Für diese Arbeit ist er ausgesandt.
Und sterbend schaut er von den hohen Firnen
noch einmal selig in das reiche Land…

DER OKTOBER

Hast du die Nuß nicht fallen hören
im stummen, blattverarmten Garten?
Kein Wind will diese Reife stören
in ihrer Ruhe, ihrem prallen Warten.

Die Bäume stehen da, halb ausgezogen,
nur noch im Schmuck der Frucht und prunken,
und späte Bienen summen vollgesogen
von schwerer Süße wie betrunken.

Das Heftige und Laute ist dem Tag entzogen,
als wäre es im milden Licht ertrunken,
und der herabgeneigte klare Himmelsbogen
ist ganz ins ferne, karge Gras gesunken.

Das ist nicht mehr das sommerliche Prassen,
das blind verschwendet aus der Fülle.
Vollendetes will sich zusammenfassen
aus der Erfahrung einer langen Stille.

Denn im Oktober wird kein Ding mehr älter.
Es ruht geborgen in den sichern Grenzen
wie neuer Wein, der gärt im kühlen Kelter
und sich nur wandelt, um sich zu ergänzen.

Doch dich drängt's oft in diesen Tagen,
dich müd an einen Baum zu lehnen
und bange Worte in die Luft zu sagen,
weil alles fortrinnt und es bleibt nur Sehnen…

Der November

Am Totentag fand mich das müde Jahr
als herbstlich schalen Rest von Leid
auf welken Gräbern mit erloschnem Licht
und blies mich aus dem Raum der Zeit
ins unergründlich fade Nebelgrau.
Mit mir verflog, was Glanz und Reife war,
in eine blinde Leere weit und breit,
die hinschwimmt im verwischten Licht
und sich verliert im Grund der Ewigkeit.
Doch das ist viel zu flach und ungenau.

Ich bin Hiob in der Landschaft der Zeit.
Das Jahr hat mich nackt über die Erde gelegt,
und wenn meine graue, unendliche Häßlichkeit
beklemmend langsam, fast wie unbewegt,
vom Boden hinauf bis zum leeren Himmel kriecht,
erstirbt mir jede Hoffnung auf Erlösung.
Meine schmutzige Haut ist schorfig und riecht
beständig nach fauligem Tod und Verwesung.
Im rauhen Wind, der unablässig darüberfegt,
wachsen und schwellen meine Schwären und Beulen,
und wenn der Regen peitschend niederbricht
und schonungslos die kalten Stürme heulen,
platzen sie auf, und mein stinkendes Eiter bricht
strömend über die Flächen und Wälder und gerinnt
erst, wenn endlich der beißende Frost beginnt.

O kleiner Mensch auf dieser großen Welt
nimm' mich aus deinem Sinn, aus deiner Sicht,
eh' du versinkst im Schlamme meiner Schaurigkeit,

denn du bist fürs Lebendige bestellt.
Ich aber bin nur böser Gram und zähe Traurigkeit,
und vag' und dunkel spür' ich nur,
dass ich froh bin, wenn meine hässliche Spur
der barmherzige Winter überschneit.

WINTER

Bist du es, Winter, der mit starren Riesenhänden,
durch deren Finger man hindurchsieht wie durch klares Eis,
herabgreift aus der frierenden Unendlichkeit
und sich, damit es keiner ahnt, woher er kommt,
im Schnee verbirgt, den dicht der Himmel schneit?
Bist du nur dazu ausersehn, dem fauligen Verenden
des rinnenden Novemberschlammes weit und breit
Einhalt zu tun, damit er in das Stocken kommt
und sich in deiner Kälte endlich so versteift,
dass das bedrohte Leben für die spätre Reifezeit
sich aufbewahren kann im Schutz von Schnee und Eis?
Ist es nur das, was unser Sinn von dir begreift
und unser Wort nicht deutlicher zu sagen weiß?

Geschah's denn nicht, dass wir uns schon gewöhnten,
das Herbstverdämmern und die Sterbenstraurigkeit
geduldig hinzunehmen, ehe du mit ausgespannten Händen
die Flächen einfingst, alle Tiere und die Kreaturen,
die nun dein Frost mit letzten Todesängsten überläuft?
Wann fassen wir es, was wir gleichnishaft erfuhren
im Stubendasein während dieser langen Einsamkeit,
da in der Luft im Raume draußen jeder Laut verstummt,
das Frieren Land und Wasser eisig überstreift,
die Städte heimsucht und die Dörfer tief vermummt
und selbst die Zeit im zähen Stundengang der Uhren
ersterben lässt und wieder aufgehn in der Ewigkeit,
in welcher alles weiß ist, weiß, so weiß,
dass es sich aufhebt und nichts mehr als eine Blendung
für unser Auge ist, das stets ein Bild sucht, einen Kreis
und die geschlossne Form in dem Gehege der Konturen?

Was sollen unsre suchenden Gedanken noch ergründen,
wenn selbst die tiefste Ahnung es nicht mehr vermag
in dieser gähnend weißen Leere etwas von der Sendung
des antlitzlosen, stummen Winters aufzufinden,
da jede Linie erloschen ist und alle Spuren
des Fasslichen verwehn, wie die von unsren Schritten
beim ewig gleichen Fall der Flocken Tag für Tag?

Doch einmal wird dir dies von ungefähr geschehen:
An einem klaren Tage gehst du, gehst und gehst,
als ob dir nur an der Erholung und Bewegung liegt,
und merkst das Gleich und Gleich von deinen Schritten
erst dann, wenn du ermüdet stille stehst
und blicklos ausschaust in das ungeheure Weiß.
Da plötzlich hörst du einen Schwarm von Krähen,
der weitverteilt in den entfärbten Himmel fliegt,
und fühlst dich wie von einem dumpfen Bann erlöst,
weil deine Augen jetzt erst wieder deutlich sehen.
Du siehst die schneebeladne Tanne in der Ferne stehen
und träumst den Telegraphendrähten nach, die dickvereist,
mit sanft gebognem Schwung die klare Luft verzieren,
und staunst den runden Hügel an, der sich dem Wald zubiegt,
als hoffe er, in ihm die leere Nacktheit zu verlieren.
Du liebst das fremde Dorf, das zänkisch heisre Hundebellen
den Zaun entlang, bei dem die Spatzen auseinanderschwirren,
und wirst auf einmal froh und wunderlich beglückt,
weil du vermeinst, dass außer dir es keiner weiß,
wie wahr und schön das alles ist, was dir begegnet.
Verwandelt stehst du da in dem belebten Hellen,
und freier atmest du, als wärest du gesegnet...

DER DEZEMBER

Von all den kurzen einunddreißig Tagen,
die der Dezember in das Schneewehn schickt,
ist jeder voll von uralt dunklen Sagen,
von vielen Wintern in das Jahr gefügt.

Er aber liebt nicht diese Dunkelheiten
und mag nicht gern, dass man sein Sinnen stört,
denn er entstammt noch heidnisch klaren Zeiten,
von denen man nur manchmal vage hört.

Was gilt ihm Weihnacht und das fromme Streben,
das Menschensinn in seine Fröste trägt?
Ihm hat die Zeit das Schwerste aufgegeben,
seit sie sich nach Kalendern fortbewegt.

Sie gab ihm die Verpflichtung beim Beginnen,
da Stund' und Stunde sich im Schnee verliert,
der nüchtern schweren Frage nachzusinnen:
»Wie hat das Jahr die Monate regiert?«

Der gute Mond sieht ihn als Riesenschatten
im hohen Sterngewölb der bleichen Nacht
aus Wäldern greifen in die weißen Matten,
gestaltlos, wie aus einem Traum erdacht.

Aus seinem Dunkel tastet er ins Helle
und sucht nach Antwort, Tat und sicherm Grund
und findet nur sich selbst auf jeder Stelle
als leeren Schnee im eisig kahlen Rund.

Da graut ihm vor den glitzernd stummen Weiten,
denn wem ist je so Schreckliches geschehn?
Und unterm Jubel beim Sylvesterläuten
kann er nur noch als Nichts im Nichts vergehn.

SCHMERZLICHES VORGEFÜHL

Wer wird um mich sein in den letzten Stunden,
zum Trost mit seiner Hand die meine halten
und mir noch einmal stumm bekunden,
dass er zu mir gehört hat all die Jahre?
Zu mir wie meine Runzeln, meine tiefen Falten
im Gesicht, wie meine schüttren grauen Haare?
War ich denn je mit einem Wesen so verbunden?
Mir blieben Menschen immer nur Gestalten.
In keinem fand ich je das innig Lösende und Wahre.

Dies dunkle Vorgefühl reißt alle Wunden,
die ich für längst vernarbt gehalten
in meinem Innern auf, und wie zutod geschunden
erleide ich in Einsamkeit das Unfassbare,
dass, einem Gluthauch gleich, aus der gesunden
und warmen Hand in meiner sterbenskalten
das Leben triumphiert, wenn ich den Tod erfahre.
Ach, keiner hat, solang er atmet, alles überwunden! —
Mein letzter Blick in mitleidsvolle Augenpaare
wird starr von Neid sein und im Hass erblinden...

ODE AN NEW YORK

New York! New York! In meinem Schulatlas stand:
»Mit einer Einwohnerzahl von 7,9 Millionen
ist es die größte Stadt der Welt.« Doch das war, kaum gelesen,
schon im Hirn, im Ohr zerronnen.
Der Name und die Worte wurden weder Bild, noch Maß
des unbekannten Lebens in den fernen Zonen.
Nur wenn der Knabensinn sich im Heroischen vergaß
und einsank, wo das Abenteuer und die Sehnsucht wohnen,
entstand im Ahnen ungeformt ein Riesen-Irgendwas,
in Ozeanfernen von Giganten ausgesonnen. —

New York! O Wortgefüg, dem Kinde eingeprägt: Gelass
der jungen Phantasie, den heißen Wünschen zugesellt
und von verworrenen Gefühlen schwach erhellt,
wenn ich ein Foto sah und über dich in Büchern las —
New York, hineingetürmt in dunkle Traumregionen,
wie lange glichst du den geschwärzten, heiligen Ikonen,
vor die der Fromme, um zu sehn, sein Lämpchen stellt,
weil er erhofft, dass sich ihr Magisches entschält!
Auf einmal merkt er, auf sein Aug' ist kein Verlass
und wird hineingerissen in gewaltige Visionen.

New York! Gewaltiges Gemeng aus Stahl, Zement und Glas,
aus Menschen, Lärm und Licht, mit Farbensonnen,
die in der Nachtluft tänzeln, wo verarmt und blass
der Mond verschwimmt in dunstverfleckten Himmelszonen —
New York, du Völkerherd der grossen Sensationen
von Jugendbanden, Rauschgift, mordgeübtem Gangsterhaß,
von findigen Geschäften, Geld und Korruptionen,
von blinder Liebe und der Arbeitsleistung ohne Maß,

wie klar hab ich mein Selbst zurückgewonnen,
als ich in dir von meiner Alterstraurigkeit genas! —
Im Ungefähren fällt mir ein, ich saß
am Pier an einem Julitag, in Schweiß zerronnen.
Das hohe Schiff lag da. Es roch nach Dampf und Gas,
nach Meer und Fisch und Fauligem aus Abfalltonnen.
Mir war so elend fremd, und die Verzweiflung fraß
mein Innres kahl, denn mit vertriebenen Millionen
kam ich aus Tyrannei und Schrecknissen Europas
in ungewisser Flucht dahergeweht. Nach vielen Stationen
war dies die letzte für den Emigranten ohne Paß
und Geld. — Und dumpf empfand ich nichts als das:
Auch diese neue Fremde wird dich nicht verschonen.
Wie alles, was die Zeit zu grauem Staub zerfraß
wirst du verwehen hier gleich jenem, was du je begonnen.
Und sterben wirst du da, verwesen wie ein stinkend Aas…

Zuerst, New York, schienst du in deinem Übermaß
an Kraft, Verderbtheit und exzentrischem Betonen
des Äußersten fast wie ein ungeheurer Kinospaß,
für den sich nur die grellsten Pointen lohnen.
Doch langsam stieg aus Arroganz und Fremdlingshaß,
aus den zerschwätzten, leeren Spekulationen
die steinerne Idee New York, die ohne Unterlass
sich ändert und verjüngt und alle Traditionen
zerbraust, brutal zerhämmert und darüber spottet, dass
ein jeder stündlich diesem harten Nichtverschonen
begegnen muss mit seinem ganzen Menschenwas.
Da fing ich an, in dir zu leben und zu wohnen.

New York! Zenith des Erdballs! Alles was ich bin und war
hat sich in dich hineingesponnen!

New York! New York! Prolog Amerikas!
Lebendiges Vorbild der Vereinigten Nationen, die einmal
deinem Beispiel folgend, das,
was sie jetzt sind, ablegen werden, um zu wohnen
als freie Völker ohne Feindschaft, ohne Hass
in einer einzigen, geeinten Welt. New York! Millionen
in allen Ländern sehn in deinem schlanken Haus aus Glas
das Tabernakel, welches ihre Hoffnungen bewohnen. —

Du Ungekannter auf New Yorker Straßen,
mein Herz dir zu! Hier meine Hand, Gefährte!
Denn du und ich, wir hören einst das Blasen
von den Posaunen in der hohen Zukunftsluft,
als ob ein dröhnend' »Stirb und Werde!«
herab vom Himmel uns zur Sammlung ruft...

ALTER EMIGRANT

»Daheim« — »Zuhaus« — Wie lange ist es her,
dass dies noch Wunsch war und ein Wort,
von Sehnsucht und von Hoffnung warm durchweht?
Ich dämmre hin und habe kein Erinnern mehr.
Mein Hirn ist taub, mein Herz ist ausgedorrt
von einer Traurigkeit, die nie vergeht. —

Der Tag läuft weg, zerrinnt vertan, zerschwätzt,
und Mensch und Ding und was sich sonst begibt,
bleibt schattenhaft, aus jedem Sinn verbannt.
In einer großen Leere bin ich ausgesetzt
und weiß nicht mehr, was Hass ist, wie man liebt,
als hätt' ich das im Leben nie gekannt. —

Was will ich noch? Was such' ich da, was dort?
Mein Jammer ist gestockt, in Gram ergraut,
verwelkt mir alles trist im Leichenlicht.
In allem bin ich fremd. Aus allem bin ich fort
und nur noch stumpfes Fleisch in einer Haut.
Oft riecht der Tod mich an. Er mag mich nicht. —

Der Fluch des Denkers

Sind wir Gezeichnete? Sind wir, mein Freund,
aus magrem Menschenspreu Herausgesiebte,
seit wir uns ganz dem Geiste überließen,
der stets zu gleicher Zeit bejaht, verneint
und uns erhitzt und peinigt wie die heißeste Geliebte,
die, wenn wir sie im Kuss in unsre Arme schließen,
aus lauter Launen zu bestehen scheint?

Wer hat das Schlichte aus uns fortgenommen?
Schenkt sich uns noch ein Traum? Wir sind Geträumte
und Hörige, die heillos einem Sinn gehorchen müssen.
In ihm schwelt jeder Widerspruch und alles Ungereimte,
das Herkunft, Zufall und Gefühl im Mescheninnern ließen.
Nie wieder werden wir zum Glück der Einfalt kommen! —

Das Ausgesprochne, das sich auf die Worte eint
und zum Begriff, zur Lehre wird, oh, wie betrübte
uns dieses Ende stets! Des Denkens Überfließen,
das allen Flachen als das Gültige erscheint,
ist unser Fluch. Denn uns durchgeistert das Versippte
mit allen Dingen, die sich nie ergründen ließen.
Nun sind wir ins Verhängnis eingeschreint. —

O Unbefangenheit, wo bist du hingeschwommen,
seit wir den Fragen, die uns in die Zweifel stießen,
vergeblich suchen auf den Grund zu kommen!
So jagen wir, verirrt in labyrinthischen Verliesen,
dem kleinsten Lichte zu, das sich mit Blitzesschnelle
verdunkelt, wenn wir nahe sind, da seine fahle Helle
nur Täuschung war. Das Tor zur Morgenhelle

verschüttet unsres Denkens quellendes Gefälle.
Und die Erleuchtungen, die unserm Hirn entsprießen,
verwandeln sich im Nu zu antwortlosen Bitternissen.
Da sehnen wir uns kindlich nach den Unschuldsfrommen,
die sich im Glauben urgesund geborgen wissen. —

Denn jede Schöpfung mündet in ein Selbstvernichten
und ist zugleich Zerstörung des Vollbrachten.
Nicht sein Gedicht, sein Glühen für das Dichten
erfüllt den Dichter. Uns, die danach trachten,
im Sein das Tiefste zu ergründen — was erkennen
wir denn zuletzt? Das Sinnen bleibt für uns das Leben,
nicht das, was wir in denkerische Ordnung brachten
und was die vielen nun benennen können. —
Stirbt nicht Gelebtes schon nach einem Atemholen
wie Schattenflüchten oder Glanz im Weiterleben?
Wer hat uns jenem Schicksal übergeben,
beständig wie in einem ungeheuren Hohlen
als Ich und Werk so schmerzlich zu verbrennen?! —

FREMDE STADT

Wo spür' ich etwas von Daheimsein noch
in dem Gewühl der lauten Weltstadtstraßen?
Erinnerung überkommt mich und ein Fallenlassen
ins Traurige, durch das die Sehnsucht ruft:
Wann war's, dass ich den letzten Flieder roch
und den gewohnten, würzig starken Sommerduft
nach Korn und Heu auf den besonnten Feldern?
Wann sah ich jemals wieder stille Rehe grasen
in einer Nebelfrühe vor den dunklen Wäldern?
Wo ist es hin, des Herbstes blasses Himmelblau,
das Tagversäumen und an grünen Hügeln träumen?
Im Schrittgemang gedenk' ich wie ein wirres Kind
der Bauerngärten, die so frisch im Morgengrauen
mit ihren strotzend vollen Birn- und Apfelbäumen
in eine Stille schweigen ohne Laut und Wind...
In dieser Stadt, die kaum die Jahreszeiten kennt,
bleibt auch das Nächste schattenhaft und ungenau
und so verwischt und fremd, wie ihre Menschen sind. —

WUNSCH FÜR DIE STERBESTUNDE

Tragt Wein herbei, wenn es ans Sterben geht,
und sprecht noch einmal von den liebsten Dingen!
Vielleicht ist's Frühling: Zärtlich überweht
der Himmel draußen mit den großen Wolkenflocken,
die Bäume frisch belaubt, die heitren Vögel singen
und alle Knospen sind schon aufgebrochen.
Weit offen stehn die Fenster, Sonne strömt herein,
erfüllt den ganzen Raum mit ihrem guten Licht
und dringt in mich wie ein unendliches Gelassensein.
Setzt euch ums Bett und spielt nicht die Betrübten.
Noch einmal will ich jeden arg- und sorglos haben.
Schwärmt von Gedichten, Büchern, Freunden und Geliebten,
vergesst jedoch dabei auch unsre Feinde nicht,
die uns durch ihren Widerstand stets neue Kräfte gaben.
Stoßt an, eh' ich aus dieser letzten Lebensfrist
fortschwimme und, unwirklich weit von euch entfernt,
empfinde, wie mein morscher Leib sich sacht entkernt
und trinkt und denkt, wie kinderleicht es ist,
den ganzen schönen Irrtum ausgeträumt zu haben…

Unstillbare Sehnsucht

Warum geschieht ein Fest in der nächtlichen Ferne,
im Freien vielleicht, darüber die funkelnden Sterne?
Warum lärmen jetzt Badende, des kühlenden Wassers froh,
und wie kann ein verhängter Weiher im Wald irgendwo
sein ohne mich? — Grenzenlos grün fluten saftige Wiesen,
die hügelan und talab im zartblauen Himmel zerfließen.
Wie weg steh'n Berge, und die nahen, offenen Täler
erquicken mein Aug'! — Mein Herz schlägt schneller,
und hingerissen breite ich die Arme aus,
denn in jedem Blatt, im Halm und Stein bin ich zu Haus. —

Flockig verwintert die Landschaft, oder der Aufbruch
des Frühjahrs befällt mich mit seinem erdigen Ruch.
Und im reifenden Sommer, unter einem schattenden Baum,
dämmert durch mich schon des Herbstes farbiger Traum.
Ahnend wittere ich Freunde, die heitere Lieder gesungen,
doch mir im Ohr schwingt nur ein Stück Melodie.
Liebende gehen im Park, zärtlich umschlungen,
und ich bin nicht sie...!
Ein einsames Käuzchen in tief-tiefer Nacht ruft,
während der aufgehende Mond, uralt und bleich
die atmende Erde streichelt, lächelnd und weich...
Und riesig ist die laute Welt in mich hineingestuft:
Schlanke Schiffe durchfahren die Ozeane und wie
silberne Kreuze schweben die Aeroplane hoch in der Luft,
verschwindend im Himmel, als ob jener sie ruft,
der unseren Hirnen das Rastlose lieh. —

Im Stadtgewühl gehe ich mit dunklen Massen mit
und durch mein Blut gewittert ihr hämmernder Schritt. —
— —
Doch immer ist Flucht in mir, Unrast und schwindender Hall,
unstillbare Sehnsucht, verwehender Duft überall...!

HEIMAT ÜBERALL

So grün hab' ich das Gras noch nie gesehen,
noch nie den See so blau.
Ich muss verwundert stehen bleiben
Und frage mich: »Was ist geschehen?«
Ich kenne doch die Gegend so genau
und könnte blind das kleinste Ding beschreiben.
Ich denke nicht ans Weitergehen
und schaue nur in dieses Grün und Blau...

Mir ist, als stünde ich wie in den Kindertagen
erstaunt und dennoch tief bekannt
vor diesem fremden Wasser und den Wiesenstreifen,
und ich vermag es nicht zu sagen,
wie mich das Wiedersehen übermannt
mit diesem Gras, mit jedem Wellenschlagen,
als würde meine Heimat eine Welt umgreifen,
als wär' ich nicht mehr fremd in diesem Land...

IN DEN WIND

Alles ist in den Wind gesprochen
und nur geträumt für mich.
Worte sind von den Lippen gebrochen
und meine Schwermut verwich.

Winzig lächelnde Bagatellen,
so flogen die Laute mir zu.
Die Gedanken entschlüpften den Zellen
und fanden die Bilder dazu.

Alles war Jubel, und weit offen
stand meine atmende Brust.
Strömend von Glück und seligem Hoffen
sank ich in bebende Lust.

Aber ich weiß, in den Wind gesprochen
bleibt das Erklungene doch!
Zeiten und Reiche sind niedergebrochen,
was soll da mein Träumen noch?!

ABGESANG

Schau, Menschenbruder, mir
feindlos in das Gesicht.
In jedem lebt ein Tier,
in keinem brennt viel Licht.

Gib mir zum bittern Ende
noch einmal deine Hände
und fühle tief mit mir,
dass uns bis jetzt nur trennte
das eigne Ich vom »Wir«.

Erkenne, eh' sie niederbricht,
die letzte Höllennacht,
die uns zu Staub und Asche macht:
Wir sind die Schuld und das Gericht.

Absage an den Krieg

Und Menschen nehmen immer wieder die Gewehre
und ziehen gegen irgendeinen Feind,
denn Friede ist für die nur eine faule Leere,
in der das Heldentum zu welken scheint.
Sie folgen jedem, der sich gegen ihn verbündet,
und sind nur glücklich, wenn der Mord sie eint
in jener Art, die sie von jeder Schuld entbindet.
Wie über Nacht scheint jedem der Verstand genommen,
und alle schließen hassverzehrt das mahnende Gewissen
wehrlos und feig in ihren Hirnen ein,
wenn sie auf ihre namenlosen Brüder schießen.
Was ist das nur? Wie kann das sein?
Was ist denn über uns gekommen,
dass keiner schreit: »Das darf nicht sein!«

Ach, jeder fürchtet sich im allgemeinen Plärren
und hält sich viel zu schwach und klein
vor dieser großen Lüge: Vaterland und stolze Ehren.
Und alle sagen plötzlich: »Krieg muss sein.«
Beflissne Priester segnen ihn auf den Altären,
und alle Bankherrn ziehn ihn in ihren Handel ein,
und jeder Wicht münzt sein erbärmliches Betrogensein
in Pflichterfüllung um und männliches Bewähren,
bis er als Leiche stinkt, bis er zum Krüppel wird,
die Beine weg, die Arme weg, auf seiner Brust die Orden
und jeden Morgen auf ein Wägelchen geschnürt,
davor die Schachtel Bleistifte in allen Sorten.
Und er erträgt's. Er kann sich nichts erklären
und siecht dahin und stirbt vergessen und allein. —

Wer schöpft das aus? Warum wird keiner je beklommen,
wenn er an einer Wiege steht vor seinem Kind?
Wann endlich wird ihn solch ein Grauen überkommen,
dass ihm das Wort erstirbt, das Blut gerinnt,
wenn er dies durchdenkt bis ins letzte Schuldigsein:
Von fern her hört man scharenweise Bomber brummen,
und manchmal hüllt ein Rauch sie ein im hohen Wind.
Ein ganzer Landstrich schwelt in giftvermengten Flammen,
und abertausend Menschen kratzen schreckensblind
sich mit den blutig-bloßen Händen in die Erde ein.
Sie sind wie du, dein Kind und ich, wenn sie im leeren
und ausgebrannten Elend hilflos wie die Tiere schrein.
Wer will uns da noch frech den Widersinn verklären,
als ob dies Grausige verdiente einen Glorienschein? —

Denk an den Einsamen, o Freund im Ungefähren,
wenn alle haltlos sinken ins Verlorensein.
Er zaudert nicht und geht den bitterschweren
und oft verstellten Weg ganz unbeirrt allein,
und hundertmal stockt ihm der Atem in der Brust,
wenn jene Mörder, die der Blutgeruch entzündet,
losbrechen in die dunkelste Barbarenlust.
Er sagt nur »Nein!«, wenn eine ganze Welt verkündet,
dass Raub, Gewalt und Massenmord zu unserm Ruhme sind
und als ein ewiges Gesetz ins Völkersein gehören.
Ihn machen Drohung und Geschwätz nicht blind,
und keine noch so großen Siege können ihn betören.
Er sieht in einer Wiege nur ein zartes Kind
und weiß, dass, so wie er, es Ungezählte spüren,
wofür wir dieser Welt gegeben sind.

AM UFER

Die Häuser sehen sich im Wasser liegen,
und dichte Bäume rahmen dieses Spiegelbild,
in dem sich Farbe und Kontur zusammenfügen
zu klarer Form, die jede Winzigkeit enthüllt.

Am andern Ufer, auf den Hügelzügen
verbrennt der Tag erschöpft im Abendglühn.
Wir stehn verzaubert. Flinke Schwalben fliegen,
und hin und wieder zwitschert eine dünn.

Ein leichtes Säuseln kommt heraufgestiegen,
das sich in dem Gebüsch verborgen hielt.
Kontur und Farben fangen an zu wiegen,
und Lächeln zittert auf dem Wasserbild,

das zärtlich grüßt, bis es der graue Dämmer
verlöscht und ins Verschwimmende verdrängt
und Abendläuten wie ersterbendes Gehämmer
aufklagend in den dunklen Lüften hängt...

An meinem Grab

Vielleicht werden die Frauen, die mich einst liebten,
an meinem Grabe stehen, weinen um mich und sich hassen.
Jede wird meinen, sie habe mich ganz besessen,
und ich liebte doch nur meine Liebe und nicht sie!
Unstillbare Sehnsucht blieb, was die Geliebte
beim ersten Kuss heraufbeschwor. Im trunknen Überlassen
an sie — warum versank ich nie in völliges Vergessen
und fühlte stets nur ein lähmend-bitteres Nie?

Wie gerne möchte ich in einer dunklen Ecke kauern
und ungesehen, ungeliebt im Nichts verdämmern.
Bin ich's denn oder ist's ein andrer, der dies Leben führt,
vor dem mich fades, schleichendes Erschauern
durchrieselt und zum zähen, trägen Nebel wird,
der mehr und immer mehr mein Innerstes durchtrübt?
Warum, wenn in der Körpergier die Schläfen hämmern
und sich mein Blut erhitzt, verliert sich nichts vom Bauern
in mir, dem alles Ware wird, was ihm der Boden gibt,
die er zwar schätzt, doch niemals liebt? — Auch er gehört,
wie ich der Liebe, ganz dem Boden, und beide überdauern,
was sich als Same, Leib und Ding in sie hineinverirrt…

O Gram, ein Leben lang in diesem Wissen trauern!

BESCHWÖRUNG NACH DEM KRIEGE

Nehmt die Erde, Männer, Frauen, Schwestern, Brüder
und du Freund, du Feind von gestern, nehmt sie!
Nehmt sie, eure stumme, liebe, blutgedüngte Erde,
eh ihr ganz in Rauch und Brand und Gift versinkt!
Seht, wie habt ihr sie im wirren Auf und Nieder
eures Hasses, eurer Kriege, eurer dunklen Dämonie
zugerichtet, dass sie nun Ruinenfeld und Giftherd ist
und nach Leichen, Fäulnis und Verwesung stinkt,
sie, die Mutter, die euch stets geduldig nährte,
seit der erste, fernste Stern am Himmel blinkt!
Schmerzensmenschen, Leidensvölker aller Länder,
wer hat euch gelehrt, dass *das* der Sinn des Lebens ist,
seine Mutter umzubringen und noch Leichenschänder
obendrein zu sein? Welche Niedertracht und List
hat euch so betrogen, so verführt und vorgelogen,
dass nicht euch, Millionen, diese Welt allein gehört?
Seid ihr nie erschrocken? Habt ihr nie in Angst erwogen,
dass es euer aller Ende ist, wenn ihr sie zerstört?

Oh, wie schmeckt in dieser Zeit der Atem bitter
und wie ist der sonnbeglänzte Tag so trist!
Füllt sich nicht mit Fluch der Segen aller Mütter,
wenn die Zukunft ihrer Kinder nur Vernichtung ist?
Weißer, Schwarzer, Braunhaut du und du mit einer gelben,
wer hat euch, ihr Armen, dieser Hölle überstellt?
Waren es nicht immer nur die gleichen und dieselben
wortgewandten Schwindler, die ihr bei den Wahlen wählt
und erhebt zu Herren, die mit der geschenkten Macht
euch wie stumpfe Tiere in die Kriege schicken?

Und das Giftgas, Superbomben und Vernichtungswaffen,
oh, ihr Toren — wer hat sie für sie gemacht, geschaffen?
Wie kann jemals freier, stiller Friede glücken,
da man euch von jung auf Völkerfeindschaft lehrte
und sie würzt mit Glanz und Ruhm von Heldentaten,
wenn man eure Söhne dummdrillt zu gefügigen Soldaten,
dass ein jeder ein geübter, vorbedachter Mörder werde?
Oh, begreift doch, Eltern, wenn ihr eure Kinder liebt,
dass euch später keines diese Schmach vergibt! —

Einigt euch beim Ohnmachtsblick auf eure Erde,
Heimgesuchte, die ihr nun auf kahlem Boden liegt,
fremd in irgendeinem Loch und hungerkrank wie nie!
Fragt euch doch, wer es euch stets verwehrte,
einzusehen, dass der Mensch sich selbst genügt,
wenn er unter seinesgleichen nachbarfroh gedieh.
Was heißt jetzt noch »Vaterland«? Reißt die Grenzen nieder!
Nimmer glaubt, dass euch ein solcher Wahn zusammenhielt!
Gleicht ihr denn nicht, Völker, selber eurer Erde,
wenn ihr nach den Höllenstürzen immer wieder
Hand anlegtet, dass das Leben den gewohnten Gang behielt?
Euch gehört, nach diesem Elend, ganz allein die Erde!
Hegt und pflegt sie, liebt sie wieder und bebaut sie,
dass sie endlich jedem Menschenheimat werde!
O versäumt nicht, was ihr stets erhofftet und geträumt,
Leidensvölker, Väter, Mütter, Schwestern, Brüder,
o beschwört es, eh noch einmal Gift vom Himmel fällt! —
O vollendet, was in jedem Menschenherzen keimt!

DAS GLÜCK DER TIERE

Den meisten Tieren, las ich, ist die Stunde
soviel wie uns ein Menschenjahr,
und jede winzige Sekunde
ist für sie strotzend reich und klar,
weil sie im Kleinsten alle Fülle
erwittern als bewegte Stille.
Sie zieht die vorbestimmten Grenzen
in ihrem nimmermüden Lebenslauf
und wirkt als ständiges Ergänzen
von Bodentiefen bis zum Himmel auf,
belebt den trüben Tümpel und die Mauerritze,
den Wald, den Stein, die Luft, das Meer
und Nordpoleis und Wüstenhitze
als Tier- und Allgeschick von ewig her.
In ihrem Tag, in ihrer Nacht und Zeit
gibt es nicht eine einz'ge Lücke.
Sie zittern nicht vor Tod und Nichtigkeit
in ihrer Ruhe, ihrem Glücke.
Kein Gott lähmt ihre Lebenskraft
durch eine Ahnung vom Vergeblichsein,
weil sie nur Zeugung sind und Mutterschaft.
O stolzer Mensch, wie bist du arm und klein
vor diesem schlichten, starken Körpersein...!

DIE BRÜNSTIGE

Tiefrot und voll, sehr lasterhaft
erglänzen deine feuchten Lippen im Begehren.
Und wenn dein Mund nur winzig auseinanderklafft,
kannst du dich deiner Brunst nicht mehr erwehren.
Das ist kein Lächeln mehr, das zärtlich stehen bleibt.
Ein Flackern ist es zwischen Losbruch und Bezähmen.
Dein Aug' wird klein, die Wangen glühn, und nichts verschafft
dir solchen Reiz als jener Eindruck von Beschämen,
den du erweckst, bevor du dich mit ganzer Kraft
und wilder Lust, die hemmungslos in deinem Blute treibt,
hineinwirfst in den Körper des Geliebten, dessen Seligkeiten
hinrinnen über dich wie eine heiße Woge Überfluss.
Du fühlst dich in die tiefste Wonne, ins Vergessen gleiten,
und Wirklichkeit bleibt nur dein Kuss,
der gierig seine Süßigkeiten
hinabtrinkt in das durstig aufgescheuchte Herz,
das trommelnd bis hinauf zu deinen Schläfen schlägt.
Oh, wie gespannt sich deine Brüste auf und nieder heben
und wie dein ganzer Leib in rasendem Genuss
sich zitternd windet, als entweiche langsam alles Leben
aus ihm, weil er den Brand im Fleisch nicht mehr erträgt…!
Und wenn du aufschreist wie aus einem dunklen Schmerz,
als würfest du dich blind und nackt in ausgestreckte Lanzen,
nur um zu wissen, ob im Tod die letzten Lüste blühn,
dann bist du körperlicher als die Tiere und die Pflanzen
und kennst nur eines noch: als Flammende verglühn…

Die lüsterne Frau und der Jüngling

So steht er da: Die Nasenflügel beben,
und sein Gesicht ist rot, gesund und jung.
Heiß greift sein unverbrauchtes Leben
in meinen Leib als lüsterne Erinnerung.

Ich spür's im Blut, dass ein Erschrecken
vor einem wirren Abenteuer durch ihn zieht,
und mich erfüllt sein kindliches Verstecken
mit Wollust, die bis in die Nerven glüht.

Er saugt sich an mir fest von allen Seiten
mit Blicken, schüchtern, gierig und gespannt,
und lächelt dumm und will in Worte kleiden,
was mir schon Ewigkeiten lang bekannt.

Mich treibt nur dies: mich maßlos hinzugeben
der letzten Glut, die nie mehr wiederkehrt,
und schwindelnd reizt mich jenes Widerstreben,
das ihm verlegen jeden Mut verwehrt.

Dann geht er fort, und ohne Spur verwehen
in mir die trunknen Wonnen, fad und kalt.
Ich bleibe traurig vor mir selber stehen
und ahne schmerzlich, ich bin greisenalt.

Erleuchtung im Untergang

Es stürzt zerbombt der Himmel ein. Die Welt zerbricht,
und eine ungeheure Frage brennt im grellen Licht.
Zum letzten Male möchten wir erwidern,
doch schon sengt Tod auf unsren schreckumsäumten Lidern.
Dies aber ist uns Zeitverfluchten das tröstende Gebet
im Brande der Vernichtung und in unsrer Qual:
»Wenn wir auch alle sinnlos und vereinsamt sterben,
so sind wir doch, o Welt, mit dir emporgewachsen
fast bis zur Sonne, die sich aus dem Blick verliert.
Es kann nicht sein, dass ausgesäet wird,
dass Erde blüht und fruchtet für das Nichts
und nach uns Leere kommt, die nur für sich besteht.
Zerfällt auch Mensch und Ding und Werk im All,
ihr Wesen wird sich unzerstörbar fortvererben
und zeugend weiterkreisen um die Schmerzensachsen
des Seins, das ewig bleibt, wie jener Funke eines Lichts,
durch den das Dunkle erst zum Dunkel wird.«

*

Ein letzter Tag wird sein, den wir zuinnerst suchten,
der Gnade trägt in unsre schauerlich verruchten
Wahnjahre dumpfer Erdenpein.

Etwas über Indien

I.

In Indien, sagt man, weint der Mond Kristalle,
und Nacht für Nacht erfreun sich alle
an diesem Wunder, das die Götter schenken.
Wir sehn im hohen Blinken nur die Sterne
und schauen altgewohnt zum Himmel auf und denken
sie ins System, berechnen nüchtern ihre Erdenferne
und dulden kein Geheimnis mehr, kein Ungefähr
in unsrem ungeheuren zwanzigsten Jahrhundert,
das bis zum Mond aufstieg und mehr und immer mehr
die Sternenwelt entzaubert und das All entwundert.
Was sind uns fremde Götter oder unser Kindergott,
von dem man noch bei frommen Leuten sagt,
er schafft das Leben und er bringt den Tod?
Auch dieser Rest der Allmacht wird ihm abgejagt. —

Dem Inder bleibt dies hektische Gigantenstreben
für immer fremd in seinem stillen Leben,
und Ruhm von solchen Siegen rührt ihn nicht,
da er zerschmilzt als Stückwerk der Vergänglichkeit.
Für ihn entströmt dem Tag, der Nacht, dem Himmelslicht
nur dieser eine Sinn: Das Sein kann sich nicht irren,
und alles Leben ist ein tiefes Angehören,
das sich nur unaufhörlich wandelt in der Ewigkeit.
Ihm ist der Tod nichts als die atemkurze Wende
in eines Menschen Daseinsmelodie,
die unablässig, ohne Anfang, ohne Ende
den Riesenraum des Seins erfüllt und wie
der trunkne Laut der Zeugung jedes Ding belebt.
Was wir am Ende traurig unser »Sterben« nennen,
gilt Indern nur als schneller Wechsel in den Tönen

des Liedes von der Wiederkehr, das erdwärts schwebt
aus dem Nirwana und gelassen weiterlebt
als Geist und Sinn der Väter in den Söhnen. —

Denn das ist größte Freiheit, dass wir wiederkehren
und unzerstörbar bleiben in dem Lebenskreis,
in welchem wir verwandelt wirken in den Kindern
und ihnen jene Einfalt schlichter Weisheit lehren,
die nichts von stolzem Ruhm, von Krieg und Siegen weiß,
die stets das wahre Menschenglück verhindern.
Durchwärmt und tief beseligt von dem Erdenschönen
erleuchtet dieses Weisesein das bange Menschenherz.
Da bricht Begierde in ihm auf nach dem Versöhnen
von »Ich« und »Du« und treibt uns bruderwärts
ins große »Wir«, das als das Ziel von allen Zielen
geduldig auf uns wartet und den Bann zerbricht,
dem wir von Kind auf heillos blind verfielen
in dieser lauten Leere ohne Sinn und Licht,
in deren Lärm wir an den Einsamkeiten krankten
und Lebensangst und Todesfurcht und Triebgewirr
sich unentwirrbar schlingend um das Innre rankten. —

Doch uns ging längst die Unschuld solcher Sicht verloren.
Wir kennen nur noch Zweck und Mittel, nicht den Sinn,
denn wir sind in die starke, stumpfe Zeit hineingeboren,
die kein Gefühl mehr hat für innersten Gewinn
und alles löst durch Klugheit und verwegne Tüchtigkeit. —
In jedem brennt der Fluch, das reißend wilde Tier
in uns, das wir mit auf die Welt bekommen haben.
Und einer bleibt des andern Feind in seiner Gier
nach Geld und Weib, Besitz und Macht und Ruhmesgaben,
und keinen wärmen Glück und Ruhe der Geborgenheit.

Weh uns, die sich als Sieger des Jahrhunderts glaubten,
weil sie dem Mond, den Sternen und dem ganzen Sein
gewaltig ihr Geheimnis und das letzte Rätsel raubten!
Wie sind wir vor der Weisheit Indiens arm und klein
in unserer Zerrissenheit, die uns mit Schmerzensplagen
durch alle Höllen innrer Krisen schleift,
die wir verstört den Leib- und Seelenärzten klagen,
von denen keiner unser aller Leid begreift!
Sie sind, wie wir, besessen von exakten Wissenschaften
und glauben fest, dass dem, was unsre Haut zusammenhält,
nichts einverleibt ist von dem Wesenhaften,
das uns unsterblich macht und allem Leben zugesellt,
auch wenn das Körpersein zu Ende geht auf Erden
und scheinbar wie für immer in das Nichts verwich.
Als unsresgleichen höhnen sie der Lehre, die ein neues Werden
und eine Klärung darin sieht, die jeder ganz für sich
durchleiden muss, um alles Reißende und Wirre zu verlieren,
das bei den Ärzten funktionelle oder Nervenstörung hieß.
Denn wie kann sein, dass leibhaft in Gestalt von Tieren
das Tierische in uns, in welches uns das Schicksal stieß,
nun fleischgeworden wandeln muss in einem zweiten Leben,
um endlich, was die namenlose Sehnsucht in uns ließ,
nach dieser Prüfung ausgereift als reiner Mensch zu leben?

II.
Die Erklärung des Alten

Unheimlich dürr, nichts mehr als Haut und Knochen.
Auf seinem Rundkopf kaum noch eine Spur von Haar.
Im dunklen, ledernen Gesicht sehr tiefe,
wie messerscharf hineingeschnittne Falten
und unter den gebognen, eisgraudicken Brauen
zwei kleine, flache Greisenaugen, wässrig blau,
erfüllt von Witz und heitrer Ausgeglichenheit —
so blieb das Bild, gleichsam in Stahl gestochen,
in mir, wenn auch inzwischen Jahr für Jahr
vergangen ist und ich mich immer wieder prüfe,
ob mir noch sonst was auffiel an dem Alten.
Ich spüre nur, wie seine Augen in die meinen schauen,
sie sind noch immer klein und flach und wässrig blau
und unverändert wie seit Ewigkeit. —
Ich setzte mich im Park auf eine Schattenbank.
Da saß er stumm und offenbar versunken
in irgendeine Grübelei, und manchmal stieß
er, wie um das Gedachte abzuschließen, leicht bewegt
den Stock mit einem kurzen Murmeln in den Kies.
Dann leuchtete auf seinen alten Zügen tiefer Dank,
und seine Augen blitzten kurz wie angefachte Funken,
und so, als habe er sich das für mich zurechtgelegt,
erklärte er mir mit verhaltner Stimme dies:
»Der Grund, weshalb wir uns noch nie an euch gehalten,
ist für uns einfach wie ein gültiges Gebot.
Ihr glaubt zwar längst nicht mehr an euren Gott,
doch geht ihr immer noch in Kirchen, ihn zu ehren.
Sonst aber überlasst ihr ihn den Kindern und den Alten,
und dennoch wollt ihr alle Welt dazu bekehren.

Wir lächeln manchmal, wenn wir euch betrachten,
und euer Gott ist unsereinem nicht begreifbar,
weil Menschenhirne ihn aus einem Nichts erdachten,
als ob das je was andres als die grenzenlose Leere war!
Wie kann die Unfassbare ›Gott‹ für euch bedeuten,
ein Gott der Allmacht, der jedwede Schöpfung liebt,
wenn er euch nach dem Tod in seine leeren Ewigkeiten
hinübernimmt und nie dem Leben wiedergibt? —
Ihr haltet unsre Glaubenslehren grundverkehrt.
Doch kann es sein, dass aus dem Samenkern ein Baum wird
und der Mensch, das Höchste, nie mehr wiederkehrt?
Was für ein Ungott, der ihm dies verwehrt!
Wir Inder, fremde Christenbrüder, glauben unbeirrt,
dass wir nach einem ersten Sterben Tiere werden,
Haushunde, Katzen, Kühe, Elefanten oder Löwen,
die weiterleben als das Unsrige auf Erden.
Unzählige fliegen auch frei und leicht als Möwen
um die Schiffe auf den schäumenden Meeren
oder als muntere Vögel in der riesigen, leeren
Luft, die seit undenklichen Zeiten
der Himmel mit seiner Sonne, dem Mond und den Sternen
groß überwölbt. — Manchmal im gleitenden Fliegen
schaun sie herab auf die grüne, fleckige Tiefe,
wo sie einst in engen Dörfern und rauchigen Städten
als irrende Menschen lebten. Dann ist's, als überliefe
sie kurz ein kaltes Grauen, und sie fliegen,
so, als ob sie für eine Weile vergessen hätten,
dass sie freie Vögel sind, empor zu den Fernen,
in denen sie nichts Menschliches mehr spüren…«

*

Er sah mich an, als sei ich nur ein wesenloses Ding,
stand auf, sah in den dunklen Himmel, atmete und ging. —

Gedanken beim Erwachen

Wo wehn die Träume hin, wenn wir erwachen
und wieder zwischen Menschen stehen,
mitten in den Dingen und den Sachen?
Was macht das Abenteuer dieser Nachtgesichte
und ihre Schrecken, ihre Süße ungeschehen,
wenn sie der neue Tag mit groben Händen
weglöscht wie Hauch und Staub?
Das ist so unbegreiflich wie ein wüster Raub. —
Wo war, o Traum, dein Anfang? Wo vollenden
sich deine Bilder, Farben, Süchte,
du Trost im Schlaf, du Wollust unsrer Nacht?
In dieser Frage ist nicht auszuruhn. —
Wenn alles, was begonnen hat, fortlebt,
wo sind die Nachtgeschenke hingeschwebt
mit ihrem abgebrochnen Wagnis, ihrer Anmut,
ihrem Rauschen tief im Blut?
Warum, wenn wir die Augen auftun,
ist dieses Glück zerflattert und vergessen
und von der Mauer träger Nüchternheit umstellt?
Wie kann, was unser letztes Wesen aufgehellt,
so fort sein, fort wie nie gewesen? —
Wer hat das je zu Ende durchgedacht?

*

Ach, unser ganzer Tiefsinn reicht
nur ständig bis zum ahnenden Vielleicht!

GESICHT DES BRUDERS

Gesicht des Bruders! Bitternisgeprüft und notgeschändet
nahst du dich mir, als seist du ausgesendet
von jenem Trieb, der unzerstörbar, kaum zu fassen,
fortlebt in den gequälten, unbekannten Menschenmassen,
die Länder füllen, alle Städte, Gassen, Straßen.
Du bist von ewig her ihr Maß und ihres Sinns Gehalt. —

Schau mir ins Aug'! Sei's auch nur flüchtig grüßend,
vom Gleichgeschick entfacht und wieder stumm zerfließend.
Wir werden dieses Treffen später nie vergessen,
denn für den Augenblick hat jeder mehr besessen
als nur des andern Herzschlag, den die Sympathie bemessen.
Wo wir uns finden, wird die Freiheit nicht zur Missgestalt. —

Wir sparen unsre Worte, keines wird verschwendet.
Ihr Klang allein verrät, die Fremdheit hat geendet,
sobald zwei Menschen unversteckt mit Menschen reden,
die ihresgleichen sind: schändlich verraten und getreten
und doch von einer Kraft, als könnte sie nichts töten.
Sie macht uns zukunftsmächtiger als Unrecht und Gewalt.

GRAUEN

Mitten im bunten, lachenden Licht
des Sommers wird mir vor Grauen kalt.
Ich sehe dein zartrotes, junges Gesicht
und deine strahlend stolze Gestalt
auf einmal verwest und zergangen. —

Kürzlich las ich in einem Bericht,
was nach unserem Sterben geschieht,
wenn unser Sarg im Grabe zerbricht
und Schimmel unsere Leiche überzieht,
die schon in Fäulnis übergegangen.

Nur dein Kleid hält noch stand,
das man dir zum letztenmal überzog.
Dein Gesicht ist gequollen, und jede Hand
geplatzt. Und aus dem schlammigen Sog
kriechen die hässlichen, langen

Würmer über dich, und sehr geschwind
saugen sie zuerst deine Augen leer,
die schon geronnen und gegoren sind...

*

Warum ist es so stumm und leer...?
Wo ist der Sommer hingegangen...?

HAUSINSCHRIFT

Zuerst dem Freund ein Wort
und dann dem Nachbarn dort:
»Ich hab' dies Haus gebaut
für mich und meine Kinder.
Was sie einst tun,
ich kann es nicht verhindern. —
Solang ein Tag erblaut,
lasst uns im Augenblicke ruh'n
und jeden Hass vermindern.
Dann mag der Weltwind brausen.
Mein Haus und ich, wir nehmen's hin
ganz ohne Furcht und Grausen...«

IM GRAS

Ich liege im Gras, im hohen Gras,
und darüber, wolkenlos und blass,
spannt sich das riesige Blau.
Ich fühle die Erde, die ich vergaß,
und versinke darein wie in einem Traumgelass
und höre auf einmal genau
das Kriechen der Ameisen, das Zirpen der Grillen
und die vielen leisen Geräusche im Stillen,
von denen mein Ohr längst nichts mehr weiß,
und verliere den Sinn für das Einst und das Jetzt
und das Denken an morgen und den heutigen Willen
und bin das Gras und die Käfer und Erde zuletzt
unter dem Himmel in der wehenden Luft...
Und der Tote in seiner zerfallenden Gruft,
der Halm und der schwimmende Blumenduft
sind wie Falter- und Vogelflug
in mich heimgekehrt als ewiger Atemzug. —
Ich liege im Gras, im hohen Gras
mit der Erde, die ich vergaß...

Kleiner Gedanke

Einer stirbt nach halbem Gelingen
und lässt in den Kindern und Dingen
seine traurige Spur.
Einer wird groß mitten im Ringen
um Gott und die Welt, und nur
das Letzte bleibt ihm versagt,
weil er immerzu drängend fragt,
was seine Mühen ihm bringen.
Einer nur weiß sich als Blatt,
das ziellos im Winde treibt.
Und er klingt aus wie ein Lied,
das weder Anfang noch Ende hat,
aber als Nachhall bestehen bleibt
und die Menschen zärtlich durchzieht...

Liebesgewissheit

Da sich mein Leben neigt,
entdämmert sich's von ungefähr:
Wenn du vergehst, bin ich nichts mehr.
Aus der Gewissheit steigt
der letzte Sinn, der große Traum
des klaren Glücks im Riesenraum
von Zeit und Licht.
Wenn's dunkel wird — ich zitt're nicht.

Das ist so wirklich und so wahr
wie dieser Tisch, der Wein im Krug
und jeder leise Atemzug.
Der Duft in deinem grauen Haar,
ein Wort, und selbst der kleinste Blick,
sie kehren stets in mich zurück.
So atmen wir dem Ende zu,
so bist du ich, so bin ich du!

                    *

Über alle Tage hin
summt es im Auf und Ab:
Ich werde als kleine Blume blühn
für dich auf meinem Grab...

MÄDCHEN AM MORGEN

Die feuchte Frühe legt sich auf die Fensterscheiben,
und draußen rauscht die aufgewachte Stadt.
Du stehst, noch warm von Schlaf, dem Spiegel zugewandt
und möchtest, eh' das Nächtige aus deinen Gliedern
weicht, noch lang in dieses Bild versunken bleiben.
Doch spürst du wie nach einer Ohnmacht matt
nur eine schwere Starre auf den Augenlidern
und hast noch keinen Blick, bist dir noch selber ungewiss. —
Die ganze Nacht warst du in einen Traum verbannt,
bis dich das Weckerschrillen aus der Schwingung riss,
die in dir nachbebt wie ein keusches, sanftes Zittern.
Abwesend rührst du deinen Körper an und starrst erstaunt
in all die Nüchternheit, die dich so plötzlich überfiel.
Die andre Hand im wirren Haar, befällt dich ein Gefühl,
als wolltest du der Wirrnis was erwidern,
die dich noch kurz zuvor so süß umschlossen hielt.
Doch eh' du denkst, zerfällt dir dieses schöne Bild,
und abgelöst vom Traum, siehst du dich mager, arm und nackt
im bleichen Spiegel und ähnelst jenen dürren Duldern,
die du auf Kirchenbildern manchmal sahst als frommes Kind.
Da wirst du plötzlich traurig und verschluckst den bittern
und faden Mundgeschmack aus Zimmerstaub und trockner
Nacht. —
Und wie ein guter Tröster legt sich lind
der Tag mit seinem frühen Licht auf deine schmalen Schultern. —

Mannesrat beim Ehestreit

»Ich bitte dich, geh fort! Geh fort!
Ich weiß, es hat so kommen müssen, geh!
Spiel mir kein Zögern vor, spar dir das Wort,
mir tut jetzt schon dein Anblick weh! — —
Was stehst du da? Ich bin dich satt, es ist genug!
Ich hab' gewusst seit eh und je:
All deine Zärtlichkeiten waren Lug und Trug!
Jetzt aber, bitte, bitte, geh!
Verschone mich und geh doch endlich, geh!«

Hör dir das ruhig an (du hörst noch mehr),
doch bleib dabei ein kluger Mann
und setze dich auf keinen Fall zur Wehr!
Fang nicht mit Argumenten an.
Sag nichts, setz dich nur hin und atme schwer
und denke nicht etwa an Tücke oder List,
nur — bleib bei ihr. Was jetzt geschah,
geschah nicht aus dem Ungefähr,
und was so weh aus ihrem Herzen schreit,
ihr Zorn und ihre bittre Heftigkeit,
sie geben dir die sicherste Gewähr,
wie schmerzlich tief und zärtlich nah
du ihr im letzten Grunde bist.

NEBENBEMERKUNG

Bin ich Flöte, bin ich Flamme?
Beides bin ich nicht.
An der Oberlippe eine Schramme
hab' ich und ein Mopsgesicht.

Doch man sagt, durch solche Nöte
wird ein Mensch oft rasch ein Held,
der, wenn sich der Zufall böte,
griffe ins Geschick der Welt

und ein ganzes Volk entflamme,
dass es nur für ihn noch brennt,
und, gleich einem wilden Stamme,
auf Befehl in die Vernichtung rennt.

So war es zu allen Zeiten,
und es könnte anders sein.
Doch ich will nicht weiter streiten
und am liebsten kleiner Pfeifer sein.

SCHWINDENDER SOMMER

Geschah das nicht in jenen Augenblicken,
die nochmals strotzen in der ganzen Fülle,
dass uns ein Traurigsein und ein Bedrücken
anrührte in der reifen Sonnenstille...?

Es war ein Tag, sehr spät im hohen Sommer,
und vor uns lag das weite, hingemalte Land.
Wir fühlten es viel inniger und frommer
wie etwas Wunderbares, das man nur erahnt.

Dem Himmel schien die Bläue ausgegangen,
glasklar war er, ins Letzte ausgespannt,
und leicht verwischt in seiner Blässe stand
die leere Sonne, schon vom Herbst verhangen.

Die Vögel sangen müd in Busch und Bäumen,
braungelb verfärbt war schon das Wiesenhaar,
und uns durchwehte eine Wehmut im geheimen,
die schwer von Bitternis des Alterns war.

Wir hielten kurze Rast vor einem Orte.
Noch luden runde Hügel in der Ferne ein.
Uns aber übermannte ein Beklommensein,
wir kehrten um und fanden lange keine Worte...

Novemberbilder

Kein Laut belebt die dickvermummten Weiten.
Die Nebel sind so schwer wie Regennässe,
und wenn sie steigend auseinandergleiten,
erschrickt der Tag vor seiner Totenblässe.

Denn er ist ausgeblutet bis zum Letzten
und atmet kaum mehr in der tristen Leere,
als ob in all dem fassungslos entsetzten
Hinsterben schon Geruch von Fäulnis wäre.

Die Rehe sind schon lang im Wald verschwunden,
vor dem sie ästen in der grauen Frühe.
Die aufgewachte Zeit hasst ihre eignen Stunden
und drängt sie fort mit ärgerlicher Mühe.

Hoch in der Öde fliegen Krähenreihen,
die zögernd auf die feuchten Äcker spähen
und dann im Weiterfliegen hässlich schreien,
weil sie den Hund tief in den Feldern sehen,

der es nicht zulässt, dass sie niedergleiten.
Er will zwei Kühe in die Herde treiben,
und heiser bellt er, springt nach allen Seiten,
weil sie so taub und unbeweglich bleiben.

Das scheucht die Spatzen aus den Apfelbäumen,
die kahl und fröstelnd an der Straße stehen
und hoffnungslos von Schnee und Kälte träumen,
als hätten sie den prallen Sommer nie gesehen...

Du träumst noch vom September blickst ins Blaue
und lächelst im Erinnern weh und schüchtern.
Doch jeder Schritt ins bleiche, uferlose Graue
macht deine schmale Freude fad und nüchtern.

Der Hund zwang endlich seine Kühe in die Herde.
Sie brummen kurz und zeigen ihm den Hintern,
und über allem, greisengrämlich wie die Erde,
bangt auch dem Himmel vor dem Überwintern...

Schwerer Winter

Wer will sich jetzt noch in das Freie wagen,
seitdem sich Feld und Wald im Schnee verlieren
und fast die Luft erstickt im grenzenlosen Weiß?
Der See kann seine Wasser nicht mehr rühren
und grollt zuweilen ruckweis' unterm dicken Eis
wie ein betrunkner Riese mit zu vollem Magen.
Die Fische schrecken auf, wenn sie das Grollen spüren.
Sie fangen an, einander wild zu jagen,
und stoßen mit den dummen Mäulern an das Eis.

Wir sitzen tagelang vergrämt im Warmen,
und Nachbarn sehn uns viel am Fenster stehen
und denken, dass auch uns nichts mehr verbleibt,
als diesem dicken Schneien traurig zuzusehen.
Der Rost frisst uns in Brust und Bein und Armen,
und jeder spürt, dass er ins Sterben treibt.
Wir suchen bang, wo denn der blaue Himmel bleibt,
und fürchten uns, den eingefrornen, armen,
unendlich langen Winter nicht zu überstehen.

Und draußen balgen sich im Schnee die Kinder.
Sie wissen sich vor Lust kaum noch zu lassen
und überpurzeln sich in wildem Übermut.
Sie können hemmungslos die Zeit verprassen,
weil ihnen weder Winter noch das Leben wehe tut.
Wir sehn sie an, und uns durchweht ein linder,
sehr warmer Strahl. Und eh' es die Gedanken fassen,
schlägt unser schweres, altes Herz geschwinder,
als hörten wir ihr starkes Echo im erfrischten Blut.

SINNGEDICHTE

I.

Aller Anfang ist Liebe im Hass,
denn was wäre ohne Dunkel das Licht.
Wilde Begierden brennen
in deinem Innern, eh du beginnst,
doch du kennst ihren Ursprung nicht
und kannst sie vom Willen nicht trennen,
wenn du auch spürst: Ohne Unterlass
verwirren sie ständig, was du ersinnst,
und in der Lust deines Ringens
sind sie dir Marter zugleich.
Lechzend nach Liebe irrst du herum
und suchst nach dem Namenlosen
in der Wildnis des Lebens,
die der Hass dir erschlossen,
und am Schluss deines Strebens
verlöscht die Spur allen Gelingens,
und es umgreift dich das Schattenreich.
Zerronnen sind all deine Leiden und Mühen
wie deine vergeblichen kleinen und großen
Triumphe, dein Glanz und dein Ruhm,
und eh dir die Kraft und die Sinne entfliehen,
erhebt sich im düsteren Nichts ein bittres ›Warum‹.
Doch am Eingang des Hades lächelt verstoßen
die hilflose Liebe und segnet dich stumm.

II.

Es lässt sich nichts erschleichen,
du musst es leiden oder du musst weichen
vor dir.
Es geht um dich und immer nur um dich!
Du musst erstarken im Verlassensein.
Es stehen tausendmal im Kreis die gleichen
geheimen Mächte auf und reichen
sich unsichtbar die Hände für und für
und drängen dich in deine Furcht zurück.
Gleich einem Rudel Wölfe streichen
sie lauernd jede Nacht um deine Tür
und zwingen dich zum Feigesein.
Es geht um dich und immer nur um dich,
wenn Eitelkeit und Mut entweichen,
als wären sie ein Missgeschick.
Denn du bleibst selbst im besten Falle
gepeinigtes Geschöpf wie alle,
hineingesät ins dunkle Riesensein
als kleines Du und wirres Ich,
das nur erkenntlich wird am Widerhalle...

III.

Lass dich nicht beirren,
wenn die Zweifel schwirren
mächtig um dich her!
Glaube! Glaube! Glaube!
Jeder ist ein Schifflein, weit im Meer,
ganz verlassen und allein.
Sturm und Wellen gieren
drohend um dies kleine Sein,
das die Furcht in banger Hoffnung hält.

Glaube! Glaube! Glaube!
Bis der zähe Zweifel fällt
und die dunkle Furcht verflieht.
Einmal winkt im Blau die Taube,
und sie bleibt dir zugesellt,
bis dein Aug' das Ufer sieht.
Glaube, glaube, glaube!

IV.
Sag machmal amen,
wenn es köstlich war,
und rechne sehr genau zusammen,
was hell und dunkel in dir war,
und nenne alles Schlechte klar
bei seinem schlechten Namen.
Nur so entgehst du der Gefahr,
dein eigner Gott zu werden,
und es wird offenbar,
dass deine Weltbeschwerden
nur Mängel in dir selber waren.
Sag manchmal amen,
wenn es köstlich war.

V.
Nichts, was du ersinnst,
geht je wieder verloren.
Mit allem, was du beginnst,
wird etwas geboren,
Mensch, du alleiniger,
du Vereiniger
alles dessen, was ist.

Nichts, was du gewinnst,
bleibt dir erhalten,
aber eh' du zerrinnst,
sehn deine alten Augen das Vielgestaltige,
Gewaltige,
dessen winziger Teil du bist.

VI.
Misstraue der Wahrheit, wenn sie dir zusagt
und bequem für dich ist.
Schätze sie hoch, wenn sie es wagt,
zu entlarven, was du im Innersten bist.
Missbrauche sie nie als Strenge und List
gegen den andern.
Dann erst hat dich die Weisheit gegrüßt
und segnet dein irdisches Wandern...

TROST IM HERBST

Der Ruf der Vögel ist schon längst verklungen.
In ferner Stille, auf den Rücken runder Hügel
strebt himmelwärts der ausgestorbne, kahle Wald
und sehnt des Sommers Duft und Pracht zurück.
Der See liegt reglos da, ein flacher Riesentiegel,
und auf verlassnen Wiesen, die das Ufer säumen,
versiecht das abgemähte karge Gras. —
Dem Kleinsten hat der Herbst die Trauer aufgemalt,
und uns ergreift — ich weiß nicht, was —
bei dem verlornen Schreien jeder fernen Krähe
die ungewisse Angst vor einem schrecklichen Geheimen,
das uns beklommen macht und bitter stimmt,
als ob ein jeder nur sein eigenes Sterben sähe. —

Doch ist die Luft nicht klar wie frisch gewaschnes Glas
und glänzt, als berge sie ein unsichtbares Glück,
das uns berauscht in manchen guten Träumen?
Der See strahlt lächelnd in die blasse blaue Höhe,
in welcher da und dort ein weißes Wölkchen schwimmt,
als gäbe er der Sonne den geschenkten Glanz zurück.
Ein krummer, kahler Ahornbaum, ein Reh, das mit den Jungen
vom Wald herkam, bestaunen sich im stummen Wasserspiegel,
und eine Riesenruhe sinnt in hohen, weiten Räumen,
die zaubert uns das Ferne in die nächste Augennähe.
Wir sehn das Winzigste, das wache Ohr vernimmt
das Leiseste, und eine Ahnung spreitet sacht die Flügel.
Das Wasser fühlst du plötzlich strömend schäumen
und bist verwundert über sein erwachtes Glänzen
und spürst, es kennt so wenig wie der Himmel und die Luft
das Altern und den Tod. Sie sind dem Nichts entsprungen
und einzig da, um sich im Sein beständig zu ergänzen.
Was zitterst du, wenn dich der Herbst anruft?

WALDGANG

Hörst du die Ruhe?
Hörst du sie,
die summend-leise Melodie
der grünen Stille in den Bäumen?
Die Sohlen deiner Schuhe
sind weich wie nie!
Moos hindert sie
am lauten Tritt, und wie beim Träumen
erstirbt dir langsam jedes Zeitgefühl.
Es lebt zuviel
von Freiheit in den blattgedeckten Bäumen!
Sanft knackt ein Ast, ein Eichhorn jagt,
geschwind verschwirrt ein Vogelruf,
und nicht die kleinste Winzigkeit versagt
sich deinem Auge, deinem Ohr.
Dein Herz wird weit wie nie zuvor,
und plötzlich spürst du im Geheimen,
wie leer dein Tag und Jahr,
der Lärm in deinem Leben war,
und unbegreiflich ist dir dies Versäumen. —
Hörst du die Ruhe?
Höre sie,
die summend-leise Melodie
der starken Stille in den Bäumen! —

Wehmütiges Erinnern

Wann war das, dass wir uns verwunschen küssten
und nicht mehr wussten, ob wir fallen oder steigen?
Die runden Hügel glichen braunen Frauenbrüsten,
die sich verliebt der letzten Sonne zeigen.

Verloren war der Blick im wolkenlosen Blauen,
und unsre Körper glitten in ein Schweben,
als füllten wir den ganzen Raum des rauhen
und kahlen Herbstes mit verjüngtem Leben.

Wie lang ist das schon in der Zeit zergangen
und tropft nur manchmal aus den Traurigkeiten!
Die Hügel sind mit Nebelgrau verhangen.
Uns friert in diesen kalten leeren Weiten…

WESEN DER WEISHEIT

Zuletzt bleibt alle Weisheit nur gesprochen.
Ohnmächtig weht ihr Wort im Leeren:
entfernter Vogelruf und Atemhauch von Wind
im Herbst. — Wie viele Menschen hat sie angerührt?
Vielleicht war ihre Kraft bereits gebrochen,
als sie sich aussprach, um die vielen zu belehren,
und stirbt, wie alles, was im Nichts zerrinnt,
wenn es verbraucht ist und sich selbst verliert.

Den Schwätzern freilich, die den Zeitgeist machen
und sich erdreisten, sie ins Kluge zu verkehren,
wird sie zur Würze ihrer Unverbindlichkeit,
die nie zu unbequemen Pflichten führt.
Denn sie vermeinen: Einmal ausgesprochen,
verlange Weisheit nicht, sich in ihr zu bewähren,
und sei sie nur ein Denkspiel für die Plauderzeit.
Doch manchmal gibt es einen, der erspürt:

Der Weisheit Letztes bleibt doch ungesprochen.
Kein Name kann ihr Wesen je erklären.
Sie ist so jung und ewig wie die Zeit,
und nur der Sehnsucht, die vom Wissen weiterführt
ins Gütige, gelingt es manchmal, ganz hinabzurühren
ins reiche Wunder ihrer Undurchdringlichkeit,
aus der ein Wehen kommt, das, ausgebrochen,
zum Winde wächst, aus dem wir jenes Klagen hören,
das uns mit einem Mal verständlich wird
wie Mutterzartheit dem verstockten Kinde,
weil wir im traurigen Verlieren spüren,
dass Wind und Weisheit tief verschwistert sind
und nie zu irgendwelchen Zielen führen...

Zuspruch für später

Wenn ich gestorben bin, dann drücke du,
Geliebte, meine kalten Augen zu.
Ich weiß, du weinst
und wirst verzweifelt sein.
Die Zeit gleicht aus, und einst
wird auch dies Schwere leichter sein…

Ich bitte nur, wenn du auch noch so weinst
und in der Herzensnot vermeinst,
es ist zuviel für dich, du kannst es nicht:
Schau mir noch einmal ins Gesicht
und halte stumm mit mir und dir Gericht.

Wenn du nach dieser letzten harten Prüfung
trotz allem Weh, mit wägendem Gedächtnis
dir sagen kannst, mit mir erst habe sich
dein Leben ganz erfüllt als dein Geschick,
dann wird, was ich dir war, mehr als Erinnerung
und wirkt in dir als zeugendes Vermächtnis.

Das wird dich stärken, wenn der Niemandswind
manchmal den Eishauch von Verlassensein
kalt in dein Inneres weht, geliebtes Kind,
und fassen wirst du, dass im Menschensein
die größten Dinge Schmerz und Liebe sind.

HEUL DU NUR MIT DEN WÖLFEN...

Heul du nur mit den Wölfen,
um etwas auf der Welt zu sein.
Zuletzt kann keiner dir mehr helfen,
zuletzt bleibst du allein. —

Da stehn sie traurig und bereiten
sich insgeheim schon vor,
wie sie den Schmerz bestreiten
an deinem Grab, du Thor!

Du kannst nun ruhig sterben.
So ist der Lauf der Welt.
Schon jetzt bist du den Erben
nur noch dein Haus und Geld. —

Und was ist sonst zu melden?
Man streicht dich im Adreßbuch aus.
Vergessen werden Größen, Helden!
Das Leben macht sich gar nichts draus. —

Undatierte Gedichte aus dem Nachlass

ALTER DES WESENLOSEN

Schon schwindet deines Auges Glanz, der Blick
kehrt sich nach innen,
Anblicke suchend, die die Außenwelt
versagte.
Dass über deinem Knabensehnen
die Zeit verstrich, die dir so viel verhieß...
Dein Haar gebleicht von ungetragenem Leid;
dein Haupt gebeugt von ungetragener Last.
Kein heiliges Schicksal brach dich,
Wesenloser.
Nur die den Stein höhlt, höhlte dich: die Dauer.
Du nie ergriffener, was trägst du
in dir, das je ein Gott anrühren könnt'?
In den Geschlechtern ging dein Blut zu Ende,
wie ein Ball ausrollt auf der Ebene.
Hoffnung — ein Schein vor dir
und hinter dir ein Glanz — Erinnerung.
Zwischen zwei Scheinen,
sprich,
wo ist dein Stern?

AUSKLANG

Tage, Wochen, über vierzig Jahre
habe ich an euch geschmiedet und gefeilt.
Doch ich weiß genau, ich fahre
leer ins Nichts, wenn mich der Tod ereilt
und wie Wind verweht mein Wort im Sein...

Bücher schrieb ich eine ganze Menge.
Manche waren gut, die meisten schlecht.
In der Eitelkeit, im Weltgedränge
war ich oft von wilder Kraft bezecht,
und ich glaubte, ein Talent zu sein. —

Diese Bücher wurden mir zuwider.
Jedes Lob hat mich im Grund beschämt,
denn ich ging beständig auf und nieder
in mir selbst und wurde allen fremd.
Nichts von mir verblieb als Widerschein. —

Doch die Laute, die ich einst gestammelt
damals in der frühen Jugendzeit,
drängten sich wie neugesammelt
immer voller in die taube Einsamkeit,
und ich fragte mich: »Wie kann das sein?«

Wie erklärt sich dieses Nichtvergessen
solcher Klänge, die so klar und keusch,
stark und wie von ewigher gewesen
überklingen alles Zeitgeräusch?
Stumm erfasst mich ein Ergriffensein. —

Tage, Wochen, vierzig schwere Jahre,
liebe Verse, habe ich mit euch geteilt
und nun ist mir, als bewahre
sich in euch, was nie ein Tod ereilt.
Dies zu wissen, muss die Sendung sein. —

DEM DICHTER

Dein Gestalten:
nenn's Gedächtnis.
Sei beflissen,
das Vermächtnis
zu erhalten.

Sei bescheiden:
nenn dein Leiden
halbes Wissen.

Der Dichter

Er ist ein Element aus Sturm und Stille
und stets berückt von grenzenloser Fülle.
Immer ist Sehnsucht und viel Traurigkeit
in seinem suchenden Blick
und nur manchmal ein Schimmer von Glück.
In ihm erglühen alle Dinge gleicherzeit:
Reglose Weiden, deren Astwerk blattschwer niederhängt
in einen Weiher, auf dem uralter Friede träumt.
Hoch im gefleckten Himmel, der die Fernen säumt,
ziehn Wolken, windverdrängt...
Was mit uns geht von kindauf bis zum Tod:
Der Wechsel und der Ruch der Jahreszeiten,
der Lärm der Städte und die unbekannten Weiten,
wie wandelt sich alles in ihm zum stolzen Gebot! —
Den meisten fremd, ganz traumverloren, fassungslos
und doch dem Kleinsten einverleibt,
der Quell zugleich und strömendes Verfließen,
so sinnt er jedem Wesen nach, das klar und groß
als Funke Ewigkeit in den Gezeiten bleibt. — — —
— — — — — — — — — — — — — — — — — — —
Immer aber wohnen Sehnsucht und viel Traurigkeit
in der kärglichen Kammer seiner Einsamkeit...

DER FLUCH

Wer jeden Tag die Fesseln neu zerschlüge,
die ihm an Leib und Herz und Heimat binden,
und jeden Tag des Hoffens eitle Lüge

entlarvte und, statt Traum und Trost zu finden,
ausrisse mit der Wurzel sein Gewissen,
das ewig jammernde zu überwinden,

und in den Nächten, statt in kühlen Kissen
zu Gott zu beten, dass er ihm das Gute
im Schlafe schenke, mit den Finsternissen

der Hölle ränge und im Todesmute
aufschrie zu den Himmeln: Geist, erscheine,
dass nicht die Welt in Zweifelsnot verblute,

sprich Donnerworte, Gott! enthülle deine
umwölkte Stirn, dass loh dein Auge zürne,
lass Sterne stürzen, schleudre Felsensteine,

schlag Flammenstrahlen aus dem Haupt der Firne! —
wer mit Gebeten wie mit Hämmern schlüge,
der wäre wert, dass seine stolze Stirne

des Glaubens unsichtbare Krone trüge.

DER LÜSTLING SPRICHT

Tiefschwarz und glänzend muss die seidne Wäsche sein,
an manchen Stellen kühn durchbrochen und mit vielen Spitzen,
und straff um deine Hüften muss das glatte Mieder sitzen. —
Dein weißes Fleisch soll so obszön aus diesem Dunkel schrei'n,
dass sich der letzte Nerv entzündet und ein äußerstes Erhitzen
mein Blut erfüllt, wenn meine Augen kurz und trunken blitzen
und lüstern rinnen über dieses grenzenlose Köstlichsein. —
Die prallen Schenkel, deine volle Brust, die himbeerroten Zitzen,
die steif und spitz und wie bekrönend auf der Wölbung sitzen,
dein lustbereites Lächeln, und wie du jetzt dein schlankes Bein
noch überprüfst; die hohen Schuhe, die den Schwung betonen
und jede kleine Geste, welcher nur noch die Begierden innewohnen
— das alles macht dich so unsagbar festlich, so verlockend
reich! — —
Als hätten wir in voller Brunst erst jetzt als Leib begonnen,
durchströmen uns die immer neuen, unbekannten Wonnen,
und wenn dein süßer, schwerer Körperduft mich sturzbachgleich
in einen bodenlosen Abgrund reißt — das ist so ausgesonnen,
als seist du als ein Lustgebilde einem Liebesgott entronnen,
der jetzt vielleicht in einem Wald, an einem mondbeglänzten
Teich
von seinem Werke selig träumt. Sehr zärtlich will er uns
belohnen,
weil er im Fernen fühlt: Sein ganzes Wesen ist in uns geronnen.
Und, sinkend in die Wollust, werden wir ihm selber gleich...

DER TRAUM

Träumst du dem Wachen dich nahe, immer
nimmt ein tieferer Traum
restlos dich auf.
Aber unbändig drängt's
auf zum Erwachen in dir,
rätselhaft wie der Same zum Licht strebt.
Schicht um Schicht
schiebst du rastlos zurück,
unermeßlich Räume durchgleitend,
und es lösen sich
Angst und Lust
oft in Lächeln erkannten Betruges:
Bis dir die Bilder am Ende
schattenhaft nur noch und flüchtiger
mit dem Dunkel sich füllen der
unbeweglichen Nacht,
und der ruhelose Schlaf
bildlos und sanft wird
und gut wie zuvor.

DIE ERINNERUNG

Immer zeugend, strahlend jung
bleibt allein Erinnerung.
Sie erfüllt die spätre Lebensluft
mit dem Leuchten im verborgnen Wesen,
mit dem Bild, dem Hauch und Duft,
wenn die Jahre sich vom Zeitsein lösen.
Ich weiß heut' noch, wo die Rehe äsen
in der Nebelfrühe, nah am Wald,
und ich rieche, wieder knabenalt,
feuchtes Gras, durch das ich barfuß ging,
in den Sommern meiner Kinderzeiten.
Alles fremde Altern wird gering,
wenn als jähe Deutlichkeiten
schneeverweht der Tannenforst, die Ackerbreiten
frierend in der warmen Stube stehn
und die beißend kalten Winde wehn
mir durchs schüttre, graue Haar...
Tage, Jahre sind wie nicht gewesen,
Leben ist nur, was Erinnerung geblieben war. —

DIE LETZTEN ERSTEN

Wir, die verfemt im Dunkeln gehen
und kämpfen ums Licht,
werden wir wohl noch die Heimat sehen,
eh' unser Auge bricht?
Oft sind unsere Herzen so bang!

Ach, als Letzte geschlagener Legionen
ist unser Los am schwersten!
Morgen sind wir wieder die Ersten
im Kampf der Millionen
und machen den tödlichen Anfang.

Wir werden vielleicht das Gericht
über die Henker noch sehen.
Rote Fahnen werden überall wehen!
Aber die siegreiche Zukunft
erleben wir nicht.

Jeder von uns trägt den Fluch,
dass es so und nicht anders ist.
Wo wir auch hinsehn — leer ists und wüst.
Später vielleicht wird ein Buch
unsere Namen nennen... Mehr nicht. —

DIE TODESWEISHEIT

Nur nicht so kühn und nicht so überschwenglich!
Misstraue deines Herzens Jubelruf.
Auch deine große Seele ist vergänglich,
wie alles, was die Gnade Gottes schuf.

Und wäre nicht das Ende unabwendlich,
du fändest niemals zum Beginne Mut.
Das Leben endet — Tod nur ist unendlich,
die Nacht, in der dein Traum beschlossen ruht.

So lerne zeitig, dass du unbeträchtlich,
und Leid und Lüste ohne Schwere sind,
und in dein Herz alltäglich und allnächtlich
die dunkle Flut der großen Stille rinnt.

Die Unerlöste

Des Sommers, abends, wenn es endlich kühler wird
und ich allein durch viele ferne Strassen gehe,
beängstigt es mich, wenn ich plötzlich Männer sehe,
und ich erzittere und werde atemlos verwirrt.

Das ganze Blut jagt in mein aufgeschrecktes Herz
und haltlos fühle ich mich in den Taumel wehen
bei ihrem dreisten Lächeln, aber ihr Vorübergehen
treibt jedes Mal in meinen Körper einen matten Schmerz.

Hinwerfen möchte ich mich an die nächste Männerbrust
und mich wie blind den fremden Süchten schenken,
denn wer ermißt das Wüten in den brennenden Gelenken
und jene Unersättlichkeit der ersten Mädchenlust?

Doch wenn der Mond schon fahl am Himmel steht,
geh' ich erschöpft nach Hause wie die späten Huren
und beim Erwachen zeigen die umringten Augen Spuren
von meiner Gier, die nur der Traum noch übersteht. —

EISKRISTALL

Noch in des Falles
letztem Verzicht
trag ich das Licht
meines Kristalles,

trag ich des Schalles
Sternengesicht;
Lied und Gedicht
wird in mir alles.

Strenges Gebot
bindet die Schwärmenden
fest zur Gestalt —

doch erst des wärmenden
Hauches Gewalt
schenkt mir den Tod.

FREUND ZWEIFEL

Ich kann, was immer auch ersinnen,
stets steht ein Männlein hinter mir
und sagt: »Das sollst du nicht beginnen!
Lass ab davon, ich rate dir.«

Im Rausch des Tag's und auch beim Beten
des nachts und in des Schaffens Pein,
gleich ist er hinter mich getreten
und sagt: »Lass ab, du bist zu klein!

Du bist zum Kämpfen nicht geboren,
was du auch sinnst ist Widersinn.
Du hast die Schlacht schon längst verloren,
gib dich geschlagen — gib dich hin.«

HERBSTGANG
für meine Schwester Nanndl.

Wenn wir wieder heimwärtsfinden
durch die weiten Wälder unsrer Irre,
ist der Herbst schon da, und wir sind alt.
Viel ist ausgelöscht, wofür wir stritten,
denn die Tage scheinen langsam zu erblinden
und es ist, als ob die kahle Stille friere,
weil das Wintergrau den Himmel übermalt.
Nur das dürre Laub rauscht bei den Schritten...

Und wir denken traurig an den linden,
blauen Sommer, an die Vögel und die Tiere
und begreifen überwältigt ihre Einfalt.
Und wir fürchten, unsern Herzschlag höre
jemand, wenn wir schmerzlich und zerlitten
jene Zeichen in den längstverwachsnen Rinden
alter Bäume sehn, die wir hineingeschnitten,
als uns noch die Stunde wie ein Lächeln galt...

In den Wipfeln weint es von den Winden.
Rauher Frost greift ins Gefühl,
und wir stehen da wie starre Bitten,
weil wir hoffen, aus der Tristheit führe
endlich noch ein sicher Weg zum Ziel.
Doch der trübe Nebel schließt die Türe.
Wieder rauscht das Laub bei unsren Schritten...

Jähes Erschrecken

Gehst du, o Mensch, nicht täglich in das Nichts
und siehst doch Baum und Himmel, Seen und Wiesen
und buntbewegte Straßen? Im Raume deines Lichts,
durch das die farbenreichen Schatten fließen,
scheinst du geborgen und daheim zu sein, obgleich
in deinem Atmen und in manchen zitternden Sekunden
beklommne Angst aufsteigt, dass du verwirrt und bleich,
als hättest du dich lange außer dir befunden,
im Gehen einhältst und verloren um dich blickst,
weil nichts Genaues ist in all dem lauten Scheinen
als du und das, wovor du unbewusst erschrickst.
Da fühlst du, dass dies Furchtbare noch keinen,
der deinesgleichen ist, so eiseskalt erstarren ließ.
Und nichts bleibt dir, als wortberaubt hineinzuhören
ins hoffnungslose Herz. — Wie ists in diesen Augenblicken süß,
das Rinnen des erschrocknen Blutes noch zu spüren! —

Keusche Schönheit

Von unbekannter Strahlung kamst du her,
die keiner je begreifen konnte,
doch nimmer kann ich es vergessen,
dass du eine Welle gewesen,
die sich im Sommerlichte sonnte,
als du vorüberflogst wie Blitz von einem Speer. —
Du bist nur da, dich selber zu beglücken
und stark und rein von fern zu blinken.
Den ersten gierverruchten Blicken
verschwimmst du wie ein antlitzloses Meer,
dem keine Ufer winken...

LIEBESBRIEF EINES LÜSTLINGS

Du weißt es zwar, dass all mein Halt zerbricht
und dass ich schwelge in verborgenen Genüssen,
wenn Aug' und Lippen so verfänglich grüßen
aus deinem lüstern-lächelnden Gesicht. —

Und dennoch hast du erst durch mich gelernt,
wie viel an Unerschöpflichem in deinem schlanken
und alabasterweißen Körper ruht. Doch vom Gedanken
der Vollendung bist du noch himmelweit entfernt.

Ein ausgereifter Frauenleib ist stets ein Fund
für Männer, die, wie ich, das Letzte wagen,
doch solltest du nun doch ein Mieder tragen,
dein Bauch wölbt sich zu sehr, er ist zu rund. —

Verstehe mich nicht falsch, so eine Brust
wie du sie hast, erregt bestimmt die meisten Männer.
Indessen trag sie hoch. Zuerst prüft jeder Kenner
ihr stolzes Straffsein in dem Vorgefühl der Lust.

Bedenke stets: Nicht du bist du, es ist dein Kleid!
Warum bist du noch immer nicht gesonnen,
lasziv die rund-geschwungnen Hüften zu betonen?
Du bist doch sonst, mein Kind, so grundgescheit!

In deinem Gang teilt sich dein Wesen mit.
Mag dir mein Rat auch nicht so wichtig scheinen:
Der hohe Schuh verleiht erst deinen Beinen
den zauberhaften, kurzen Mädchenschritt. —

Lass' dir gesagt sein, manches ist vollbracht,
wenn du beharrlich strebst, dich wirksam anzuziehen.
Aus allem, was du bist, muss das Verwegne glühen,
das dich zur größten Lockung macht.

Und noch etwas: Verschenk' dich niemals nackt.
Die Wonnen, welche wilde Männersinne wollen,
entzuenden sich an der Umhüllung, am Geheimnisvollen,
in das sich kaum noch ein Gedanke wagt. —

Was macht dich denn so stark? Du weißt genau,
es ist die seidne Wäsche mit den reichen Spitzen.
Du musst beim bloßen Anblick schon erhitzen,
sonst bist du weder trunkner Augenblick, noch Frau. —

Der Augenblick! — Wird nicht der Sommer weit und breit
erst bunt und heiter durch die Blumen und die Falter?
Wir sinken, ohne es zu merken, in das graue Alter
und schnell verschlingt uns die Vergänglichkeit.

Mir bleibt nur tröstlich, dass dein süßer Duft
und jener zarte Schimmer deiner dichten Haare
erinnernd wehn durch meine spät'ren Jahre
als Ruch du Licht in meiner tristen Altersluft…

Rechtfertigung

Vielleicht hat nur ein Wind die Zeit dorthin gebracht,
wo Tag und Nacht sich altgewohnt vertauschen.
Sonst hat sich nichts Besondres zugetragen.
Nun wölbt sich groß die warme Silbernacht.
Ich höre einen Bach noch in der Nähe rauschen
und in der Ferne wo ein Käuzchen klagt...
Ist dieses tausendmal Gesagte
noch Worte wert für ein Gedicht...?

Viel größer ist, was unser Menschenhirn erdacht
und durchgesetzt hat in den letzten Jahren.
Bald werden wir zum Monde fliegen,
der unerreichbar schien in jeder Nacht,
und trotz der Kriege und der Weltgefahren
die letzte Krankheit und den Tod besiegen.
Warum preist keiner dieses kühn Gewagte
in einem rühmenden Gedicht...?

Was unsre Zeit aus dieser zähen Welt gemacht,
das werden uns noch Kind und Kindeskinder danken.
Stolz werden sie zu ihren Kindern sagen,
dass wir als Erste den Beweis erbracht
für die Gigantenkraft der menschlichen Gedanken.
Wer singt da noch von Nacht und Käuzchenklagen,
als ob er kindlichen danach trachte
zu reimen ein idyllisches Gedicht...?

Und doch wird immer noch die gleiche Silbernacht
und Bachgemurmel sein und Käuzchenklagen
nach vielen, vielen tausend Jahren,
wie Regen oder Wind, wie Sonne, die herniederlacht.
Und Kinder werden in den Sommertagen,
wenn's blitzt und donnert, jäh zusammenfahren...
Ist dieses von der Ewigkeit Gemachte
nicht Worte wert für ein Gedicht...?

Ruf aus der Finsternis

Als ich noch ein Kind war, bist du oft
wenn ich schlief, an mich herangetreten.
Auch beim Spielen kamst du unverhofft,
und ich brauchte nicht einmal zu beten…
Eine Herzensnot, ein Ruf nach dir,
eine kleine Sünde heiß zu büßen —
siehe da, du standest hinter mir,
ich erschrak und sah den Glanz auf meinen Füßen.

Später bat ich dich auf wunden Knien
und in bitter-heißem Händefalten —
ach, du warst so schwer herabzuziehen,
und ich konnte dich nur mühsam halten.
Und wie hab ich manchmal meine Hand
ausgestreckt, da mich der Zweifel rührte.
Schwere Nacht, da ich im Dunkeln stand,
einsam und vergebens tastend nach dir spürte.

Heute bin ich an die Dunkelheit
längst gewöhnt, und mit der Hand des Blinden
führ ich meinen Stab durch Last und Leid.
Herr, ich will dich auch im Finstern finden.
Neige dich als mildes Traumgesicht.
Lass mich wieder ahnend dich umfangen.
Lösch die Flamme, lösch das letzte Licht,
aber leb in mir als brennendes Verlangen.

SCHWÄRMEREI EINES BETRUNKENEN

Kein Fenster glimmt mehr in den Häuserwänden
und alle Straßenaugen sind erblindet.
Irgendwer hat stumm das Welttor zugemacht
und wo ich hinschau' ist es triste Nacht.
Was ist mit meinen Füßen nur?
Sie spüren plötzlich nimmer den Asphalt
und meine Glieder sind verdoppelt wach.
Tief unter meiner schwanken Schritte Spur
ist Glockenläuten jäh erschallt
und ich lausche und mache atemlos Halt.
Da fängt es rundherum zu wanken an,
der ebene Boden wölbt sich zu den Sternen,
die fremd und glasig auf mich schau'n,
als sei ich ihnen ungebetner Gast.
Groß brennt der Mund und mitten durch sein Tor
geh' ich und halte schnaubend Rast
und komm' mir wie verwunschen vor.
Herrgott, jetzt bin ich ganz allein
und das ist gar nicht schön.
Ich werde einmal richtig schrei'n.
Aha, ich lieg ja bloß in einer Pfütze drinn' —
Gott sei's gedankt, die Welt ist ja so schön! — —

SCHWERMUT

Schrecklich ists, in späten Jahren
großes Glück zu haben!
Sei's die Liebe, der Erfolg, der Ruhm,
du verbrennst, statt dich daran zu laben.
Und es treibt dich in der Welt, der Zeit herum,
ohne Sinn und Ziel, als stünden die Gefahren
und die Hemmnisse der Jugend noch um dich.
Plötzlich fühlst du: Du bist leer.
Ernst und Größe werden jämmerlich.
Alles kommt daher auf Totenbahren,
schon bestimmt für's Nimmermehr...

Tierantlitz

Wie eine Brücke zwischen Mensch und Tier
spannt sich ein Blick: aus ungeformten Zügen
und großer Tiefe drängt mit ungefügen
Gebärden das geheimnisvolle Wir.

Wie sollte dieses Auges stumme Gier, —
dieses auftauchende Begreifen trügen?
Ach, dieses flehend-kleine Ungenügen
wie wundermächtig steigts empor zu mir.

Und jenes Lächeln, das die Schöpferhand
noch aus der starren Fratze kaum befreite,
und dieser Blick aus Nähe und aus Weite —

ist das nicht rührender als das gescheite
Lächeln der Frauen? Ach, wer das erkannt,
der ahnt, was ihn mit seinem Gott entzweite.

Vor dem Spiegel

Sie stand vor dem kleinen Spiegel und strich
ihre Lippen und Augenbrauen.
Und sie wandte sich ab und fürchtete sich,
noch einmal hineinzuschauen.

War das nicht gestern, dass dieser Blick
sich seelig in seinem fing?
War das nicht gestern, dass ihr Geschick
noch in den Sternen hing?

Lag nicht ein leichter Morgenschlaf
zwischen heute und alle traf, —
hatte es sie getroffen?

Dieses ganze Übermaß,
das sie kaum zu fassen begann,
zerronnen, verronnen, noch eh' sie's besaß?
Und der Spiegel stand wie ein Stundenglas,
in das der Abend rann.

Nachwort

»Ich bin ja ein alter, sehr altmodischer, aber leidenschaftlicher Lyrikleser, und wenn ich besoffen bin, fallen mir alle möglichen Verse ein, die ich dann mit dem gehörigen Schmelz zitiere«[1], schrieb Oskar Maria Graf am 14. Januar 1945 an seinen Freund Kurt Kersten. Dass Graf nicht nur ein leidenschaftlicher Lyrikleser gewesen ist, sondern selbst zahlreiche Gedichte geschrieben hat, ist bisher kaum bekannt.

Der literarische Durchbuch gelang dem 1894 in Berg am Starnberger See als neuntes von elf Kindern eines Bäckerehepaars geborenen Oskar Maria Graf mit einem Roman. Als »Wir sind Gefangene. Ein Bekenntnis aus diesem Jahrzehnt« im Jahr 1927 beim Drei Masken Verlag in München erschien, avancierte Graf schnell zu einem anerkannten Schriftsteller. Zwar hatte er bereits mit früheren Veröffentlichungen wie »Frühzeit« (1922), »Bayrisches Lesebücherl« (1924) oder »Die Heimsuchung« (1925) auf sich aufmerksam gemacht, doch mit seinem autobiografischen Roman über die Revolution von 1918 in München wurde er auch international bekannt.

Dabei sind es zwei Gedichtbände, die den Anfang von Grafs literarischem Schaffen markieren. Im Jahr 1918 debütierte er mit »Die Revolutionäre«, ein Jahr später folgte »Amen und Anfang«. Einem Brief Grafs an den Cotta-Verlag vom 24. No-

vember 1911 ist zu entnehmen, dass er bereits als 17-jähriger ein
dreibändiges Gedichtwerk mit dem Titel »Die Fahrt ins Leben«
vollendet hatte.[2] Offensichtlich war Cotta nicht interessiert —
aus welchem Grund lässt sich nicht einmal mutmaßen, denn von
dem dreibändigen Werk fehlt heute jede Spur. Möglicherweise
ging es bei Grafs Emigration im Jahr 1933 verloren oder es ist der
Vernichtung durch seinen Autor anheimgefallen. Graf offenbart
sich an vielen Stellen seiner autobiografischen Schriften als er-
barmungsloser Zerstörer seiner eigenen Literatur. Zum Beispiel
schrieb er Ende des Jahres 1961 an Josef Luitpold Stern, er habe
nach der Durchsicht der etwa 10000 von ihm verfassten Ge-
dichte alle bis auf etwa 100 verbrannt.[3]

Tatsächlich umfasst allein Grafs lyrischer Nachlass, der in
der Bayerischen Staatsbibliothek aufbewahrt wird, rund 700 Sei-
ten. Er enthält neben handschriftlichen Aphorismen und zahl-
reichen Fragmenten, sowie mehrfachen Kopien und Abschriften
von Gedichten, vor allem vier von ihm selbst zusammengestellte
Sammlungen, die jedoch nie zur Veröffentlichung kamen: Der
Zyklus »Worte an den Einen« ist mit Juli 1921 datiert und dem
Literaturprofessor Roman Wörner gewidmet, der Graf damals
finanziell unterstützt hat. Die etwa 120 Gedichte aus der Samm-
lung »Gedichte eines unbekannten jungen Mannes« sind einer
Anmerkung im Vorwort zufolge in den Jahren 1919 und 1920
entstanden und tauchen teilweise in überarbeiteter Form und
unter einem anderen Titel in der späteren, ebenso unveröffent-
lichten Anthologie »Gedichte aus dem Exil 1933–41« wieder auf.
In der Sammlung »In den Wind gesprochen. Nachlese neuer
Gedichte aus dem Exil 1941–42« überwiegen Erstfassungen. Für
den 1962 anonym veröffentlichten Band »Altmodische Gedichte
eines Dutzendmenschen« hat Graf viele dieser Gedichte noch
einmal überarbeitet.

Zusammen mit den zahlreichen, vor allem während der zwanziger und fünfziger Jahre in Zeitschriften und Arbeiterlyrik-Anthologien veröffentlichten Gedichten Grafs und dem 1954 erschienenen Gedichtzyklus »Der ewige Kalender« lassen sich aus rund 420 unterschiedlichen Fassungen etwa 340 Gedichte ausmachen.

Mit diesem Band liegen sie zum ersten Mal gesammelt vor.[4] Auch wenn mit der Anzahl der hier versammelten Gedichte bewiesen ist, dass Graf in seinem Brief an Stern geflunkert hat und mehr als 100 seiner Gedichte vor der Vernichtung bewahrte, ist er durchaus ernst zu nehmen in der Selbstkritik, die diese Briefzeile widerspiegelt. Nicht nur historische und politische Gegebenheiten, wie Grafs Emigration nach der Machtübernahme der Nationalsozialisten im Jahr 1933, die ihn zuerst nach Wien und dann nach Brünn führte und in New York schließlich zu einer »Diaspora« wurde, verhinderten die Veröffentlichung seiner Gedichte, sondern auch seine anhaltende Unzufriedenheit mit dem eigenen lyrischen Schaffen. Zahlreiche Textstellen aus Grafs Korrespondenz mit Freunden und Kollegen weisen darauf hin. So schreibt er zum Beispiel am 16. November 1954 an Hilde Claassen: »Dass Du, liebe Hilde, tatsächlich ›Amen und Anfang‹ noch hast, fand ich rührend. Aber, bitte, zeig es niemandem, das ist doch was schrecklich Blamables für mich — etwas wie freche Charlatanerie in der Jugend.«[5] Ein weiteres Beispiel für Grafs kritische Haltung seinen eigenen Gedichten gegenüber bietet der Briefwechsel mit Karl Dietz. Dieser hatte sich Anfang der 1950er Jahre bereits einverstanden erklärt, Grafs Sammlung »In den Wind gesprochen. Nachlese neuer Gedichte aus dem Exil 1941–42« im Rudolstädter Greifenverlag zu publizieren, als Graf plötzlich das Manuskript zurückforderte. »[...] ich bin mit den meisten dieser Gedichte noch immer nicht einverstanden und arbeite seit Monaten an der Ausfeilung«[6], schrieb Graf im

April des Jahres 1952 an den Verleger. Der Greifenverlag brachte schließlich Neuauflagen von Grafs Romanen »Bolwieser« und »Anton Sittinger« sowie eine vom Autor überarbeitete Ausgabe der »Kalendergeschichten«, die Gedichtsammlung aber blieb unveröffentlicht und war auch nie wieder Gegenstand des Briefwechsels zwischen Dietz und Graf.

Dass sich diese »Ausfeilung« teilweise über mehrere Jahrzehnte hingezogen hat, ist einem Brief Grafs an seine Freunde Else und Gustav Fischer aus dem Jahr 1948 zu entnehmen:

»Auf einmal nämlich habe ich mich hingehockt und angefangen, die unzähligen Schwärmereien und Gedichte, die ich in den dreißig Jahren zu Papier gebracht habe, noch- und nochmal umzuändern, dran zu feilen, auszusortieren, vielvieles zu vernichten, na und da bastle ich nun seit Wochen und Wochen herum an diesen scheinbar ›unnützen, abwegigen‹ Sachen, bin nie zufrieden, aber doch irgendwie glücklich dabei. Glücklich für mich, aber unsicher anderen gegenüber, ich möchte fast sagen, scheu, beschämt, denn diese Gedichte werde ich wohl nie veröffentlichen. [...] Mirjam ist die allerkritischste, macht mich oft ganz traurig [...]. Sie meint, es sind oft ganz überraschende Zeilen in so einem Vers, aber es klingt nicht. Auch findet sie das meiste zu gedanklich. Nun, da ich ja über all das sehr nachgrüble und eine geradezu panische Angst vor der Banalität habe, da ich aber auch nicht reimen im üblichen Sinn kann und durchaus alles mit der größtmöglichen Einfachheit ausdrücken möchte, so kommen eben rhythmische Unebenheiten raus — wahrscheinlich, weil mir, der ich alles zu sehr greifbar und sinnlich sehe, immer das *Bild* und die Stimmung wichtig ist.«[7]

So tauchen zum Beispiel viele der bereits für die Sammlung »Gedichte eines unbekannten jungen Mannes« (1919) vorgesehenen Gedichte in veränderter Fassung in »Altmodische Gedichte eines Dutzendmenschen« (1962) wieder auf. Die Ähnlichkeit der beiden Titel verweist auf die Verwandtschaft ihres Inhalts. Die Anonymisierung der Autoridentität ist ihm wichtig, damit sich »der Leser unbeeinflusst eine eigene Meinung machen kann«[8]. Über die Entstehung der Gedichte schreibt Graf als Anonymus im Vorwort zu der Sammlung: »Aus reiner Wortlust und neugieriger Klangspielerei hat er [der Verfasser] fast vierzig Jahre an vielen dieser Gedichte herumgebastelt und gefeilt, und nur ganz wenige blieben so, wie sie ursprünglich niedergeschrieben wurden.«[9]

Viele Gedichte sind in unterschiedlichen Fassungen oder mit unterschiedlichen Titeln versehen in Zeitschriften oder Anthologien veröffentlicht worden. Zum Beispiel erschien das bereits für die Sammlung »Gedichte eines unbekannten jungen Mannes« vorgesehene Gedicht »Gewitter« unter dem neuen Titel »Ausbrechendes Gewitter« 1950 in der FRANKFURTER RUNDSCHAU und 1962 in »Altmodische Gedichte eines Dutzendmenschen«. Die New Yorker Exilzeitschrift AUFBAU brachte es 1949 zwar unter dem ursprünglich vorgesehenen Titel, aber in einer leicht veränderten Fassung. Das Gedicht »Warum mein Gott...?« aus »Gedichte eines unbekannten jungen Mannes« ist in »Amen und Anfang« (1919) und in der Zeitschrift DIE ROTE ERDE (1919) unter dem Titel »Schmerzliche Stunde« in veränderter Fassung abgedruckt. Unter der Überschrift »Monolog um den verlorenen Gott« ist eine weitere Version davon in »Altmodische Gedichte eines Dutzendmenschen« zu finden.

Vorliegende Textedition versammelt die nachweislich frühesten Fassungen der Gedichte Grafs. Je öfter sie überarbeitet worden sind, desto mehr verlieren sie ihre ursprüngliche Aussage. Doch gerade diese reflektiert Oskar Maria Grafs Literaturverständnis: Er betrachtete Literatur als politische Waffe und so spiegeln seine Romane, Erzählungen und auch Gedichte immer den gesellschaftspolitischen und kulturhistorischen Kontext wider, der ihre Entstehung motiviert hat. Die Erstfassungen ermöglichen diese historische Unmittelbarkeit, während in den späteren Fassungen häufig die Ernüchterung mitschwingt, die der sich verändernde politische Diskurs mit sich brachte. Gerhard Bauer bemerkt zu dieser Problematik äußerst treffend:

»Diese Weiterarbeit und auch die schonungslose Destruktion von Illusionen ist eine Leistung für sich. Dennoch sträuben wir uns als Leser, die Verschiebung und Entwertung in jedem Fall mitzumachen. Wir wollen uns in den neunziger Jahren die Bemühungen der zwanziger und dreißiger Jahre nicht unbedingt durch die Brille der sechziger (oder fünfziger) Jahre aneignen. Wir sind noch weiter entfernt, verhalten uns historischer zu ihnen, wollen sie deshalb aber auch ursprünglicher, authentischer gewahr werden.«[10]

Die Anpassung der Aussage der Gedichte an den jeweiligen politischen Diskurs ist bedingt durch Grafs Anspruch, politisch zu wirken. Diese Haltung zeigt, dass für Graf politisches und ästhetisches Engagement nicht voneinander zu trennen waren.

Oskar Maria Graf war zeitlebens Anarchist. Seine Kindheit und Jugend waren geprägt von den Schlägen seines ältesten Bruders Max, der nach dem Tod des Vaters die elterliche Bäckerei mit harter Hand führte. Die Erfahrung der psychischen und physischen Unterdrückung quälte Graf nicht nur ein Leben lang, sie impfte ihm auch eine tiefe Solidarität mit den Schwachen der Gesellschaft ein, die sein schriftstellerisches Werk nachhaltig prägte.

Seine Werke sind Anleitungen zum Widerstand, die literarische Exemplifizierung der anarchistischen Grundsätze, mit denen er sich sein Leben lang auseinandergesetzt hat. Von Stirner über Bakunin bis Tolstoj spielen seine Romane und Erzählungen sämtliche Varianten des Anarchismus durch und üben die entsprechende Kritik am herrschenden politischen System, wie er sie in der Gruppe »Tat« kennengelernt hatte.

Seine politische Prägung motivierte Grafs individualanarchistischen Widerstand gegen das Militärsystem während des Ersten Weltkriegs. Er verweigerte die Befehle seines Vorgesetzten mit schallendem Gelächter, bis er als vermeintlicher »Idiot« in eine Nervenheilanstalt eingeliefert wurde. Gegen die zweifelhaften Heilmethoden dort wehrte er sich mit hartnäckigem Schweigen und schließlich mit Hungerstreik, bis er 1917 als untauglich aus dem Militärdienst entlassen wurde.

Zurück in München, beteiligte er sich im Januar 1918 am Munitionsarbeiterstreik, war dabei, als Kurt Eisner in der Nacht vom 7. auf 8. November 1918 den »Freistaat Bayern« proklamierte und arbeitete in der anarchistischen Räterepublik vom 7. April 1919 als Zensor für die bürgerliche Presse. Dennoch war Graf während der Revolutionszeit noch hin- und hergerissen zwischen Michail Bakunins »Propaganda der Tat« und Lev Tolstojs altruististischem Sozialismus, zwischen Gustav Landauers Plädoyer für ein sozialistisches Wir und Max Stirners Individualanarchismus. Mit Stirners egoistischer Aussage »Was soll nicht alles meine Sache sein!« rechtfertigte er womöglich vor sich selbst, dass er nächtelang lieber feiernd in der Villa eines befreundeten Millionärs zubrachte, als sich aktiv am politischen Kampf zu beteiligen.

Graf entging dem so genannten »Weißen Terror« ironischerweise nur, weil er wieder an einem mehrtägigem Saufgelage teilnahm, als die von der nach Bamberg geflohenen Koalitionsregierung unterstützten Freikorps Anfang Mai 1919 in München einmarschierten. Verhaftet wurde er dennoch. Tagelang saß er mit Dutzenden anderer Aufständischer in einer Zelle und fühlte sich in seiner Todesangst und Enttäuschung über die gescheiterte Revolution mit ihnen verbunden. Auf die Fürsprache Rainer Maria Rilkes hin, der ein Freund von Grafs späterer Frau Mirjam war, wurde Graf freigelassen und entging so wahrscheinlich dem Todesurteil.

Die Erfahrung der gemeinsamen Haft stärkte Grafs Solidaritätsgefühl mit den Arbeitern — Stirner hatte für ihn an Plausibilität verloren. Nun arbeitete Graf für kurze Zeit als Dramaturg an einer Arbeiterbühne, engagierte sich unter anderem in den Gewerkschaften, bei der Roten Hilfe und wurde Ende der zwanziger Jahre Vorsitzender des Münchner Sacco-und-Vanzetti-Komitees, das für die Abschaffung der Todesstrafe kämpfte.[11] Noch kurz vor seinem Tod schrieb er an seinen ersten Biografen Rudolf Recknagel: »Ich bin seit eh und je auf seiten der ausgebeuteten Kleinen gegen die macht- und raffgierigen Großen, bin nie Mitglied einer Partei gewesen, weder der SPD noch der KPD, weil ich gegen die Bonzen und für die Arbeiter bin und war. [...] Also passt so ziemlich gar keine Bezeichnung auf mich, am ehesten noch ›linksradikal‹.«[12]

Nach der Revolution konkretisierte sich nicht nur Grafs politischer Standpunkt, sondern auch seine Kunstauffassung. Diese dokumentiert eine Rezension Grafs von Erich Mühsams Gedichtband »Brennende Erde. Verse eines Kämpfers«, die im Oktober 1920 in der Münchner Neuen Zeitung erschienen ist. Mühsam hatte Grafs politische Gesinnung maßgeblich beeinflusst, als sich die beiden in der Gruppe »Tat« kennenlernten. Grafs Urteil zu den Gedichten Mühsams fiel allerdings nicht besonders schmeichelhaft aus. »In diesen Versen ist so viel Journalismus und so viel unwichtige Bagage, so viel Plattheit, dass es schade ist«[13], bemerkte der Lyriker Graf. Denn während für Mühsam allein der Inhalt eines literarischen Textes für die Revolutionierung des Lesers von Bedeutung ist, betont Graf auch die Wichtigkeit von Sprache und Form. Wie Mühsam wollte auch Graf fürs Volk schreiben, aber sich zugleich sprachlich von bürgerlicher, patriotischer und völkisch-propagandistischer Literatur abheben.

Die Auffassung von proletarisch-revolutionärer Dichtung, wie sie Graf vertritt, ist geprägt vom Expressionismus. Die frühen Veröffentlichungen Grafs in Zeitschriften sowie die ersten beiden Gedichtbände »Die Revolutionäre« und »Amen und Anfang« folgen in sprachlichem Ausdruck, Form, Thematik und Motivik den Charakteristika expressionistischer Literatur. Kulturpessimistische Tendenzen der Epoche, wie Tod und Verfall, Weltende und Schwächung des Ichs gegenüber einer übermächtigen Objektwelt als Konsequenzen von Verstädterung, moderner Zivilisation, Krieg und technischem Fortschritt, sind literarisches Programm.

Einzelne Passagen lesen sich dabei wie literarische Gemeinplätze. Die Thematisierung der Großstadt beispielsweise wirkt zum Teil mehr als modisches Accessoire und ist weniger von inhaltlicher Bedeutung für den Kontext des Gedichts. So zum Beispiel in »Den Kommenden«, wenn von »Städte[n], die drohend aufgeteilt weglang in / schrillen Bildern […] mit uns / sind […]«, die Rede ist. Das Gedicht beschreibt optimistisch die Überwindung der bisherigen politischen Strukturen und die Erneuerung der Gesellschaft im Sinne des Sozialismus. In diesem Zusammenhang ist die Thematisierung des Großstadterlebnisses als bedrohlicher Moloch nicht relevant.

Darüber hinaus werden häufig dieselben Bilder beschworen: Die Metaphern »Amen« und »Anfang« für Ende und Beginn tauchen vor allem ab dem Jahr 1919 immer wieder auf — nicht nur in dem gleichnamigen Gedichtband, sondern beispielsweise auch in dem Gedicht »Der Prophet«, das im Frühjahr 1920 in der Zeitschrift FEUER erschienen ist. »Angsttraum«, im selben Jahr veröffentlicht in der Zeitschrift DER ORCHIDEENGARTEN, wirkt in seiner Ästhetik des Grauens und seiner alptraumhaften Metaphorik geradezu schablonenhaft den Gedichten Charles Baudelaires oder den Erzählungen Alfred Kubins nachgezeichnet. Da sich kaum eines der anderen Gedichte Grafs zu dieser Zeit auf eine ähnlich fantastische Thematik wie »Angsttraum« beschränkt, ist anzunehmen, dass das Gedicht eine Auftragsarbeit für den ORCHIDEENGARTEN gewesen ist, dessen literarischer Schwerpunkt ganz offensichtlich auf der Darstellung transzendentaler Erfahrungen im Traum oder Drogenrausch lag.

Die Kritik an der bestehenden Gesellschaftsordnung durch die Darstellung ihrer Opfer, eine durchweg kapitalismuskritische Haltung und die »Propaganda der Tat«, wie sie vor allem in dem Band »Die Revolutionäre« zu finden ist, entspricht dagegen weniger dem Expressionismus, als sie bereits vorausweist auf die proletarisch-revolutionäre Literatur, die vor allem Johannes R. Becher prägte. Diese erfüllt vorrangig die Funktion, das Klassenbewusstsein zu stärken. Der kämpfende Arbeiter und die reale geschichtliche Situation in Deutschland während der Kriegs- und Nachkriegszeit stehen im Mittelpunkt. »Die Revolutionäre« und »Amen und Anfang« weisen auf das gemeinsame Schicksal von Arbeitern, Armen und Außenseitern hin, um die von der bürgerlichen Welt Verachteten[14] zu verbrüdern und Unruhe unter ihnen zu stiften. Die »sinnlich-bildhafte, kraftvolle«[15] Sprache, die diese Thematik beschreibt, ist jedoch expressionistisch geprägt und stellt damit ein Mittel zum Bruch mit der bürgerlichen Ästhetik dar, den Graf in den Gedichten Mühsams vermisste. Wie man die veralteten bürgerlichen Werte und Klassengrenzen überwinden wollte, so wollte man auch mit herkömmlichen sprachlichen Formen aufräumen. Dementsprechend fragt Graf in seiner Rezension:

»Ist es etwa nicht revolutionär, mit den alten Mitteln der Sprache aufzuräumen? Ist es etwa nicht gerade das Kennzeichen des Dichters, dass er – sofern es sich um einen echten handelt – ganz woanders zu gestalten anfängt, auf eine ganz andere Art formt und in die Menschen greift, als es momentan begreifbar ist? [...] Man kann heute mit genau derselben ›Kunst‹ parteipolitische, patriotische, revolutionäre Gedichte und Dramen anfertigen. Man kann also niemals gegen den patriotischen Dichter sein, wenn der revolutionäre mit genau denselben Mitteln arbeitet.«[16]

Mühsams Gedichte sind einfach gebaut und lehnen sich an überkommene, dem Volk bekannte Formen, Rhythmen und Liedmelodien an, weil er glaubt, dass diese den Massen am eingängigsten und damit am wirksamsten zur Revolutionierung der Gesellschaft seien. Durch ihr Festhalten am Primat des Inhalts leugnet diese Tendenz-Lyrik Erich Mühsam den Klassencharakter des Ästhetischen, und das hat auch Graf in seiner Rezension betont. Mühsams Lyrik hebt sich zwar durch die realistische Gestaltung der Probleme der Revolution deutlich von der seiner Zeitgenossen ab, doch nutzt sie die Stilrevolte des Expressionismus nicht, um dessen neue Formen mit proletarischen Inhalten zu füllen und dadurch für die parteiliche Gestaltung der Lyrik fruchtbar zu machen. Mühsam übersieht dabei, dass Bourgoisiekritik auch die kritische Haltung einer von der herrschenden Klasse geprägten literarischen Kultur beinhaltet[17], dass die Formen selbst Ausdruck einer bestimmten Ideologie und damit auch Botschaft sind.[18]

Die Gedichte Grafs lassen dieses Bewusstsein erkennen und zeigen die Verbindung zwischen proletarisch-revolutionärer Dichtung und Expressionismus. In der Lyrik von vor 1918 sowie in »Die Revolutionäre« und »Amen und Anfang« sind keine traditionellen Reimschemata festzustellen, die Sprache ist stark geprägt von Neologismen, ähnlich wie bei seinen Zeitgenossen Jakob Haringer oder Franz Werfel. So appelliert Graf beispielsweise an »hellhinstürmende, fernseherische Abenteurer« und konstruiert Adjektive wie »taglahm«, »lastberaubt«, »ohnmachtslieb«, »adamsschwer«, »dumpfzerschrien«, »musikdurchgrellt« oder »sternblank«. Eine Brücke wird mit einer rostigen Zange assoziiert, die dunkle Kammer mit einem »Totenschrein«. Adjektive werden dem konventionellen Sinnzusammenhang entrissen und mit Substantiven variiert, mit denen sie für gewöhnlich nicht in Verbindung gebracht werden. Dadurch gewinnt Grafs Sprache an Ausdrucksvermögen, bekommt eine individuelle Note, bleibt aber trotzdem leicht verständlich: Ein Morgen ist »unentschlossen«, Tage werden »totgestampft« und »löchrige Wände vieler Häuser« »hängen vom Himmel«.

Auch in den Romanen und Erzählungen finden sich expressionistisch anmutende Wort- und Satzkonstruktionen und Situationsbeschreibungen. In »Wir sind Gefangene« »peitschen« Bäume oder »greifen geisterhaft in den Mond«, Oskar »bricht« über einer Prostituierten nieder und in der Erzählung »Der Martl« »walkt sich« der Wirt aus der Bank, um nur einige Beispiele zu nennen. Später distanzierte sich Graf selbstironisch von seiner expressionistischen Prägung. So sagt zum Beispiel sein Alter Ego im letzten autobiografischen Roman »Gelächter von außen« über die Lyrik der Revolutionszeit:

»Das neue Dichten fiel mir leicht. Die Verse brauchten sich jetzt nicht mehr wie früher zu reimen. Man schrieb in freien schwungvollen Rhythmen [...], und ganz besonders geschätzt wurden – was ich schnell merkte und ausgiebig anwandte – imposante Wortzusammenstellungen wie etwa ›menschheitsdurstig‹, ›notunterjocht‹, ›brudergut‹, ›elendsgehärtet‹, ›schicksalsgemeißelt‹ und so weiter. Ich galt nicht nur in den besseren literaturinteressierten Kreisen, sondern auch bei meinen Freunden und Bekannten als junger Mann mit großer dichterischer Zukunft. Da hat man bereits ein gewisses Standesbewusstsein und weiß, was man seinem einmal erworbenen Ruf schuldig ist.«[19]

Ab 1919 verklingt, wie die unveröffentlichte Sammlung »Gedichte eines unbekannten jungen Mannes« zeigt, das expressionistische Pathos in Grafs Lyrik zugunsten einer möglichst realistischen Darstellung von Arbeiterschicksalen oder anderen, von der proletarisch-revolutionären Dichtung favorisierten Themen. Besonders gut zeigen dies die Gedichte »Anno 1919« und »Besinnt euch nicht...«, die unter den Titeln »Wehrlos während des Wiener Aufstandes« und »Aufruf« auch in der Sammlung »Gedichte im Exil 1933–41« enthalten sind. In einfacher Sprache und eingängigen Kreuzreimen vermittelt »Anno 1919« das Schicksal und die Rolle des Arbeiters innerhalb der aktuellen Herrschaftsverhältnisse, »Besinnt euch nicht...« ruft klassenbewusst zur Aktion gegen diese auf: »Besinnt euch nicht, nun ladet das Gewehr! / [...] / Geduld ist Sünde! Mitleid ist Verbrechen! / Genossen, denkt, was uns geschah! / Jahrhunderte sind jetzt zu rächen. / Proleten rechnet ab, der Tag ist da!« Bezeichnend ist, dass die Aussage der Gedichte innerhalb von etwa 15 Jahren an Gültigkeit nicht verloren hat und sowohl im Kontext der gescheiterten Revolution von 1918/19 funktioniert, als auch 1934, als das austrofaschistische Regime Dollfuß den Aufstand des sozialdemokratischen Republikanischen Schutzbundes in Wien niederschlug. Dadurch fand Graf die Notwendigkeit einer Revolutionierung des bestehenden politischen Systems zugunsten der sozialistisch geprägten Erneuerung der Gesellschaft, wie sie sein Werk forderte, bestätigt.

Der unveröffentlichte Zyklus »Worte an den Einen« von 1921 ist nicht vorbehaltlos der proletarisch-revolutionären Dichtung zuzuordnen, weil er sich aus nahezu philosophischer Sicht der Erörterung einiger Lebensfragen widmet. Zwar propagieren die meist drei- bis vierseitigen Prosagedichte häufig ähnliche Ideale wie die proletarisch-revolutionäre Dichtung – zum Beispiel die Ablehnung von Klassenunterschieden, der Individualisierung des Einzelnen, des Kapitalismus, sowie die Notwendigkeit der Erneuerung der Gesellschaft – doch entspricht ihre Form keineswegs den Prinzipien der Arbeiterlyrik. Die verschachtelten Sätze und die schwer nachvollziehbare Herleitung der Thesen über teils nihilistische, teils sozialistische Grundsätze widersprechen dem Postulat der realistischen Darstellung der historischen Verhältnisse sowie dem Grundsatz, allgemein verständlich zu schreiben. In Anbetracht der Tatsache, dass dieser Zyklus dem Literaturprofessor Roman Wörner gewidmet ist, lässt sich mutmaßen, dass er möglicherweise aus dem Bedürfnis heraus entstand, dem Mentor und Förderer die Ziele und Grundsätze der Arbeiterbewegung intellektuell aufbereitet zu präsentieren. Es ist nicht überliefert, ob Wörner diesen Zyklus überhaupt jemals zu lesen bekommen hat. Die Gedichte, die er umfasst, tauchen jedenfalls in keiner der späteren Sammlungen weder in ihrer ursprünglichen noch in einer abgeänderten Version wieder auf.

Mit der Hinwendung zur Prosa in den zwanziger Jahren entwickelte Graf seine Kunstauffassung weiter in Richtung einer Subgattung des Realismus, die seit dem Ersten Allunionskongress der Sowjetschriftsteller im Jahr 1934 in Moskau, an dem Graf auch teilnahm, als ›Sozialistischer Realismus‹ bezeichnet wird. In seinem Aufsatz »Antwort an einen und viele Genossen«, der 1930 in der LINKSKURVE erschienen ist, setzt er sich nicht mehr mit der Sprache als Medium revolutionärer Zwecke auseinander, sondern unterstreicht die Notwendigkeit der realistischen Darstellung der sozialen, politischen und historischen Verhältnisse: »[...] denn mir kam und kommt es immer beim Schreiben darauf an, den Menschen so darzustellen, wie er in Wirklichkeit ist, mit seinen Schwächen, seinem Dreck, seiner Verlogenheit und all seinen inneren und äußeren Hemmnissen. Was ist denn letzten Endes Sinn und Zweck der Literatur? [...] Tendenz hin, Tendenz her. Literatur ist: das Wissen um den Menschen und das Wissen um alle Hintergründe der Welt vermehren.«[20]

In diesem Zusammenhang betont Graf, er »schreibe ja nicht für Kritiker, Dichterkollegen und Intellektuelle, sondern für das Volk«[21]. Damit entspricht Grafs Kunstauffassung um 1930 weitgehend der Bertolt Brechts vom ›Sozialistischen Realismus‹, wie er sie in den Aufsätzen »Volkstümlichkeit und Realismus«[22] und »Über sozialistischen Realismus«[23] präsentiert hat.

Vor allem die im Jahr 1929 zum ersten Mal veröffentlichten »Kalendergeschichten« Grafs sind im Sinne des Sozialistischen Realismus verfasst, doch auch die Gedichte reflektieren diesen literarischen Ansatz. Dementsprechend distanziert sich Graf auch später, als anonymer Verfasser von »Altmodische Gedichte eines Dutzendmenschen«, von der Ästhetik der modernen Lyrik der fünfziger Jahre und kritisiert die Dichtung des ›l'art pour l'art‹ als »etwas [...] hagestolzhaft-hochmütiges Internes für ihre Anhänger, das nicht über die eigenen Kreise hinausreichte und bereits deutliche Merkmale der Sterilität und des Verfalls zeige«[24]. Stattdessen lobt er »die naiven Reime und alten Volkslieder Unbekannter«, weil sie leicht einzuprägen sind und so die Jahrhunderte überdauern. Doch unterscheidet Graf auch hier noch einmal bezüglich Sprache und Form, wie er es bereits in seiner Rezension zu Mühsams Gedichtband getan hatte: »diejenigen, deren Texte von Trivialität strotzen, sind bald vergessen, aber die entsprechend textierten bleiben im Bewußtsein einer Generation und werden von dieser der nachfolgenden übermittelt, bis — ja, bis sie zu Volksliedern geworden sind!«[25]

Die »neuen Texte für alte Melodien« in der Sammlung »In den Wind gesprochen. Nachlese neuer Gedichte aus dem Exil 1941–42« reflektieren sowohl die Auffassung von Literatur als politischer Waffe als auch ganz deutlich die Überzeugung, dass diese am besten eingesetzt werden könne, wenn sie kurz und prägnant, in einem eingängigen Rhythmus verfasst ist. So fordert zum Beispiel der Text »An die deutschen Soldaten« die Angehörigen der Wehrmacht zur Melodie von »Brüder zur Sonne, zur Freiheit« dazu auf, ihre Waffen niederzulegen und nicht länger für die Hitler-Diktatur zu kämpfen. Einen ähnlich volksliedhaften Charakter haben auch die anderen, in »Gedichte aus dem Exil 1933–41« und »In den Wind gesprochen. Nachlese neuer Gedichte aus dem Exil 1941–42« versammelten Erstfassungen. Sie sind meist in einem einfachen Kreuzreimschema verfasst und deswegen leicht zu merken. Sie setzen sich außerdem mit politischer Verfolgung, Emigrantenschicksal (»Emigranten I–IV«) und der gesellschaftspolitischen Wirklichkeit im nationalsozialistischen Deutschland (»Antwort auf den letzten Brief«) auseinander oder sind Appelle an den Widerstand gegen den Nationalsozialismus und drücken den unerschütterlichen Glauben an die Überwindung der Hitler-Diktatur und die Entstehung einer friedvollen, sozialistischen Gesellschaft aus.

Vor allem die Gedichte »Schlichter Zuspruch« aus der ersten und »Abwehr« aus der zweiten Sammlung der Gedichte aus dem Exil bringen in einem unkomplizierten Rhythmus knapp und ohne Pathos das Schwanken zwischen Hoffnung und Resignation in einer düsteren Zeit, die Notwendigkeit der Solidarität zwischen den politisch Verfolgten sowie den Widerstand gegen die gesellschaftspolitischen Zustände auf den Punkt. Dabei benennen sie keine bestimmte politische Situation, was ihrer Aussage eine gewisse Grundsätzlichkeit verleiht. Sie »klingen«. Dementsprechend wurde »Schlichter Zuspruch« unter dem Titel »Zuruf« bis in die sechziger Jahre hinein immer wieder in Zeitschriften, Zeitungen und Anthologien abgedruckt, »Abwehr« erschien in so verschiedenen Blättern wie der Exilzeitschrift Freies Deutschland (1942) und der regionalen Tageszeitung Badische Neueste Nachrichten (1954). Ähnlich verhält es sich mit dem Gedicht »Verbrüderung«, das bereits 1919 für die Sammlung »Gedichte eines unbekannten jungen Man-

nes« vorgesehen war, aber ab 1934 unter den Titeln »Gib mir,
Genosse, deine Hand« und »Zuversicht« in verschiedenen Zeit-
schriften und Anthologien erschien. Die Exilzeitung DAS AN-
DERE DEUTSCHLAND in Buenos Aires druckte es sogar zweimal
(1940 und 1943).

Die Dringlichkeit des politischen und sozialen Auftrags der
Literatur als Mittel im Kampf gegen den Faschismus vermit-
teln nicht nur die vielen Romane[26] und Gedichte, die zwischen
1933 und 1945 entstanden und erschienen sind, sondern auch die
Zeitschrift NEUE DEUTSCHE BLÄTTER, die Graf von 1933 bis 1935
zusammen mit Wieland Herzfelde und Anna Seghers herausgab.
Im Geleitwort der ersten Ausgabe ist die Aufgabe des Schrift-
stellers ganz im Sinne des Sozialistischen Realismus definiert:

»Wer schreibt, handelt. Die NEUEN DEUTSCHEN BLÄTTER
wollen ihre Mitarbeiter zu gemeinsamen Handlungen zusam-
menfassen und die Leser im gleichen Sinn aktivieren. Sie wollen
mit den Mitteln des Dichterischen und kritischen Worten den
Faschismus bekämpfen. In Deutschland wüten die National-
sozialisten. Wir befinden uns im Kriegszustand. Es gibt keine
Neutralität. Für niemand. Am wenigsten für den Schriftsteller.
[...] Wer, erschreckt und betäubt von den Ereignissen, in ein nur
privates Dasein flieht, wer die Waffe des Wortes als Spielzeug
oder Schmuck verwendet, wer abgeklärt resigniert — der ver-
dammt sich selbst zu sozialer und künstlerischer Unfruchtbar-
keit und räumt dem Gegner das Feld [...]. Wir wollen den Pro-
zeß der Klärung, der Loslösung von alten Vorstellungen, des
Suchens nach dem Ausweg durch gemeinsame Arbeit und ka-
meradschaftliche Auseinandersetzung fördern und vertiefen.«[27]

Bei der Bücherverbrennung im Mai 1933 gingen Grafs Bü-
cher zunächst nicht in Flammen auf. Die Nationalsozialisten
versuchten, Grafs Nähe zum »Volk« in ihrem Sinne auszule-
gen und ihn in die Reihe der Heimatdichter zu drängen. Graf

wehrte sich gegen diese Instrumentalisierung seines Werks zu nationalsozialistischen Zwecken mit der Proklamation »Verbrennt mich!«, die am 12. Mai 1933 in der Wiener ARBEITER-ZEITUNG erschien und anschließend durch die Weltpresse ging. Mit der oben zitierten Kampfansage hat Graf noch einmal deutlich gemacht, auf welcher Seite er steht. Seine Bücher wurden nachträglich dem Feuer übergeben, im Juni 1933 folgte die Ausbürgerung aus Deutschland und Ende 1934 wurde ihm die Staatsbürgerschaft entzogen.

Seine Ausreise aus Deutschland fand jedoch schon Anfang des Jahres 1933 statt. Er ging auf Lesereise nach Österreich und entschloss sich nach Machtübernahme der Nationalsozialisten am 30. Januar 1933, nicht mehr nach Deutschland zurückzukehren. Zusammen mit seiner Lebensgefährtin und späteren Frau Mirjam Sachs ließ er sich zunächst in Wien nieder. Er schloss sich der Vereinigung sozialistischer Schriftsteller an, in deren Kreisen er unter anderem Theodor Kramer kennenlernte, dessen Gedichte inhaltlich und formal viele Parallelen zu Grafs Lyrik aufweisen. Nach dem gescheiterten Februaraufstand des sozialdemokratischen Republikanischen Schutzbundes gegen das austrofaschistische Dollfuß-Regime 1934 emigrierten Graf und Mirjam Sachs zunächst nach Brünn und von dort aus 1938 nach New York.

Dort wurde Graf Vorsitzender der im Oktober 1938 gegründeten ›German American Writers Association‹ (GAWA), die sich vor allem darum bemühte, politisch verfolgte Kolleginnen und Kollegen aus den bedrohten und besetzten Ländern Europas zu retten und für sie Affidavits und eine Schiffspassage nach Nord- oder Südamerika zu organisieren. Auch an der Nachfolgeorganisation der GAWA, der ›German American Emergency Conference‹, war Graf beteiligt. Sein politisches Engagement implizierte die Zusammenarbeit mit Vertretern sämtlicher ideologischer Richtungen des antifaschistischen Widerstands. Der Kontakt zu Kommunisten machte Graf für das FBI verdächtig. Das hatte zur Folge, dass nicht nur eine Berufung als Deutschlehrer nach Princeton scheiterte,[28] sondern auch sein Einbürgerungsantrag mehrfach abgelehnt wurde. Erst 1958 wurde Graf amerikanischer Staatsbürger, aber zu diesem Zeitpunkt war ihm das Exil schon längst zur Diaspora geworden. In einem Brief an Karl Otto Paetel vom 4. März 1954 setzt er sich darüber auseinander, »dass erst nach Beendigung des Krieges unsere Emigration anfing«[29].

Graf und seine Frau hatten Bedenken, nach Deutschland zurückzukehren, da ein großer Teil von Mirjams Familie dem nationalsozialistischen Terror zum Opfer gefallen war und sie bereits ahnten, dass die nationalsozialistische Ideologie und ihre Vertreter mit Beendigung des Krieges nicht per se aus dem deutschen Gedächtnis und der Öffentlichkeit verschwunden waren und sich ihre Heimat wohl sehr verändert hatte. Ein Besuch in Deutschland war für Graf bis zur Einbürgerung in die USA auch riskant, weil er befürchtete, dass ihm als politisch verdächtiger Staatenloser die Wiedereinreise in die USA verweigert würde. Ein Wiedersehen mit Deutschland nach 25 Jahren bestätigte schließlich Grafs Befürchtungen und er freute sich darauf, nach New York zurückzukehren.

Die Auseinandersetzung mit den politischen und kulturellen Entwicklungen in Deutschland war Graf dennoch wichtig. Er unterhielt in den sechziger Jahren Kontakt mit jungen Schriftstellern aus West- und Ostdeutschland. Günter Grass, Walter Jens und Wulf Kirsten, dessen klangvolle Lyrik den Einfluss des frühen Graf verrät, gehörten zu seinen Briefpartnern. An Bernward Vesper und seine Frau Gudrun Ensslin schrieb er nach Formierung der Großen Koalition im Bundestag im Jahr 1966: »Es ist unmöglich, heute mit der SPD oder KPD zu gehen, es muss endlich der Weg für die große Linke gefunden werden.«³⁰ Wie dieser Weg für Gudrun Ensslin aussehen sollte, konnte Graf wohl nicht einmal ahnen. Die Gründung der RAF erlebte er nicht mehr, er starb 1967 in New York.

Die Lyrik Grafs nach dem Zweiten Weltkrieg unterscheidet sich stark von den Gedichten, die in den Jahren 1933 bis 1945 entstanden sind. Sie reflektiert gesellschaftspolitische Zustände nicht durch Kritik oder direkte Bezugnahme, sondern beschreibt vor dem historischen Hintergrund der atomaren Bedrohung, der wachsenden Umweltzerstörung und Massenaufrüstung den utopischen Gegenentwurf einer Einheit von Mensch und Natur. Die sinnlichen und gleichnishaften Gedichte aus dem etwa ab 1948 entstandenen und 1954 erschienenen Zyklus »Der ewige Kalender« metaphorisieren³¹ in dieser Einheit eine auf gegenseitigem Respekt und Hilfe basierende Gesellschaftsordnung.

In Zusammenhang mit der Naturbeschreibung taucht häufig der Begriff »Heimat« auf, der im Frühwerk kaum zu finden ist. Doch ist er gemäß der Anarchismuskonzepte, die Grafs Werk reflektiert, nicht nationalistisch oder kulturell konnotiert, sondern wird mit einer bestimmten Landschaft oder Vegetation assoziiert. Dies zeigt besonders das Gedicht »Heimat überall«, das 1958 im Aufbau erschienen ist. Das lyrische Ich entdeckt im Ausland einen See, der es an sein Zuhause, die Zeit seiner Kindheit erinnert. Diese Vertrautheit tröstet das lyrische Ich und vermittelt ihm ein Gefühl von Geborgenheit. Es fühlt sich zu Hause, so als sei es »nicht mehr fremd in diesem Land«.

Der Wechsel der Jahreszeiten und die Vergänglichkeit, die sie widerspiegeln, wecken darüber hinaus Assoziationen mit Älterwerden und Sterben. In diesem Kontext entstehen Männerfantasien wie »Mädchen im Bad« oder »Die Brünstige«, ironische Betrachtungen der Gebrechen des Alters wie »Diät«, aber auch beklemmende Reflexionen über das Bewusstsein eines nahen Todes wie »Alter Emigrant«, »Grauen« oder »An meinem Grab«.

Diese Gedichte sind neben zahlreichen anderen in der 1962 anonym veröffentlichten Anthologie »Altmodische Gedichte eines Dutzendmenschen« versammelt. Viele der Gedichte stammen noch aus der bereits 1919 zusammengestellten Sammlung »Gedichte eines unbekannten jungen Mannes« oder aus »Amen und Anfang«, liegen hier aber in teilweise mehrfach überarbeiteter Fassung vor. Vergleicht man die frühen mit den späten Fassungen, so stellt man häufig fest, dass sich die Aussage des Gedichts verändert hat; entweder, weil der Text inhaltlich stark verändert worden ist, oder in einigen Gedichten allein deshalb, weil der Titel durch einen anderen ersetzt worden ist. Der Vergleich einiger früher Fassungen mit den späteren soll die Unterschiede in der Aussage der Gedichte aufzeigen und damit noch einmal die Gründe für die Aufnahme der Erstfassungen in vorliegende Edition vor Augen führen.

Das Gedicht »Friede« beispielsweise ist im Kontext des Bandes »Amen und Anfang«, der vor dem Hintergrund der Revolution entstanden ist und die Erneuerung der Gesellschaft durch die Hinwendung des Einzelnen zum sozialistischen Wir beschreibt, eindeutig als politisches Gedicht zu lesen. In der späten Anthologie »Altmodische Gedichte eines Dutzendmenschen« bleibt der Text bis auf wenige Stellen derselbe, doch trägt das Gedicht hier den Titel »Friedenslandschaft« und ist der Gruppe »Im Jahrlauf« untergeordnet. Durch seine Positionierung innerhalb des Gedichtbandes sowie durch die veränderte Überschrift verliert es seinen metaphorischen Charakter und liest sich als unpolitische Naturlyrik, als die poetische Beschreibung einer abendlichen Landschaft.

Ähnlich verhält es sich mit dem Gedicht »Die Hassenden«, das zum ersten Mal 1918 in der Zeitschrift MENSCHEN abge-

druckt und anschließend in die Sammlungen »Amen und An-
fang« und »Gedichte eines unbekannten jungen Mannes« aufge-
nommen worden ist. Unter dem Titel »Die Verlorenen« ist es
in veränderter Fassung der Gruppe »Kameraden« in »Altmo-
dische Gedichte eines Dutzendmenschen« (1962) zugeordnet:

DIE HASSENDEN (1918)

Zuinnerst von der Not befangen,
Lastschwer und drückend immer Erde fühlend,
Vor Gier verschmachtend und in langen
Tiefschwarzen Nächten weiterwühlend,
Vom Hass verglüht, fast leblos
Und zermürbt von fremdgewordner Arbeit,
Verblüht uns lautlos Tag und Zeit.
Wir wissen bloß,
Dass wer viel trinkt, vergisst,
Und alles Nichts ist und versinkt. —
Und auch, dass abends unser Leib
Durstmüde ist
Nach einem Weib.

Es sprach einst wer, wie Ruf von fern,
Dem Klirren gleich von sieggewohnten Schwertern!
»Wir werden einst in alle Länder einmarschieren
Und als die Ersten neuer Zeiten triumphieren!«
Es war, als wir noch jung, und klang
Wie ein erlösender Gesang
Vom Himmel her......
Doch das ist lang, so endlos lange her...!

Verfrühtes Altern grub seitdem
Die Runen von vergälltem Hass auf unsere Gesichte.
Die Satten sprechen von Problem
Und füllen Bände mit Geschichte.
Wir aber wandern Knirschend im Verlorensein
Und wissen schließlich, dass der Vater soff
Und einer Mutter Träne troff
In unser niegewünschtes Geborensein —

DIE VERLORENEN (1962)

Zuinnerst von der Not befangen,
Lastschwer und drückend immer Erde fühlend,
Vor Gier verschmachtend und in langen
Tiefschwarzen Nächten weiterwühlend,
Vom Hass verglüht, fast leblos
Und zermürbt von fremdgewordner Arbeit,
Verblüht uns lautlos Tag und Zeit.
Wir wissen bloß,
Dass wer viel trinkt, vergisst,
Und alles Nichts ist und versinkt. —
Und auch, dass abends unser Leib
Durstmüde ist
Nach einem Weib.

Es sprachen früher manche laut und groß.
Wie Lockung klang's, wie weckender
Posaunenstoß:
»Wir werden einst in alle Länder einmarschieren
und als die Ersten neuer Zeiten triumphieren!«

Es war, als wir noch jung, und drang
für eine Weile wie erlösender Gesang
in unser Herz, das schneller schlug, von Hoffnung schwer.
Doch das ist lang, unendlich lange her…! —

Verfrühtes Altern grub seitdem
Die Runen von vergälltem Hass auf unsere Gesichte.
Die Satten sprechen von Problem
Und füllen Bände mit Geschichte.
Wir aber wandern Knirschend im Verlorensein
Und wissen schließlich, dass der Vater soff
Und einer Mutter Träne troff
In unser niegewünschtes Geborensein —

Auch hier sind die Veränderungen im Text minimal, aber der Titel veranlasst zu unterschiedlichen Interpretationen. Er verändert die Erwartungshaltung und das Rezeptionsschema der Leser. Beide Fassungen vermitteln die Lebensrealität des unterdrückten Arbeiters, sowie dessen Ohnmacht gegenüber denjenigen, die sein Schicksal verschulden, Betroffenheit heucheln und doch nichts unternehmen. Doch während der Titel »Die Hassenden« Entschlossenheit, das eigene Leben aktiv zu verändern, reflektiert, verurteilt der Titel »Die Verlorenen« die Protagonisten zur Passivität und schreibt Resignation und Ohnmacht als deren Grundstimmung fest.

Das Gedicht »Rebellen« aus »Altmodische Gedichte eines Dutzendmenschen« hingegen unterscheidet sich inhaltlich stark von seiner Erstfassung »Die Entflammten« aus »Amen und Anfang« und »Gedichte eines unbekannten jungen Mannes«. Die späte Fassung schreibt die frühere quasi fort:

Die Entflammten (1919)

In unsren Körpern ist ein Duft von harzigen und feuchten
Wäldern,
Und unaufhörliche Versprechung glüht in unseren Gelenken.
Wir atmen vieler Nächte heiße, trunkne Liebe
Und haben leidgefurchte, stählerne Gesichte.
Das Blut in unsren Adern stammt von ungekannten Vätern
Und Wünsche brünstiger und wilder Mütter sengen
In unseren Gehirnen. Es toben tierischer denn je in uns die
Triebe,
Und unsere Gedanken sind ein dunkles Dickicht. —

Rebellen (1962)

Wir sind nicht in Begriffen und Ideen zu denken.
Aus allen Schichten kommen wir, aus allen Völkermassen,
und wilde Zukunft gärt in unsren innersten Behältern.
Das Wort, das uns erklären will, bleibt ungenau und trübe,
der klarste Geist dringt nicht in unsre Wesensdichte,
und uns verbindet nichts mit irgendwelchen Menschheitsrettern.
In uns ist Ruch von harzigen und feuchten Wäldern,
und unaufhörliche Versprechung glüht in unseren Gelenken.

Wir atmen vieler Nächte heiße, trunkne Liebe
und haben dennoch sonderbar-verschlossene Gesichter,
die sich nicht mehr verblüffen und entziffern lassen.
Das Blut in unseren Adern stammt von unbekannten Vätern,
und Wünsche brünstiger und wilder Mütter sengen
in unseren Gehirnen. — Ganz tierisch toben unsre Triebe,
und unsere Gedanken sind ein dunkles Dickicht,
weil wir nur Hass sind, Untergang und Selbstgericht. —

437

Ein Ungeheuer hat uns in die müde Zeit gestreut
Als Element der Unrast, als ein Sprengstoff oder Same,
der strotzend aufgeht in der hohen Erntezeit
als Meer von Disteln, die das letzte Korn verdrängen.
Erstickend sind wir wie die Angst im Traume,
wenn wir uns mit Beständigkeit und Gegenwart vermengen,
und überwuchern alles, was man sichre Ordnung nennt.
Im ungefähren gleichen wir der Flamme,
in der die aufgebrauchte Welt mit uns verbrennt.
Wir treiben nur. Durch uns wird jeder Plan zunichte,
weil wir nicht Ziele kennen und in blindem Rasen
hinlodern unaufhaltsam wie ein Riesenbrand.
Vielleicht steht später unser unbekannter Name
in allen Büchern als Bestandteil der Geschichte.
Dann werden Mächtige sich feiern lassen,
als hätten *sie* den Sturm gewollt und die Gefahr gebannt.

»Die Entflammten« beschreibt ein lyrisches Wir, das entschlossen einem neuen Anfang entgegenstrebt. Wald und körperliche Liebe als Metaphern für Fruchtbarkeit, Leben und Neubeginn verleihen dem Gedicht einen optimistischen Unterton.
Die Aufbruchsstimmung, die dieses Gedicht vermittelt, lässt
den Gedanken an ein Ende gar nicht aufkommen. Die letzten
Zeilen weisen lediglich voraus auf die notwendige Veränderung
der Gesellschaft aus einer Art Urtrieb heraus, der gegen jegliche
Form von Unterdrückung rebelliert. Die spätere Fassung hört
allerdings an diesem Punkt nicht auf, sondern beschreibt das
lyrische Wir als eine von »Hass«, »Untergang« und »Selbstgericht« getriebene Masse, die sich in »blindem Rasen« der Zerstörung hingibt. Michail Bakunins »Propaganda der Tat«, mit
der sich Graf als junger Mensch beschäftigt hat, verspricht allerdings keine Veränderung der Gesellschaft von Grund auf mehr:

Zum Schluss sind es doch wieder die »Mächtigen«, die sich »feiern lassen«. Diese Fassung rückt das Aktivismuskonzept der so genannten »Rebellen« in ein kritisches Licht, nicht nur, weil es keinen Erfolg verspricht, sondern auch, weil es mit Attributen in Verbindung gebracht wird, die gemeinhin negativ besetzt sind.

Der Optimismus der Erstfassungen musste in den späten Fassungen häufig bitterem Zynismus, Desillusionierung und Resignation weichen. Dazwischen liegen zwölf Jahre Nationalsozialismus und politische Verfolgung, die Ermordung von sechs Millionen Juden, die Grabenkämpfe zwischen den verschiedenen antifaschistischen Gruppen im Exil, die Atombomben auf Hiroshima und Nagasaki, der Koreakrieg, die Kommunistenhetze Joseph McCarthys, das Verharren ehemaliger Nationalsozialisten in politischen und öffentlichen Ämtern während der Nachkriegszeit in Deutschland, der Berliner Mauerbau und der Kalte Krieg.

Die Verbindung zwischen Grafs Werk und seinem Leben, die sich damit scheinbar ausdrückt, wird häufig von den Literaturwissenschaftlern konstruiert. Vor allem in Zusammenhang mit seinen Gedichten bietet sie sich an, weil Graf selbst in Briefen und den Vorworten zu den bisher unveröffentlichten Sammlungen den persönlichen Charakter seiner Lyrik betont. So schreibt er in einem Brief an Josef Luitpold Stern am 14. April 1962: »Bücher sind etwas sehr Schönes und Praktisches, und besonders lyrische: sie ersparen das Briefschreiben und sagen dem Empfänger gleich alles, was man im Laufe der langen Zeit, da man nichts voneinander gehört hat, erlebt hat.«[32] Schon gut zwanzig Jahre vorher, im Vorwort zur nicht veröffentlichten Sammlung »Gedichte aus dem Exil 1933–41« hat er die Konsequenz dieser Tatsache erklärt: »Immer […] bleibt ein Gedicht etwas wie ein Liebesbrief oder eine monologische Rechenschaft, die der Schreiber nur sich selber ablegt. Darum ist es peinlich, Gedichte zu Lebzeiten zu veröffentlichen.«[33] Dementsprechend verweist Thomas Kraft im Nachwort zu seiner Sammlung »Oskar Maria Graf, Ich schwebe von Dingen geschaukelt und lebe mich wund. Ausgewählte Gedichte« auf den »fast tagebuchartige[n] Charakter«[34] der Lyrik Grafs.

Weil Graf aber die Literatur als politisches Agitationsmittel betrachtete, sollte man ihren Zweck nicht in eventuellen Hinweisen auf die Biografie des Autors sehen, sondern in ihrer Kritik gesellschaftspolitischer Zustände, die sich seit dem Entstehen der Gedichte nicht maßgeblich verändert haben. Die Themen politische Repression und Verfolgung, Krieg, Migration und Umweltzerstörung sind heute noch genauso aktuell wie 1919 oder 1942, auch wenn sich der historische Kontext verändert hat. Die zeitlose Kritik dieser Zustände zugunsten der Etablierung politischer Alternativen ist die Essenz der Lyrik Grafs.

Anmerkungen

1 Oskar Maria Graf an Kurt Kersten, vom 14. Januar 1945. In: Oskar Maria Graf in seinen Briefen, hrsg. von Gerhard Bauer und Helmut Franz Pfanner, München: Süddeutscher Verlag, 1984, S. 184. Kurt Kersten (1891–1962), Publizist.

2 Vgl. Oskar Maria Graf in seinen Briefen, S. 21.

3 Oskar Maria Graf an Josef Luitpold Stern, vom 18. Dezember 1961. In: Josef Luitpold, Das Sternbild. Gedicht eines Lebens. Gesammelte Werke, Bd. 5: Hall und Widerhall. Vom eifrigen Leben, Wien: Europa, 1966, S. 148. Josef Luitpold Stern (1886–1966), sozialdemokratischer Bildungspolitiker, Arbeiterdichter und Journalist.

4 Die Recherche der Veröffentlichungen erfolgte vorwiegend über die von Helmut Franz Pfanner erarbeitete Bibliografie zu Grafs Werk, die sich allerdings als unvollständig erwiesen hat, vgl. Helmut Franz Pfanner, Oskar Maria Graf. Eine kritische Biographie, Bern / München: Francke, 1976. Einige Hinweise im Nachlass, in Quellenverzeichnissen und in der Biografie Gerhard Bauers (Oskar Maria Graf. Ein rücksichtslos gelebtes Leben, München: Deutscher Taschenbuch Verlag, 1994) haben Veröffentlichungen zutage gebracht, die bei Pfanner nicht angeführt sind. Darüber hinaus hat Helmut Franz Pfanner seine Bibliografie aktualisiert, vgl. Helmut Franz Pfanner, Oskar Maria Graf. Auswahlbibliographie — Ergänzungen ab 1975. In: Jahrbuch 1993 der Oskar Maria Graf-Gesellschaft, hrsg. von Ulrich Dittmann und Hans Dollinger, München / Leipzig: List, 1994, S. 103–139). Das heißt, Veröffentlichungen von Graf-Gedichten in den vergangenen 14 Jahren waren im Rahmen der Recherche für diesen Band schwer nachzuvollziehen. Es ist also möglich, dass einige Gedichte von Pfanner und mir unentdeckt geblieben sind. Außerdem versammelt vorliegender Band ausschließlich die nachweisbar frühesten Fassungen der Gedichte; er versteht sich als Quellengrundlage, die Literaturwissenschaftler zu weiterer Forschung motivieren und Graf-Liebhabern neue Einblicke in das Werk des vornehmlich als Erzähler bekannten Schriftstellers gewähren soll.

5 Oskar Maria Graf an Hilde und Eugen Claassen, vom 16. November 1954. In: Oskar Maria Graf in seinen Briefen, S. 255. Eugen Claassen (1895–1955), Verleger.

6 Oskar Maria Graf an Karl Dietz, vom 23. April 1952. In: Oskar Maria Graf. Briefe aus New York an seinen Rudolstädter Verleger Karl Dietz, 1950–1962, hrsg. von Ulrich Kaufmann und Detlef Ignasiak, München: Kirchheim, 1994, S. 31. Karl Dietz (1890–1964), Verlagsleiter des Greifenverlages zu Rudolstadt, ab 1947 Gesellschafter des Dietz Verlags in Berlin.

7 Oskar Maria Graf an Gustav und Else Fischer, vom 1. Juni 1948. In: Oskar Maria Graf in seinen Briefen, S. 210.

8 Oskar Maria Graf, Vorwort. In: [Ders.], Altmodische Gedichte eines Dutzendmenschen, Frankfurt am Main: Nest, 1962, S. 29.

9 Graf, ebenda, S. 6.

10 Bauer, Oskar Maria Graf, S. 395.

11 Vgl. Bauer, ebenda, S. 145.

12 Oskar Maria Graf an Rudolf Recknagel, vom 14. Januar 1967. In: Oskar Maria Graf in seinen Briefen, S. 347.

13 Oskar Maria Graf, Mühsams »Brennende Erde«. In: Hansjörg Viesel (Hg.), Literaten an der Wand. Die Münchner Räterepublik und die Schriftsteller, Frankfurt am Main: Büchergilde Gutenberg, 1986, S. 146f., hier S. 147.

14 Vgl. Erwin Kummer, Der Aufbruch zum neuen Menschen. Grafs frühe Gedichte. In: Heinz Ludwig Arnold (Hg.), Text und Kritik. Oskar Maria Graf, München: edition text+kritik, 1986, S. 110–119, hier S. 115.

15 Wolfgang Görl, Ein Autor auf der Suche nach der eigenen Sprache. In: SÜDDEUTSCHE ZEITUNG. Landkreis Starnberg, vom 17. Dezember 1988.

16 Graf, Mühsams »Brennende Erde«, S. 146f.

17 Vgl. Diana Köhnen, Das literarische Werk Erich Mühsams. Kritik und utopische Antizipation, Würzburg: Königshausen und Neumann, 1988, S. 15.

18 Vgl. Michael Hugh Fritton, Literatur und Politik in der Novemberrevolution 1918/1919. Theorie und Praxis revolutionärer Schriftsteller in Stuttgart und München (Edwin Hoernle, Fritz Rück, Max Barthel, Ernst Toller, Erich Mühsam), Frankfurt am Main u.a.: Lang, 1986, S. 272.

19 Oskar Maria Graf, Gelächter von außen. Aus meinem Leben 1918–1933, München: Desch, 1966, S. 30.

20 Oskar Maria Graf, Antwort an einen und viele Genossen. In: Viesel (Hg.), Literaten an der Wand, S. 155f.

21 Graf, ebenda, S. 155. Der Begriff »Volk« ist bei Graf als »die breite Masse« zu lesen und entsprechend seiner anarchistischen Prägung nicht nationalistisch definiert.

22 Bertolt Brecht, Volkstümlichkeit und Realismus. In: Fritz J. Raddatz (Hg.), Marxismus und Literatur. Eine Dokumentation in drei Bänden, Bd. II, Reinbek: Rowohlt, 1969, S. 99–104.

23 Bertolt Brecht, Über sozialistischen Realismus. In: Ders.: Gesammelte Werke, Bd. 19, Frankfurt am Main: Suhrkamp, 1967, S. 547–549.

24 Graf, Vorwort, S. 12.

25 Graf, ebenda.

26 »Der Abgrund« (entstanden 1933–34; veröffentlicht London: Malik, 1936); »Anton Sittinger« (entstanden 1933–35; veröffentlicht London: Malik, 1937); »Das Leben meiner Mutter« (entstanden 1927–40, veröffentlicht in englischer

Übersetzung New York: Aurora, 1940, deutsche Erstausgabe München: Desch, 1949); »Er nannte sich Banscho« (entstanden 1941–42; veröffentlicht Berlin und Weimar: Aufbau, 1964); »Die Erben des Untergangs« (entstanden 1941–47, veröffentlicht unter dem Titel »Die Eroberung der Welt« München: Desch, 1949); »Unruhe um einen Friedfertigen« (entstanden 1943–46, veröffentlicht München: Desch, 1949).

27 Oskar Maria Graf / Wieland Herzfelde / Anna Seghers, Rückblick und Ausblick. In: NEUE DEUTSCHE BLÄTTER. Monatsschrift für Literatur und Kritik, 1 (September 1933) 1, S. 1f., hier S. 1.

28 Oskar Maria Graf an Kurt Kersten, vom 24. November 1943. In: Oskar Maria Graf in seinen Briefen, S. 177.

29 Oskar Maria Graf an Karl Otto Paetel, vom 4. März 1954. In: Oskar Maria Graf in seinen Briefen, S. 250. Karl Otto Paetel (1906–1975), Journalist und Publizist.

30 Oskar Maria Graf an Bernward und Gudrun Vesper, vom 19. Januar 1966. In: Oskar Maria Graf in seinen Briefen, S. 335. Bernward Vesper (1938–1971), politischer Aktivist und Schriftsteller. Gudrun Ensslin (1940–1977), politische Aktivistin, Gründungsmitglied der linksextremistischen »Rote Armee Fraktion« (RAF).

31 Vgl. Thomas Kraft, Nachwort des Herausgebers. In: Oskar Maria Graf, Ich schwebe von Dingen geschaukelt und lebe mich wund. Ausgewählte Gedichte, hrsg. von Thomas Kraft. Mit einem Geleitwort von Karin Kiwus, München/Leipzig: List, 1996, S. 93–111, hier S. 105.

32 Oskar Maria Graf an Luitpold Joseph Stern, vom 14. April 1962. In: Luitpold, Das Sternbild, S. 150.

33 Oskar Maria Graf, Vorwort. In: Ders.: Gedichte im Exil 1933–41, unveröffentlicht, o. P. (Bayerische Staatsbibliothek, Ana-440-1-11).

34 Kraft, Nachwort des Herausgebers, S. 94.

Quellen- und Veröffentlichungsnachweise

DATIERTE GEDICHTE aus Sammlungen und Anthologien, Zeitungen und Zeitschriften, und dem Nachlass

Knaben

DIE AKTION. Wochenschrift für Politik, Literatur und Kunst (Berlin), hrsg. von Franz Pfemfert, 4 (April 1914) 16, Spalte 343.
Oskar Maria Graf, Ich schwebe von Dingen geschaukelt und lebe mich wund. Ausgewählte Gedichte, hrsg. von Thomas Kraft. Mit einem Geleitwort von Karin Kiwus, München/Leipzig: List, 1996, S. 13.

Mädchen

DIE AKTION. Wochenschrift für Politik, Literatur und Kunst, 4 (April 1914) 16, Spalte 343 f.

An dich — Erde

DIE FREIE STRASSE. Vorarbeit (Berlin), hrsg. von Georg Schrimpf, 1 (1915) 2, o. P.

Heimatloses Gesicht

DIE FREIE STRASSE. Vorarbeit, hrsg. von Richard Oehring, 2 (1916) 3, S. 10.
Graf, Ich schwebe von Dingen geschaukelt und lebe mich wund, S. 14.

Deus ex machina (Aus meinem Kriegstagebuch)

WIELAND. Zeitschrift für Kunst und Dichtung (München), 3 (Juni 1917) 3, S. 20. (In der Zeitschrift fälschlicherweise mit »Deux ex machina« betitelt.)
Unter dem Titel »Träume. Aus zwei Feldpostbriefen eines Künstlers« erschienen in:
MÜNCHENER NEUESTE NACHRICHTEN, vom 30. März 1918, Abendausgabe, o. P.

Nachschub

JUGEND. Münchner illustrierte Wochenschrift für Kunst und Leben, 22 (1917) 17, S. 322.

Wegspruch

DIE GLOCKE. Wochenschrift für Politik und Wirtschaft, Kunst und Kultur (Berlin), 3 (21. April 1917) 3, S. 120.
Eine veränderte Fassung ist unter demselben Titel erschienen in:
MÜNCHENER POST, Nr. 18, vom 18. Juli 1925, Beilage »Die Quelle«, S. 1.
HANNOVERSCHER KURIER, vom 18. April 1926, o. P.

DIE REVOLUTIONÄRE

(Motto): »I and mine do not convince by arguments, similes, rhymes; / We convince by our presence.« (Walt Whitman, Song of the Open Road, 1856)

Den Kommenden

Oskar Maria Graf, Die Revolutionäre [= Das neueste Gedicht; 4], Dresden: Dresdner Verlag von 1917, 1918, S. 5.
Peter Ludewig (Hg.), Schrei in die Welt. Expressionismus in Dresden, Berlin: Der Morgen, 1988, S. 135.

Eingang

Graf, Die Revolutionäre, S. 7.

Vision

Graf, Die Revolutionäre, S. 8.
Graf, Ich schwebe von Dingen geschaukelt und lebe mich wund, S. 15.

Auftakt

Graf, Die Revolutionäre, S. 9.

Das Ziel

Graf, Die Revolutionäre, S. 10.
Ludewig (Hg.), Schrei in die Welt, S. 156.
Graf, Ich schwebe von Dingen geschaukelt und lebe mich wund, S. 16.

Der Marsch

Graf, Die Revolutionäre, S. 12.
Hansjörg Viesel (Hg.), Literaten an der Wand. Die Münchner Räterepublik und die Schriftsteller, Frankfurt am Main: Büchergilde Gutenberg, 1986, S. 122.
SACCO & VANZETTI (Berlin), 1 (Dezember 2006) 2, S. 6.

Melancholie

DER BERG. Eine Monatsschrift für Welt und Kunst, 1 (1918) 11, S. 10.

Mystische Reigen (Fünf Gedichte)

EOS. Ein Ausdruckswerk ringender Kunst (Berlin), 1 (1918/19) 2, S. 168.

Abend

DIE BÜCHERKISTE. Monatsschrift für Literatur, Graphik und Buchbesprechung, hrsg. von Leo Scherpenbach (München), 1 (1919) 3, S. 39.
Eine veränderte Fassung mit dem Titel »Zufriedenheit« ist der Sammlung »Oskar Maria Graf, Gedichte eines unbekannten jungen Mannes« (1919), Nachlass Bayrische Staatsbibliothek (BSB), Ana-440-1-10, beigeordnet.

Abend in der Stadt

Graf, Gedichte eines unbekannten jungen Mannes, Nachlass BSB Ana-440-1-10.

Abendvision

Graf, Gedichte eines unbekannten jungen Mannes, Nachlass BSB Ana-440-1-10.
Eine stark veränderte Fassung ist unter dem Titel »Nach einem Bild« erschienen in:
    [Oskar Maria Graf], Altmodische Gedichte eines Dutzendmenschen, Frankfurt
    am Main: Nest, 1962, S. 127.

Abschied von einem tapferen Mädchen

Graf, Gedichte eines unbekannten jungen Mannes, Nachlass BSB Ana-440-1-10.
Eine veränderte Fassung liegt unter dem Titel »Abschied von einer tapferen Genos-
    sin« der Sammlung »Oskar Maria Graf, Gedichte im Exil 1933-41«, Nachlass
    BSB Ana-440-1-11 (Vermerk: Wien, Ende Oktober 1933), bei und ist erschienen
    in: Graf, Ich schwebe von Dingen geschaukelt und lebe mich wund, S. 33.

Amen und Anfang

Besinnen

Oskar Maria Graf, Amen und Anfang, München: Bachmair, 1919, S. 9.
Eine veränderte Fassung liegt unter dem Titel »Besinnung« der Sammlung »Graf,
    Gedichte eines unbekannten jungen Mannes«, Nachlass BSB Ana-440-1-10,
    bei.

Verlorensein

Graf, Amen und Anfang, S. 10.
Graf, Ich schwebe von Dingen geschaukelt und lebe mich wund, S. 18.
Eine veränderte Fassung mit dem Titel »Die Letzten« liegt der Sammlung »Graf, Ge-
    dichte eines unbekannten jungen Mannes«, Nachlass BSB, Ana-440-1-10, bei.

Weltfluch

Graf, Amen und Anfang, S. 11.
Eine andere Fassung liegt der Sammlung »Graf, Gedichte eines unbekannten jungen
    Mannes«, Nachlass BSB Ana-440-1-10, bei.

Stadt

Graf, Amen und Anfang, S. 12.
Neue Blätter für Kunst und Dichtung, 2 (1920), S. 206.
Eine veränderte Fassung ist erschienen in:
    Hans Mühle (Hg.), Das proletarische Schicksal. Ein Querschnitt durch die Ar-
    beiterdichtung der Gegenwart, Gotha: Klotz, 1929, S. 25 (mit dem Vermerk
    »Originalbeitrag«. Der Band erschien in der 2. ›erweiterten und neugeform-
    ten‹ Auflage 1935 unter dem Titel »Das Lied der Arbeit. Selbstzeugnisse der
    Schaffenden. Ein Querschnitt durch die Arbeitsdichtung der Gegenwart«, in
    Zusammenarbeit der Deutschen Arbeitsfront mit dem Reichsnährstand, dem
    Reichsstande des Deutschen Handwerks und dem Arbeitsdienst hrsg. von Hans
    Mühle. Mit einem Geleitwort von Robert Ley.

Wolfgang Rothe (Hg.), Deutsche Großstadtlyrik vom Naturalismus bis zur Gegenwart, Stuttgart: Philipp Reclam jun., 1973, S. 225.

Heinz-Ludwig Arnold (Hg.), Arbeiterlyrik 1842–1932. »Rot ist die lodernde Freiheitsglut«, Berlin: Parthas, 2003, S. 196.

Die Hassenden

MENSCHEN. Zeitschrift neuer Kunst [= Clarté] (Dresden), 1 (15. Juni 1918) 4, S. 4.

Graf, Amen und Anfang, S. 13.

Graf, Gedichte eines unbekannten jungen Mannes, Nachlass BSB Ana-440-1-10.

Kurt Offenburg (Hg.), Arbeiterdichtung der Gegenwart, Frankfurt am Main: Mittelland, 1925, S. 98.

Mühle (Hg.), Das proletarische Schicksal, S. 153.

Friedrich Georg Kürbisch (Hg.), Anklage und Botschaft. Die lyrische Aussage der Arbeiter seit 1900, Hannover: J. H. W. Dietz Nachf., 1969, S. 21.

Viesel, (Hg.), Literaten an der Wand, S. 123.

Arnold, (Hg.): Arbeiterlyrik 1842–1942, S. 140.

Eine veränderte Fassung ist unter dem Titel »Die Verlorenen« erschienen in:
[Graf], Altmodische Gedichte eines Dutzendmenschen, S. 60.

Fabrikheimgang

Graf, Amen und Anfang, S. 14.

Mühle (Hg.), Das proletarische Schicksal, S. 75.

NEUE DEUTSCHE LITERATUR. Zeitschrift für deutschsprachige Literatur, 6 (1957) 5, S. 87.

Rothe (Hg.), Deutsche Großstadtlyrik vom Naturalismus bis zur Gegenwart, S. 222.

Graf, Ich schwebe von Dingen geschaukelt und lebe mich wund, S. 14.

Unter dem Titel »Heimgang« erschienen in:
MENSCHEN. Buchfolge neuer Kunst (Dresden) (= Erstes Heft neuer Lyrik), 2 (April 1919) 2, S. 7.

Unter dem Titel »Heimgang von der Fabrik« liegt es der Sammlung »Graf, Gedichte eines unbekannten jungen Mannes«, Nachlass BSB Ana-440-1-10, bei und ist auch erschienen in:
DER BÜCHERKREIS. Zeitschrift für Literatur und Kunst (Berlin), 1 (Dezember 1924) 3, S. 13, und 3 (August 1927) 8, S. 127.

Arbeiter

DIE GLOCKE. Wochenschrift für Politik und Wirtschaft, Kunst und Kultur, 4 (8. Juni 1918) 10, S. 324.

Graf, Amen und Anfang, S. 15.

Fritz Droop (Hg.), Arbeiterdichtung, Hamburg: Verlag der Deutschen Dichter-Gedächtnisstiftung, 1919, S. 60.

Mühle (Hg.), Das proletarische Schicksal, S. 90.

Rothe (Hg.), Deutsche Großstadtlyrik vom Naturalismus bis zur Gegenwart, S. 224.

Arnold, Arbeiterlyrik 1842–1932, S. 144.

Unter dem Titel »Die Arbeiter« liegt es der Sammlung »Graf, Gedichte eines unbekannten jungen Mannes«, Nachlass BSB, Ana-440-1-10, bei.

Eine stark veränderte Fassung ist unter dem Titel »Arbeiter« erschienen in:
[Graf], Altmodische Gedichte eines Dutzendmenschen, S. 55.

Sterbende Fabrikarbeiterin

Graf, Amen und Anfang, S. 16.
DER BÜCHERKREIS. Zeitschrift für Literatur und Kunst, 3 (August 1927) 8, S. 127.
Kürbisch (Hg.), Anklage und Botschaft, S. 9.
Eine veränderte Fassung liegt der Sammlung »Graf, Gedichte eines unbekannten
    jungen Mannes«, Nachlass BSB, Ana-440-1-10, bei.
Eine dritte Fassung ist unter dem Titel »Kranke Fabrikarbeiterin« erschienen in:
    [Graf], Altmodische Gedichte eines Dutzendmenschen, S. 59.

Joch

Graf, Amen und Anfang, S. 17.
DER WEG (München), hrsg. von Walter Blume, 1 (Januar 1919) 1, S. 4 (mit dem Zu-
    satz »Für Mirjam«).
Offenburg (Hg.), Arbeiterdichtung der Gegenwart, S. 98.
Unter dem Titel »Melancholiker. Für M. S.« erschienen in:
    DIE SCHÖNE RARITÄT (Kiel), hrsg. von Gerhard Ausleger und Richard Blunck,
    2 (Januar 1919) 10, S. 152.
Eine veränderte Fassung unter dem Titel »Die Melancholiker« liegt der Sammlung
    »Graf, Gedichte eines unbekannten jungen Mannes«, Nachlass BSB, Ana-440-
    1-10, bei.
Eine dritte Fassung ist unter dem Titel »Junge Melancholiker« erschienen in:
    [Graf], Altmodische Gedichte eines Dutzendmenschen, S. 152.
    Graf, Ich schwebe von Dingen geschaukelt und lebe mich wund, S. 17.

Komm, Bruder…!

Graf, Amen und Anfang, S. 18.

Bitte

Graf, Amen und Anfang, S. 19.

Härter als gut sein…

Graf, Amen und Anfang, S. 20.

Spruch

Graf, Amen und Anfang, S. 21.
DER WEG, 1 (August/September 1919) 8/9, S. 10.
Viesel (Hg.), Literaten an der Wand, S. 127.

Gottverlassen

Graf, Amen und Anfang, S. 22.

1. Gebet

Graf, Amen und Anfang, S. 23.
Unter dem Titel »Gebet« erschienen in:
    DIE ROTE ERDE. Monatsschrift für Kunst und Kultur, 1, 1919), S. 156.

Eine veränderte Fassung liegt unter dem Titel »Ohnmächtiges Gebet« der Sammlung »Graf, Gedichte eines unbekannten jungen Mannes«, Nachlass BSB, Ana-440-1-10, bei.

Eine dritte Fassung ist unter dem Titel »Gebet der zweifelnden Nonne« erschienen in: [Graf], Altmodische Gedichte eines Dutzendmenschen, S. 90.

2. Gebet

Graf, Amen und Anfang, S. 24.

3. Gebet

Graf, Amen und Anfang, S. 25.

Schmerzliche Stunde

Graf, Amen und Anfang, S. 26.

Eine veränderte Fassung ist erschienen in:

DIE ROTE ERDE. Monatsschrift für Kunst und Kultur, 1, 1919, S. 156.

Eine dritte Fassung liegt unter dem Titel »Warum, mein Gott...?« der Sammlung »Graf, Gedichte eines unbekannten jungen Mannes«, Nachlass BSB, Ana-440-1-10, bei.

Eine vierte Fassung ist unter dem Titel »Monolog um den verlorenen Gott« erschienen in:

[Graf], Altmodische Gedichte eines Dutzendmenschen, S. 139.

Graf, Ich schwebe von Dingen geschaukelt und lebe mich wund, S. 73.

Die Stunden

Graf, Amen und Anfang, S. 27.

Der Nacht zu...

Graf, Amen und Anfang, S. 28.

DER ZWEEMANN. Monatsblätter für Dichtung und Kunst (Hannover), hrsg. von F. W. Wagner, Christof Spengemann und Hans Schiebelhuth, 1 (Juni/Juli/August 1920) 8/9/10, S. 30.

Tag spricht...

Graf, Amen und Anfang, S. 29.

Eine veränderte Fassung liegt der Sammlung »Graf, Gedichte eines unbekannten jungen Mannes«, Nachlass BSB, Ana-440-1-10, bei.

Eine dritte Fassung ist unter dem Titel »Der Tag« erschienen in:

AUFBAU (New York), 18 (5. Dezember 1952) 49, S. 32.

[Graf], Altmodische Gedichte eines Dutzendmenschen, S. 108.

Der Große

Graf, Amen und Anfang, S. 30.

Eine stark veränderte Fassung liegt der Sammlung »Graf, Gedichte eines unbekannten jungen Mannes«, Nachlass BSB, Ana-440-1-10, bei.

Trennung

Graf, Amen und Anfang, S. 31.

Eine veränderte Fassung mit dem Titel »Bittere Trennung« liegt der Sammlung
»Graf, Gedichte eines unbekannten jungen Mannes«, Nachlass BSB, Ana-440-
1-10, bei.

Herbstlich

Graf, Amen und Anfang, S. 32.

Eine veränderte Fassung mit dem Titel »Ernste Sekunde« ist erschienen in:
[Graf], Altmodische Gedichte eines Dutzendmenschen, S. 128.

Friede I + II.

Graf, Amen und Anfang, S. 33 und 34.

Eine stark veränderte Fassung mit dem Titel »Friedenslandschaft« ist erschienen in:
[Graf], Altmodische Gedichte eines Dutzendmenschen, S. 76.

Und einmal...

Graf, Amen und Anfang, S. 37.

Abends Mädchen über Wiesen

Graf, Amen und Anfang, S. 38.

DIE SICHEL (Regensburg), hrsg. von Georg Britting und Josef Achmann, 1 (Okto-
ber 1919) 4, S. 70.

Liebendes Mädchen

Graf, Amen und Anfang, S. 39.

Eine veränderte Fassung liegt der Sammlung »Graf, Gedichte eines unbekannten
jungen Mannes«, Nachlass BSB, Ana-440-1-10, bei.

Brautgesang

Graf, Amen und Anfang, S. 40.

Die Schenkenden

Graf, Amen und Anfang, S. 41.

Geliebte...!

Graf, Amen und Anfang, S. 42.

Nähe

Graf, Amen und Anfang, S. 43.

Eine veränderte Fassung mit dem Titel »Worte des verliebten Jünglings« liegt der
Sammlung »Graf, Gedichte eines unbekannten jungen Mannes«, Nachlass
BSB, Ana-440-1-10, bei.

Eine dritte Fassung des Gedichts mit dem Titel »Berückung« ist erschienen in:
[Graf], Altmodische Gedichte eines Dutzendmenschen, S. 85.

Glück

Graf, Amen und Anfang, S. 44.

Mund

Graf, Amen und Anfang, S. 45.
MARSYAS. Eine Zweimonatsschrift, hrsg. von Theodor Tagger (= Ferdinand Bruck-
    ner), 1 (September/Oktober 1917) 2, S. 202f.

Dir

Graf, Amen und Anfang, S. 46.
Eine veränderte Fassung mit dem Titel »Vision des Liebenden« liegt der Samm-
    lung »Graf, Gedichte eines unbekannten jungen Mannes«, Nachlass BSB, Ana-
    440-1-10, bei.

Du

Graf, Amen und Anfang, S. 47.
NEUE BLÄTTER FÜR KUNST UND DICHTUNG (Dresden), hrsg. von Hugo Zehder,
    2 (1920), S. 206.

Gebet an die ferne Geliebte

Graf, Amen und Anfang, S. 48.

Zwischen dir und mir

Graf, Amen und Anfang, S. 49.
Eine veränderte Fassung liegt der Sammlung »Graf, Gedichte eines unbekannten
    jungen Mannes«, Nachlass BSB, Ana-440-1-10, bei.

In dir

Graf, Amen und Anfang, S. 50.

Hoffnung

Graf, Amen und Anfang, S. 51.
Graf, Ich schwebe von Dingen geschaukelt und lebe mich wund, S. 51.

Die Entflammten

Graf, Amen und Anfang, S. 55.
DER WEG, 1 (August/September 1919) 8/9, S. 14.
Eine veränderte Fassung mit dem Titel »Die kommenden Menschen« liegt der
    Sammlung »Graf, Gedichte eines unbekannten jungen Mannes«, Nachlass
    BSB, Ana-440-1-10, bei.
Eine weitere Fassung ist unter dem Titel »Rebellen« erschienen in:
    [Graf], Altmodische Gedichte eines Dutzendmenschen, S. 140.
    Graf, Ich schwebe von Dingen geschaukelt und lebe mich wund, S. 73.
Eine vierte Fassung mit dem Titel »Die neuen Menschen« ist dem Nachlass BSB,
    Ana-440-2-9 beigeordnet.

Weissagung

Graf, Amen und Anfang, S. 56.

DIE BÜCHERKISTE. Monatsschrift für Literatur, Graphik und Buchbesprechung, 1
(1919) 5/6/7, S. 72.

Eine veränderte Fassung liegt der Sammlung »Graf, Gedichte eines unbekannten
jungen Mannes«, Nachlass BSB, Ana-440-1-10, bei.

Wissen

Graf, Amen und Anfang, S. 57.

Gewissheit

Graf, Amen und Anfang, S. 58.

Seele

Graf, Amen und Anfang, S. 59.

Dasselbe Gedicht liegt der Sammlung »Graf, Gedichte eines unbekannten jungen
Mannes«, Nachlass BSB, Ana-440-1-10, bei.

Die Dichter

DIE SCHÖNE RARITÄT, 2 (Juli 1918) 4, S. 62.

Graf, Amen und Anfang, S. 60.

Eine veränderte Fassung mit dem Titel »Die jungen Dichter« liegt der Sammlung
»Graf, Gedichte eines unbekannten jungen Mannes«, Nachlass BSB, Ana-440-
1-10, bei.

Dem Einzigen

Graf, Amen und Anfang, S. 61.

Der Mann

Graf, Amen und Anfang, S. 62.

Der Held

Graf, Amen und Anfang, S. 63.

Eine veränderte Fassung mit dem Titel »Der Außenseiter« liegt der Sammlung
»Graf, Gedichte eines unbekannten jungen Mannes«, Nachlass BSB, Ana-440-
1-10, bei.

An die Straßen

NYLAND (Zeitschrift der Werkleute auf Haus Nyland, Verlag Eugen Diederichs, Je-
na), 1 (Herbst 1918) 1, S. 9.

Graf, Amen und Anfang, S. 64.

Droop (Hg.), Arbeiterdichtung, S. 59.

Der ewige Wanderer

Graf, Amen und Anfang, S. 65.

Offenburg (Hg.), Arbeiterdichtung der Gegenwart, S. 97.

BÜCHERGILDE. Monatsschrift der Büchergilde Gutenberg, Juni 1927, S. 88.

Am offenen Fenster

Graf, Gedichte eines unbekannten jungen Mannes, Nachlass BSB, Ana-440-1-10.
Eine veränderte Fassung liegt der Sammlung »Graf, Gedichte im Exil 1933–41«
(Vermerk: Mürzzuschlag, 22. August, 1933), Nachlass BSB, Ana-440-1-11, bei
und ist erschienen in: Jahrbuch 1993 der Oskar Maria Graf-Gesellschaft, hrsg.
von Ulrich Dittmann und Hans Dollinger, S. 24.
Eine dritte Fassung mit dem Titel »Um den Schlaf gebracht« ist erschienen in:
[Graf], Altmodische Gedichte eines Dutzendmenschen, S. 77.

An eine eitle alte Jungfer

Graf, Gedichte eines unbekannten jungen Mannes, Nachlass BSB, Ana-440-1-10.
Eine veränderte Fassung ist erschienen in:
[Graf], Altmodische Gedichte eines Dutzendmenschen, S. 93.

Anno 1919

Graf, Gedichte eines unbekannten jungen Mannes, Nachlass BSB, Ana-440-1-10.
Graf, Ich schwebe von Dingen geschaukelt und lebe mich wund, S. 23.
Eine leicht veränderte Fassung mit dem Titel »Wehrlos während des Wiener Auf-
standes« liegt der Sammlung »Graf, Gedichte im Exil 1933–41« (Vermerk:
Wien, 14. Februar 1934), Nachlass BSB, Ana-440-1-11, bei.

Aphorismus

Graf, Gedichte eines unbekannten jungen Mannes, Nachlass BSB, Ana-440-1-10.

Aufbruch

Graf, Gedichte eines unbekannten jungen Mannes, Nachlass BSB, Ana-440-1-10.

Aufreizung

Graf, Gedichte eines unbekannten jungen Mannes, Nachlass BSB, Ana-440-1-10.
Eine veränderte Fassung des Gedichts liegt der Sammlung »Graf, Gedichte im Exil
1933–41« (Vermerk: Brünn, 12. August 1935), bei.

Aus der Schulzeit

Graf, Gedichte eines unbekannten jungen Mannes, Nachlass BSB, Ana-440-1-10.
Eine veränderte Fassung mit dem Titel »Aus der Dorfschulzeit« ist erschienen in:
[Graf], Altmodische Gedichte eines Dutzendmenschen, S. 39.
Graf, Ich schwebe von Dingen geschaukelt und lebe mich wund, S. 67.

Bade-Erinnerung

Graf, Gedichte eines unbekannten jungen Mannes, Nachlass BSB, Ana-440-1-10.

Bangende Mutter vor ihrem sterbenden Kind

Graf, Gedichte eines unbekannten jungen Mannes, Nachlass BSB, Ana-440-1-10.

Bedenke…!

Graf, Gedichte eines unbekannten jungen Mannes, Nachlass BSB, Ana-440-1-10.
MÜNCHENER POST, Nr. 49, vom 2. Dezember 1923, Beilage »Die Quelle«, S. 1.
Eine veränderte Fassung mit dem Titel »Es geht um dich…« liegt der Sammlung
    »Oskar Maria Graf, In den Wind gesprochen. Nachlese neuer Gedichte im Exil
    1941–42«, Nachlass BSB, Ana-440-1-12, bei.
Die veränderte Fassung entspricht dem »Sinngedicht II«, erschienen in:
    [Graf], Altmodische Gedichte eines Dutzendmenschen, S. 103.

Begräbnis eines Arbeiters

Graf, Gedichte eines unbekannten jungen Mannes, Nachlass BSB, Ana-440-1-10.
Eine veränderte Fassung mit dem Titel »Arbeiterbegräbnis« ist erschienen in:
    MÜNCHENER POST, Nr. 38, vom 18. August 1923, Beilage »Die Quelle«, S. 3.
Eine dritte Fassung des Gedichts mit dem Titel »Begräbnis eines Arbeiters« ist er-
    schienen in: DER BÜCHERKREIS. Zeitschrift für Literatur und Kunst, 3 (Februar
    1927) 2, S. 27.

Besinnt euch nicht…

Graf, Gedichte eines unbekannten jungen Mannes, Nachlass BSB, Ana-440-1-10.
Unter dem Titel »Aufruf« liegt es der Sammlung »Graf, Gedichte im Exil 1933–41«
    (Vermerk: 11. Februar 1934), Ana-440-1-11, bei und ist erschienen in: Graf, Ich
    schwebe von Dingen geschaukelt und lebe mich wund, S. 34.

Brautfreude

Graf, Gedichte eines unbekannten jungen Mannes, Nachlass BSB, Ana-440-1-10.

Dämmermenschen

Graf, Gedichte eines unbekannten jungen Mannes, Nachlass BSB, Ana-440-1-10.

Der Arbeiter

NEUE ZEITUNG (München), Nr. 192, vom 28. August 1919, S. 2.
Eine veränderte Fassung mit dem Titel »Nachdenkender Arbeiter« liegt der Samm-
    lung »Graf, Gedichte eines unbekannten jungen Mannes«, Nachlass BSB, Ana-
    440-1-10, bei.
Eine dritte Fassung ist ebenfalls unter diesem Titel erschienen in:
    Mühle (Hg.), Das proletarische Schicksal, S. 4.
    Rothe (Hg.), Deutsche Großstadtlyrik vom Naturalismus bis zur Gegenwart,
    S. 22.
    Arnold (Hg.), Arbeiterlyrik 1842–1932, S. 196.

Der Nacht ins Ohr

Graf, Gedichte eines unbekannten jungen Mannes, Nachlass BSB, Ana-440-1-10.

Der Prophet

FEUER. Illustrierte Monatsschrift für Kunst und künstlerische Kultur (Saarbrücken),
    hrsg. von Guido Bagier, 1 (1919/20), S. 691.

Der Tag steigt auf

Graf, Gedichte eines unbekannten jungen Mannes, Nachlass BSB, Ana-440-1-10.
JUGEND. Münchner illustrierte Wochenschrift für Kunst und Leben, 29 (1924) 7,
    S. 162 b.
Unter dem Titel »Aufsteigender Tag« ist das Gedicht erschienen in:
    AUFBAU, 24 (8. August 1958) 32, Beilage »Der Zeitgeist«, S. 16.
Eine veränderte Fassung, aber unter dem ursprünglichen Titel, ist erschienen in:
    FRANKFURTER HEFTE, hrsg. von Eugen Kogon und Walter Dirks, 9 (Novem-
    ber 1954) 11, S. 854.
    AUFBAU, 25 (12. Juni 1959) 24, S. 16.
    [Graf], Altmodische Gedichte eines Dutzendmenschen, S. 67.

Der Zögernde klagt

Graf, Gedichte eines unbekannten jungen Mannes, Nachlass BSB, Ana-440-1-10.

Die Ersten

Graf, Gedichte eines unbekannten jungen Mannes, Nachlass BSB, Ana-440-1-10.
DIE SAMMLUNG. Literarische Monatsschrift, unter dem Patronat von André Gide,
    Aldous Huxley und Heinrich Mann, 1 (1934) 6, S. 285.
Verse der Emigration, gesammelt von Heinz Wielek [= Franz Osterroth], Karlsbad:
    Verlagsanstalt »Graphia«, 1935, S. 24.
Erich Grisar, Denk ich an Deutschland in der Nacht. Exillyrik, Karlsruhe: Volk und
    Zeit, 1946, S. 22.
Erwin Reiche, Dies Buch gehört der Freiheit. Deutsche Dokumente aus fünf Jahr-
    hunderten, Weimar: Kiepenheuer, 1949, S. 311.
Manfred Schlösser/Hans-Rolf Ropertz (Hg.), An den Wind gesprochen. Lyrik der
    Freiheit. Gedichte der Jahre 1933–1945, Darmstadt: Agora, 1960, S. 63, 223.
[Graf], Altmodische Gedichte eines Dutzendmenschen, S. 63.
Josef Luitpold [Stern], Das Sternbild. Gedicht eines Lebens. Gesammelte Werke,
    Bd. 5: Hall und Widerhall. Vom eifrigen Leben, Wien: Europa, 1966, S. 149.
Graf, Ich schwebe von Dingen geschaukelt und lebe mich wund, S. 22.

Die Gerechtigkeit spricht

Graf, Gedichte eines unbekannten jungen Mannes, Nachlass BSB, Ana-440-1-10.

Die neuen Menschen

MENSCHEN. Buchfolge neuer Kunst (= Erstes Heft neuer Lyrik), 2 (April 1919) 2,
    S. 6 f.

Die triumphierende Vernichtung

Graf, Gedichte eines unbekannten jungen Mannes, Nachlass BSB, Ana-440-1-10.

Die Zwanzigjährigen

Graf, Gedichte eines unbekannten jungen Mannes, Nachlass BSB, Ana-440-1-10.

Du Land...

Graf, Gedichte eines unbekannten jungen Mannes, Nachlass BSB, Ana-440-1-10.
Obelisk-Almanach auf das Jahr 1929, München: Drei Masken Verlag, 1929, S. 76.
Eine veränderte Fassung ist erschienen in:
   SIMPLICISSIMUS, 30 (13. Juli 1925) 15, S. 222.
Eine dritte Fassung ist erschienen in:
   [Graf], Altmodische Gedichte eines Dutzendmenschen, S. 81.
   PASSAUER NEUE PRESSE, vom 19. Juni 1974, o. P.
   LÜBECKER NACHRICHTEN, vom 21. Juli 1974, o. P.
   DIE WELT, vom 25. Juli 1974, S. 15.

Dumpfe Frage

Graf, Gedichte eines unbekannten jungen Mannes, Nachlass BSB, Ana-440-1-10.
Obelisk-Almanach auf das Jahr 1929, S. 75.

Eine Generation

Graf, Gedichte eines unbekannten jungen Mannes, Nachlass BSB, Ana-440-1-10.

Einmal!

DIE BÜCHERKISTE. Monatsschrift für Literatur, Graphik und Buchbesprechung, 1
   (1919) 4, S. 50.

Empörung

DER WEG, 1 (Februar 1919) 2, S. 2.
Arthur Wolf (Hg.), Saat und Ernte. Ein proletarisches Hausbuch. Proletarische No-
   vellen, Erzählungen, Aufsätze und Gedichte, Leipzig: Die Wölfe, 1927, S. 253.
Unter dem Titel »Die Empörung« liegt es der Sammlung »Graf, Gedichte eines un-
   bekannten jungen Mannes«, Nachlass BSB, Ana-440-1-10, bei.
Eine veränderte Fassung mit dem Titel »Die Empörung« ist erschienen in:
   NEUE DEUTSCHE HEFTE. Beiträge zur europäischen Gegenwart, hrsg. von Jo-
   achim Günther (Gütersloh), 2 (1955/56), S. 37.
   [Graf], Altmodische Gedichte eines Dutzendmenschen, S. 138.

Erinnerung an meinen Vater

Graf, Gedichte eines unbekannten jungen Mannes, Nachlass BSB, Ana-440-1-10.
Eine veränderte Fassung liegt der Sammlung »Graf, Gedichte im Exil 1933–41« (Ver-
   merk: Wien, 2. März 1938), Nachlass BSB, Ana-440-1-11, bei und ist erschienen
   in: Graf, Ich schwebe von Dingen geschaukelt und lebe mich wund, S. 40.

Ewiges Weib

Graf, Gedichte eines unbekannten jungen Mannes, Nachlass BSB, Ana-440-1-10.

Feierabend

Graf, Gedichte eines unbekannten jungen Mannes, Nachlass BSB, Ana-440-1-10.

Flehruf!

MENSCHEN. Buchfolge neuer Kunst (= Erstes Heft neuer Lyrik), 2 (April 1919) 2, S. 7.

Fluch der Lebensangst

Graf, Gedichte eines unbekannten jungen Mannes, Nachlass BSB, Ana-440-1-10.

Eine veränderte Fassung mit dem Titel »Wissen um Verlorensein« ist erschienen in: DER SCHACHT. Westdeutsche Monatsschrift für Kunst, Wissenschaft und Volksbildung (Bochum), 4 (4. Februar 1928) 19, S. 240.

Gebet bei Tagesende

Graf, Gedichte eines unbekannten jungen Mannes, Nachlass BSB, Ana-440-1-10.

Gespräch am Samstag

Graf, Gedichte eines unbekannten jungen Mannes, Nachlass BSB, Ana-440-1-10.

Eine veränderte Fassung ist erschienen in: DER BÜCHERKREIS. Zeitschrift für Literatur und Kunst, 1 (Dezember 1924) 3, S. 14.

Gewitter

Graf, Gedichte eines unbekannten jungen Mannes, Nachlass BSB, Ana-440-1-10.

[Graf], Altmodische Gedichte eines Dutzendmenschen, S. 69.

Jahrbuch 1993 der Oskar Maria Graf-Gesellschaft, hrsg. von Ulrich Dittmann und Hans Dollinger, S. 25.

Unter dem Titel »Ausbrechendes Gewitter« ist das Gedicht erschienen in: FRANKFURTER RUNDSCHAU, Nr. 155, vom 8. Juli 1950, S. 6.

Eine leicht veränderte Fassung mit dem Titel »Gewitter« ist erschienen in: AUFBAU, 15 (12. August 1949) 32, S. 10.

Glückliche Heimatlosigkeit

Graf, Gedichte eines unbekannten jungen Mannes, Nachlass BSB, Ana-440-1-10.

DIE SAMMLUNG. Literarische Monatsschrift, 1 (1934) 6, S. 285–287.

Verse der Emigration, gesammelt von Heinz Wielek, S. 90.

Oswald Mohr [= Bruno Kaiser] (Hg.), Das Wort der Verfolgten. Gedichte und Prosa, Briefe und Aufrufe deutscher Flüchtlinge von Heinrich Heine und Georg Herwegh bis Bertolt Brecht und Thomas Mann, Basel: Mundus, 1945, S. 225.

Schlösser/Ropertz (Hg.), An den Wind gesprochen, S. 63, 223.

[Graf], Altmodische Gedichte eines Dutzendmenschen, S. 168.

Manfred Schlösser (Hg.), An den Wind gesprochen. Lyrik der Freiheit 1933–1945, München: Deutscher Taschenbuch Verlag, 1962, S. 196.

Erich Albrecht, Deutschland im Umbruch, Chicago/Philadelphia/New York: Lippincott Comp., 1938, S. 117f.

Unter dem Titel »Es weckt uns neues Hoffen auf« ist das Gedicht erschienen in: DEUTSCHE VOLKSZEITUNG, vom 24. Dezember 1965, S. 14.

Gute Erinnerung

Graf, Gedichte eines unbekannten jungen Mannes, Nachlass BSB, Ana-440-1-10.
Eine veränderte Fassung mit dem Titel »Erinnerung« ist erschienen in:
  DER BÜCHERKREIS. Zeitschrift für Literatur und Kunst, 1 (Juni 1925) 9, S. 20.
Eine dritte Fassung mit dem Titel »Gute Erinnerung« ist erschienen in:
  [Graf], Altmodische Gedichte eines Dutzendmenschen, S. 47.

Heimkehrende Bauern

Graf, Gedichte eines unbekannten jungen Mannes, Nachlass BSB, Ana-440-1-10.
JUGEND. Münchner illustrierte Wochenschrift für Kunst und Leben, 35 (1930) 14,
  S. 214.

Hereinbruch der Nacht

DIE ROTE ERDE. Monatsschrift für Kunst und Kultur, 1 (November 1919) 6, S. 156.
DER ZWEEMANN. Monatsblätter für Dichtung und Kunst, 1 (Juni/Juli/August 1920)
  8/9/10, S. 30.
Eine veränderte Fassung mit dem Titel »Nächtlicher Spaziergang auf dem Lande«
  liegt der Sammlung »Graf, Gedichte eines unbekannten jungen Mannes«,
  Nachlass BSB, Ana-440-1-10, bei.

Hoffnung

Graf, Gedichte eines unbekannten jungen Mannes, Nachlass BSB, Ana-440-1-10.
DER SIMPL. Kunst – Karikatur – Kritik (München), hrsg. von Willi Ernst Freitag,
  1 (Juli 1946) 8, S. 98.
DIE ERZÄHLUNG. Illustrierte Zeitschrift für Freunde guter Literatur (Konstanz), 4
  (September 1950), S. 44.
[Graf], Altmodische Gedichte eines Dutzendmenschen, S. 61.

Hoffnungshymne

DER WEG, 1 (August/September 1919) 8/9, S. 12.

In der Fremde

Graf, Gedichte eines unbekannten jungen Mannes, Nachlass BSB, Ana-440-1-10.
Eine veränderte (undatierte) Fassung liegt dem Nachlass BSB, Ana-440-2-8, bei.

In einer nachdenklichen Sekunde

Graf, Gedichte eines unbekannten jungen Mannes, Nachlass BSB, Ana-440-1-10.

In memoriam Rainer Maria Rilke

Graf, Gedichte eines unbekannten jungen Mannes, Nachlass BSB, Ana-440-1-10.
Graf, Ich schwebe von Dingen geschaukelt und lebe mich wund, S. 24.

Kameradin

Graf, Gedichte eines unbekannten jungen Mannes, Nachlass BSB, Ana-440-1-10.
Eine veränderte Fassung mit dem Titel »Gefährtin« ist erschienen in:
  [Graf], Altmodische Gedichte eines Dutzendmenschen, S. 56.

Keine Nacht vergeht

Graf, Gedichte eines unbekannten jungen Mannes, Nachlass BSB, Ana-440-1-10.
Eine leicht veränderte Fassung liegt der Sammlung »Graf, Gedichte im Exil 1933–41«
(Vermerk: 24. Oktober 1933), Nachlass BSB, Ana-440-1-11, bei und ist erschie-
nen in: Graf, Ich schwebe von Dingen geschaukelt und lebe mich wund, S. 32.
Eine dritte Fassung ist erschienen in:
Arbeiter-Jahrbuch 1935, hrsg. von der Deutschen Sozialdemokratischen Arbei-
terpartei in der Tschechoslowakischen Republik. Schriftleitung: Emil Franzel,
Teplitz: E. Prager Verlag, 1935, S. 129.
Mohr (Hg), Das Wort der Verfolgten, S. 241.
Bruno Kaiser (Hg.), Das Wort der Verfolgten. Anthologie eines Jahrhunderts,
Berlin: Volk und Welt, 1948, S. 186.
Reiche, Dies Buch gehört der Freiheit, S. 312.

Kleiner Rat

Graf, Gedichte eines unbekannten jungen Mannes, Nachlass BSB, Ana-440-1-10.

Kranker nach der Narkose

Graf, Gedichte eines unbekannten jungen Mannes, Nachlass BSB, Ana-440-1-10.

Lass nachten, Herr...

Graf, Gedichte eines unbekannten jungen Mannes, Nachlass BSB, Ana-440-1-10.
Jugend. Münchner illustrierte Wochenschrift für Kunst und Leben, 28 (1923) 19,
S. 560.
Süddeutsche Zeitung, Nr. 34, vom 12. April 1947, S. 5.
[Graf], Altmodische Gedichte eines Dutzendmenschen, S. 149.

Letzte Läuterung des Gläubigen

Graf, Gedichte eines unbekannten jungen Mannes, Nachlass BSB, Ana-440-1-10.

Lied der Verdammten

Graf, Gedichte eines unbekannten jungen Mannes, Nachlass BSB, Ana-440-1-10.

Manifeststück

Der Weg, 1 (1919) 10, S. 10.

Masse

Graf, Gedichte eines unbekannten jungen Mannes, Nachlass BSB, Ana-440-1-10.

Menschenleben

Graf, Gedichte eines unbekannten jungen Mannes, Nachlass BSB, Ana-440-1-10.
Eine veränderte Fassung ist erschienen in:
Der Schacht. Westdeutsche Monatsschrift für Kunst, Wissenschaft und Volks-
bildung, 19 (4. Februar 1928) 19, S. 242.

Monolog eines Selbstmörders

Graf, Gedichte eines unbekannten jungen Mannes, Nachlass BSB, Ana-440-1-10.

Mürrischer Arbeiter

Graf, Gedichte eines unbekannten jungen Mannes, Nachlass BSB, Ana-440-1-10.
Eine leicht veränderte Fassung mit dem Titel »Verdrossener Arbeiter« liegt der
  Sammlung »Graf, Gedichte im Exil 1933–41« (Vermerk: Wien, 16. Juli 1933),
  Nachlass BSB, Ana-440-1-11, bei und ist erschienen in:
  WESPENNEST. Zeitschrift für brauchbare Texte und Bücher, Nr. 33, 1978, S. 5.

Nach dem Zusammenbruch der Münchner Räterepublik

Graf, Gedichte eines unbekannten jungen Mannes, Nachlass BSB, Ana-440-1-10.

Neujahrsnacht

Graf, Gedichte eines unbekannten jungen Mannes, Nachlass BSB, Ana-440-1-10.
Eine veränderte Fassung mit dem Titel »Neujahrskantate« ist erschienen in:
  [Graf], Altmodische Gedichte eines Dutzendmenschen, S. 48.
  Graf, Ich schwebe von Dingen geschaukelt und lebe mich wund, S. 52.

Ohne Bleibe

Graf, Gedichte eines unbekannten jungen Mannes, Nachlass BSB, Ana-440-1-10.
ARBEITER-ZEITUNG (Wien), vom 22. Dezember 1933, S. 5.
Das Gedicht ist im Inhaltsverzeichnis der Sammlung »Graf, Gedichte im Exil 1933–
  41«, Nachlass BSB, Ana-440-1-11, aufgeführt, liegt der Sammlung allerdings
  nur als Zeitungsausschnitt aus der ARBEITER-ZEITUNG bei.

Schlaflied unter einer Brücke

Graf, Gedichte eines unbekannten jungen Mannes, Nachlass BSB, Ana-440-1-10.
DER BÜCHERKREIS. Zeitschrift für Literatur und Kunst, 1 (Dezember 1924) 3, S. 14.
Verse der Emigration, gesammelt von Heinz Wielek, S. 10.
FRANKFURTER RUNDSCHAU, Nr. 15, vom 22. Februar 1946, S. 4.
Kürbisch (Hg.), Anklage und Botschaft, S. 9, 15.
Eine veränderte Fassung ist erschienen in:
  [Graf], Altmodische Gedichte eines Dutzendmenschen, S. 58.

Schluchten im Vorfrühling

Graf, Gedichte eines unbekannten jungen Mannes, Nachlass BSB, Ana-440-1-10.

Schwere

Graf, Gedichte eines unbekannten jungen Mannes, Nachlass BSB, Ana-440-1-10.

Schwermut

KONSTANZ. Blätter des Konstanzer Stadttheaters, 1 (1919) 10, S. 49.
Unter dem Titel »Schwermütiger Gedanke« liegt es der Sammlung »Graf, Gedichte
  eines unbekannten jungen Mannes«, Nachlass BSB, Ana-440-1-10, bei.

Schwur der Opfer

Graf, Gedichte eines unbekannten jungen Mannes, Nachlass BSB, Ana-440-1-10.

Sehnsucht zurück

Graf, Gedichte eines unbekannten jungen Mannes, Nachlass BSB, Ana-440-1-10.
Süddeutsche Zeitung, Nr. 27, vom 3. April 1948, S. 5.
[Graf], Altmodische Gedichte eines Dutzendmenschen, S. 39.
Lübecker Nachrichten, Nr. 187, vom 13. August 1972, S. 38.

Sinnspruch

Graf, Gedichte eines unbekannten jungen Mannes, Nachlass BSB, Ana-440-1-10.

Sprichwort

Graf, Gedichte eines unbekannten jungen Mannes, Nachlass BSB, Ana-440-1-10.

Ständige Gegenwart

Graf, Gedichte eines unbekannten jungen Mannes, Nachlass BSB, Ana-440-1-10.

Sterbender Bauer

Graf, Gedichte eines unbekannten jungen Mannes, Nachlass BSB, Ana-440-1-10.
Die Sammlung. Literarische Monatsschrift, 1 (1934) 6, S. 286.
Eine veränderte Fassung unter dem Titel »Sterbender Bauer zu seinen Leuten«
    ist erschienen in: Der Bücherwurm. Eine Monatsschrift für Bücherfreunde
    (München), 11 (1925/26), S. 111.
Eine dritte Fassung ist unter dem Titel »Sterbender Bauer« erschienen in:
    [Graf], Altmodische Gedichte eines Dutzendmenschen, S. 49.

Stolzer Bauer

Graf, Gedichte eines unbekannten jungen Mannes, Nachlass BSB, Ana-440-1-10.

Trauer über eine vergangene Nacht

Graf, Gedichte eines unbekannten jungen Mannes, Nachlass BSB, Ana-440-1-10.
Eine veränderte Fassung mit dem Titel »Jäher Schrecken« ist erschienen in:
    [Graf], Altmodische Gedichte eines Dutzendmenschen, S. 149.

Traum und Hoffnung vor dem Weltuntergang

Graf, Gedichte eines unbekannten jungen Mannes, Nachlass BSB, Ana-440-1-10.

Traurige junge Arbeiterin

Graf, Gedichte eines unbekannten jungen Mannes, Nachlass BSB, Ana-440-1-10.

Traurige Vorstadt

Graf, Gedichte eines unbekannten jungen Mannes, Nachlass BSB, Ana-440-1-10.

Trostspruch

Graf, Gedichte eines unbekannten jungen Mannes, Nachlass BSB, Ana-440-1-10.

Verbrüderung

Graf, Gedichte eines unbekannten jungen Mannes, Nachlass BSB, Ana-440-1-10.
Graf, Gedichte im Exil 1933–41 (Vermerk: Wien, 24. April 1933), Nachlass BSB, Ana-440-1-11.
[Graf], Altmodische Gedichte eines Dutzendmenschen, S. 58.
Graf, Ich schwebe von Dingen geschaukelt und lebe mich wund, S. 31.
Unter dem Titel »Gib mir, Genosse, deine Hand« ist das Gedicht erschienen in:
Verse der Emigration, gesammelt von Heinz Wielek, S. 110.
Reiche, Dies Buch gehört der Freiheit, S. 312.
Hans-Heinrich Reuter (Hg.), Politische Gedichte der Deutschen aus acht Jahrhunderten, Leipzig: Insel, 1960, S. 266.
Unter dem Titel »Zuversicht« es erschienen in:
DAS ANDERE DEUTSCHLAND (Buenos Aires), hrsg. von August Siemsens, 3 (1940) 29, S. 7, und 6 (1943) 73, S. 7.

Vergänglichkeit

Graf, Gedichte eines unbekannten jungen Mannes, Nachlass BSB, Ana-440-1-10.
Unter dem Titel »Bedenk’...!« ist es erschienen in:
FRAUENWELT. Eine Halbmonatsschrift, 4 (10. März 1928) 5, S. 107.
Eine veränderte Fassung mit dem Titel »Schmerzliche Ahnung« ist erschienen in:
[Graf], Altmodische Gedichte eines Dutzendmenschen, S. 85.

Verlassenes Mädchen

Graf, Gedichte eines unbekannten jungen Mannes, Nachlass BSB, Ana-440-1-10.
Eine veränderte Fassung mit dem Titel »Klage eines verlassenen Mädchens« ist erschienen in: [Graf], Altmodische Gedichte eines Dutzendmenschen, S. 87.

Vers

FEUER. Illustrierte Monatsschrift für Kunst und künstlerische Kultur, 1 (1919/20), S. 692.

Verse um Gott: 1. Einsamer Aufschrei; 2. Gott gibt Antwort; 3. Wunsch

Graf, Gedichte eines unbekannten jungen Mannes, Nachlass BSB, Ana-440-1-10.

Worte für den Weg

Graf, Gedichte eines unbekannten jungen Mannes, Nachlass BSB, Ana-440-1-10.
Eine veränderte Fassung ist erschienen in:
JUGEND. Münchner illustrierte Wochenschrift für Kunst und Leben, 29 (1924) 12, S. 278.
Graf, Ich schwebe von Dingen geschaukelt und lebe mich wund, S. 26.
Eine dritte, stark veränderte Fassung mit dem Titel »Glaube« ist dem Nachlass BSB, Ana-440-2-5 beigeordnet (undatiert).

Wunder

Graf, Gedichte eines unbekannten jungen Mannes, Nachlass BSB, Ana-440-1-10.
Eine veränderte Fassung ist erschienen in:
[Graf], Altmodische Gedichte eines Dutzendmenschen, S. 41.
Eine dritte (undatierte) Fassung liegt dem Nachlass, BSB, Ana-440-5, bei.

Zuruf

Graf, Gedichte eines unbekannten jungen Mannes, Nachlass BSB, Ana-440-1-10.
Graf, Ich schwebe von Dingen geschaukelt und lebe mich wund, S. 29.

Zuversicht

DAS TRIBUNAL. Hessische Radikale Blätter, hrsg. von Carlo Mierendorff, 1 (Juli 1919)
    7, S. 89.

Abendwerden

DER ZWEEMANN. Monatsblätter für Dichtung und Kunst, 1 (Juni/Juli/August 1920)
    8/9/10, S. 30.
Graf, Ich schwebe von Dingen geschaukelt und lebe mich wund, S. 25.

Angsttraum

DER ORCHIDEENGARTEN (München), hrsg. von Alfons von Czibulka, 2 (1920) 1, S. 5.

Wissen um siegende Sanftmut

Nachlass Monacensia: Nachlass Oskar Maria Graf / Kass. OMG vor 1933.

Die Sterbende

Graf, Gedichte eines unbekannten jungen Mannes, Nachlass BSB, Ana-440-1-10.
Eine veränderte Fassung ist mit dem Zusatz »In memoriam Emma Graf, gest. 3.
    Aug. 1947« erschienen in:
    MÜNCHNER MERKUR, Nr. 33, vom 18. März 1949, Beilage »Die Propyläen«,
    S. 18. Obwohl dieses Gedicht der Sammlung »Graf, Gedichte eines unbe-
    kannten jungen Mannes« beigeordnet ist, die gemäß dem ihr vorangestellten
    Vorwort etwa 1919 entstanden sein muss, besagt eine Anmerkung im MÜNCH-
    NER MERKUR am Ende des Gedichts, dass seine Erstfassung aus dem Jahr 1920
    stammt.
Eine dritte Fassung des Gedichts ist erschienen in:
    [Graf], Altmodische Gedichte eines Dutzendmenschen, S. 42.
    Graf, Ich schwebe von Dingen geschaukelt und lebe mich wund, S. 51.

WORTE AN DEN EINEN

Von der Andacht und vom Gebet

Oskar Maria Graf, Worte an den Einen (1920–21), Nachlass BSB, Ana-440-1-13.

Vom Etwas

Graf, Worte an den Einen (1920–21), Nachlass BSB, Ana-440-1-13.

Von der Seele

Graf, Worte an den Einen (1920–21), Nachlass BSB, Ana-440-1-13.

Vom Bittersten

Graf, Worte an den Einen (1920–21), Nachlass BSB, Ana-440-1-13.

Vom Dichter

Graf, Worte an den Einen (1920–21), Nachlass BSB, Ana-440-1-13.

Vom Gericht

Graf, Worte an den Einen (1920–21), , Nachlass BSB, Ana-440-1-13.

Vom Geschenk

Graf, Worte an den Einen (1920–21), , Nachlass BSB, Ana-440-1-13.

Vom Freund

Graf, Worte an den Einen (1920–21), Nachlass BSB, Ana-440-1-13.

Vom Besitzen

Graf, Worte an den Einen (1920–21), Nachlass BSB, Ana-440-1-13.

Epilog

BERLINER VOLKSZEITUNG, Nr. 168, vom 21. Juli 1923, o. P. (im Anschluss an Grafs Novelle »Das Testament des Kaspar Heimrath«).

Einstiges (verbotenes) bayrisches Nationallied

Oskar Maria Graf, Bayrisches Lesebücherl. Weißblaue Kulturbilder, München: Gunther Langes, 1924, S. 9.
Unter dem Titel »Die bayrische Nationalhymne« ist das Gedicht erschienen in:
DER KRITIKER. Wochenschrift für Politik, Kunst und Wissenschaft (Berlin), 6 (November 1924) 11, S. 12.
Graf, Ich schwebe von Dingen geschaukelt und lebe mich wund, S. 28.

Mädchenhymnus

BIMINI. Ein buntes Blatt für Kunst, Literatur und Leben (Berlin), 1 (1924) 14, S. 6.

Nacht in einem Arbeiterviertel

MÜNCHENER POST, Nr. 3, vom 19. Januar 1924, Beilage »Die Quelle«, S. 3.

Hymnus

MÜNCHENER POST, Nr. 18, vom 30. April/1. Mai 1924, Beilage »Die Quelle«, S. 4.
Eine veränderte Fassung mit dem Titel »Hymnus an das Volk« ist erschienen in:
DER BÜCHERKREIS. Zeitschrift für Literatur und Kunst, 3 (August 1927) 8, S. 127.

Bayrisches Wildschützen- und sogenanntes Jennerweinlied, zu Tage gebracht
von Oskar Maria Graf

SIMPLICISSIMUS, 29 (22. September 1924) 26, S. 360.
Graf, Ich schwebe von Dingen geschaukelt und lebe mich wund, S. 27.

Nacht

Der Bücherkreis. Zeitschrift für Literatur und Kunst, 1 (Juni 1925) 9, S. 20.
Graf, Ich schwebe von Dingen geschaukelt und lebe mich wund, S. 30.
Eine veränderte Fassung mit dem Titel »Wenn der Mond aufgeht« ist erschienen in:
[Graf], Altmodische Gedichte eines Dutzendmenschen, S. 44.
Unter diesem Titel ist das Gedicht auch im Inhaltsverzeichnis der Sammlung »Graf,
Gedichte eines unbekannten jungen Mannes« aufgeführt, liegt der Sammlung
allerdings nicht bei.

Das Ende brach zusammen hinter mir...

Oskar Maria Graf, Wir sind Gefangene. Ein Bekenntnis aus diesem Jahrzehnt, München: Drei Masken Verlag, 1927, S. 744 f.
Eine veränderte Fassung mit dem Titel »Amen und Anfang« ist erschienen in:
[Graf], Altmodische Gedichte eines Dutzendmenschen, S. 55.

Der Dichter an die Revolution

Wolf (Hg.), Saat und Ernte, S. 253.
Das Gedicht ist im Inhaltsverzeichnis zur Sammlung »Graf, Gedichte eines unbekannten jungen Mannes« aufgeführt, liegt der Sammlung allerdings nicht bei.

Ach, ein Hund sein...!

Der Schacht. Westdeutsche Monatsschrift für Kunst, Wissenschaft und Volksbildung, 4 (4. Februar 1928) 19, S. 241.
Eine veränderte Fassung ist erschienen in:
[Graf], Altmodische Gedichte eines Dutzendmenschen, S. 131.
Das Gedicht ist im Inhaltsverzeichnis zur Sammlung »Graf, Gedichte eines unbekannten jungen Mannes« aufgeführt, liegt der Sammlung allerdings nicht bei.

Preislied auf den Bäcker

Das 13. Diamalt-Buch 1928, hrsg. und dem Bäckerhandwerk gewidmet von der Diamalt-Aktien-Gesellschaft München, S. 5.

Leitspruch

Das 14. Diamalt-Buch 1929, S. 5.

Sehnsüchtiges Gebet

Obelisk-Almanach auf das Jahr 1929, S. 76.
Eine kürzere Fassung mit dem Titel »Zärtliche Zurede« ist erschienen in:
[Graf], Altmodische Gedichte eines Dutzendmenschen, S. 92.
Lübecker Nachrichten, Nr. 169, vom 23. Juli 1972, S. 13.
Graf, Ich schwebe von Dingen geschaukelt und lebe mich wund, S. 70.

Es wird scheint's, Früajohr

Der Reichtum der deutschen Sprache. Uhlands Gedicht »Frühlingsglaube« in acht deutschen Mundarten. In: Uhu, das neue Ullsteinmagazin (Berlin), 6 (Mai 1930) 8, S. 76–79. Mit dem Beitrag »Oskar Maria Graf erklärt seine Übertra-

gung in die bayerische Mundart«, S. 78 f. »Frühlingsglaube // Die linden Lüfte
sind erwacht, / Sie säuseln und weben Tag und Nacht, / Sie schaffen an allen
Enden. / O frischer Duft, o neuer Klang! / Nun, armes Herze, sei nicht bang!
/ Nun muss sich alles, alles wenden. // Die Welt wird schöner mit jedem Tag,
/ Man weiß nicht, was noch werden mag, / Das Blühen will nicht enden. / Es
blüht das fernste, tiefste Tal: / Nun, armes Herz, vergiß der Qual! / Nun muss
sich alles, alles wenden.« (Ludwig Uhland, 1812)

An eine Arbeiterhand

Mühle (Hg.), Das proletarische Schicksal, S. 29.

Lebenslauf

Mühle (Hg.), Das proletarische Schicksal, S. 5.
Viesel (Hg.), Literaten an der Wand, S. 101.

Sommerregen im Wald

Nachlass BSB (Vermerk: München, Sommer 1932), Ana-440-2-12. Trotz des Ent-
stehungsdatums ist der Titel des Gedichts im Inhaltsverzeichnis der Samm-
lung »Graf, Gedichte im Exil 1933–41« angeführt, ist dieser jedoch nicht bei-
geordnet.
Jahrbuch 1993 der Oskar Maria Graf-Gesellschaft, hrsg. von Ulrich Dittmann und
Hans Dollinger, S. 23.

Der Tote im Dorf

Ein Zeitungsausschnitt mit einem Abdruck des Gedichts ist dem Nachlass BSB,
Ana 440-2-10, beigelegt. Er trägt den handschriftlichen Vermerk: »Arbeiter-
zeitung 1933 Wien«.

Schlafloser Emigrant

Graf, Gedichte im Exil 1933–41 (Vermerk: Wien, 23. Oktober 1933), Nachlass BSB,
Ana-440-1-11.
Eine veränderte Fassung mit dem Titel »Der Emigrant« ist erschienen in:
VOLKSFREUND. Tagblatt der deutschen Sozialdemokratie (Brünn), Nr. 40, vom
16. Februar 1936 (56. Jahrgang), S. 5.
Eine dritte Fassung mit dem Titel »Schlafloser Emigrant« ist erschienen in:
FRANKFURTER RUNDSCHAU, Nr. 27, 1. Februar 1950, o. P.

Trinkerhymne

Graf, Gedichte im Exil 1933–41 (Vermerk: Wien, 17. September 1933), Nachlass BSB,
Ana-440-1-11.
Ein veränderte Fassung unter dem Titel »Trinklied« ist erschienen in:
[Graf], Altmodische Gedichte eines Dutzendmenschen, S. 166.

Emigranten I–IV

Graf, Gedichte im Exil 1933–41 (Vermerk: Brünn, C.S.R. Mai/Juni 1934), Nachlass
BSB, Ana-440-1-11.

Eine weitere (undatierte) Fassung ohne Titel ist dem Nachlass BSB, Ana-440-2-16, beigeordnet. Sie umfasst nur drei Teile und ist erschienen in:
Graf, Ich schwebe von Dingen geschaukelt und lebe mich wund, S. 36.
Teil III der hier abgedruckten Fassung ist unter dem Titel »Ausgeliefert« ebenfalls dem Nachlass BSB, Ana-440-2-1, beigeordnet (undatiert).
Teil IV der hier abgedruckten Fassung ist unter dem Titel »Emigrantengespräch« ebenfalls dem Nachlass BSB, Ana-440-2-4, beigeordnet (undatiert).

Lapidares Schicksal

Graf, Gedichte im Exil 1933–41 (Vermerk: Brünn, 4. September 1934), Nachlass BSB, Ana-440-1-11.
Eine leicht veränderte (undatierte) Fassung ist auch dem Nachlass BSB, Ana-440-2-9, beigeordnet.

Gebet der Emigrantenkinder

Graf, Gedichte im Exil 1933–41 (Vermerk: Brünn, 2. Dezember 1935), Nachlass BSB, Ana-440-1-11.
Graf, Ich schwebe von Dingen geschaukelt und lebe mich wund, S. 41.
Eine veränderte (undatierte) Fassung ist dem Nachlass BSB, Ana-440-2-5, beigeordnet.

Zuruf!

Das Wort. Literarische Monatsschrift (Moskau), hrsg. von Bertolt Brecht, Lion Feuchtwanger und Willi Bredel, 1 (November 1936) 5, S. 6.
Mohr (Hg), Das Wort der Verfolgten, S. 261.
Heute und Morgen. Literarische Monatsschrift (Schwerin), 1 (1947) 4, S. 193.
Kaiser (Hg.), Das Wort der Verfolgten, S. 200.
Greifenkalender 1949. Ein Jahreskreis für junge Kunst, hrsg. von Karl Dietz, Neue Folge, Rudolstadt: Greifenverlag, 1949, S. 6.
Frankfurter Rundschau, Nr. 16, vom 19. Januar 1957, S. 17.
Einigkeit. Informationen der Gewerkschaft Nahrung-Genuss-Gaststätten (Hamburg), 16 (28. Oktober 1965) 11, Jubiläumsausgabe, S. 64.
Eine veränderte Fassung mit dem Titel »Schlichter Zuspruch« liegt der Sammlung »Graf, Gedichte im Exil 1933–41« (Vermerk: Brünn, Weihnachten 1936), Nachlass BSB, Ana-440-1-11, bei. Der Hinweis, das Gedicht sei 1937 in der Zeitschrift Das Wort erschienen, ist falsch (siehe oben).
Diese Fassung des Gedichts ist ohne Titel auch dem Nachlass BSB, Ana-440-2-5, beigeordnet.

Kleiner Trost

Graf, Gedichte im Exil 1933–41 (Vermerk: Brünn, um Neujahr 1937), Nachlass BSB, Ana-440-1-11.

Weihnachtsspruch für meinen Freund Frischauer

Graf, Gedichte im Exil 1933–41 (Vermerk: Brünn, Weihnachten 1937), Nachlass BSB, Ana-440-1-11.

Brief eines Emigranten an seine Tochter

DAS WORT. Literarische Monatsschrift, 3 (Januar 1938) 1, S. 26.
Mohr (Hg), Das Wort der Verfolgten, S. 327.
Oskar Maria Graf in seinen Briefen, hrsg. von Gerhard Bauer und Helmut Franz
    Pfanner, München: Süddeutscher Verlag, 1984, S. 119.
Graf, Ich schwebe von Dingen geschaukelt und lebe mich wund, S. 39.
Dasselbe Gedicht liegt ohne Titel auch dem Nachlass BSB, Ana-440-2-8, bei.
Ein veränderte Fassung mit dem Titel »Antwort auf den letzten Brief« liegt der
    Sammlung »Graf, Gedichte im Exil 1933–41« (Vermerk: Brünn, Ende Juni
    1938), Nachlass BSB, Ana-440-1-11, bei.

Illegaler Tod

Graf, Gedichte im Exil 1933–41 (Vermerk: Brünn, 24. März 1938), Nachlass BSB,
    Ana-440-1-11.
Eine veränderte (undatierte) Fassung ist dem Nachlass BSB, Ana-440-2-8, beige-
    ordnet.

Frage ohne Antwort

Graf, Gedichte im Exil 1933–41, Nachlass BSB, Ana-440-1-11. Untypisch für diese
    Sammlung ist das Gedicht nicht mit einem Vermerk versehen, sondern unda-
    tiert geblieben. Da es sich aber um den ersten Text des Kapitels »New York
    City 1938–41« handelt, gehe ich davon aus, dass es im Jahr 1938 entstanden ist.

Heimweh

Graf, Gedichte im Exil 1933–41 (Vermerk: New York City, 31. Juni 1939), Nachlass
    BSB, Ana-440-1-11.
Graf, Ich schwebe von Dingen geschaukelt und lebe mich wund, S. 41.

Schwacher Trostspruch

Graf, Gedichte im Exil 1933–41 (Vermerk: New York City, 19. September 1939),
    Nachlass BSB, Ana-440-1-11.

Nichtigkeit des Ruhmes

Graf, Gedichte im Exil 1933–41 (Vermerk: Yaddo/Saratoga Springs, NY, 27. Juli
    1940), Nachlass BSB, Ana-440-1-11.
AUFBAU, 8 (10. April 1942) 15, S. 10.
Eine veränderte Fassung ist erschienen in:
    [Graf], Altmodische Gedichte eines Dutzendmenschen, S. 123.

Trauriges Lied

Graf, Gedichte im Exil 1933–41 (Vermerk: New York City, 30. Dezember 1940),
    Nachlass BSB, Ana-440-1-11.
Eine leicht veränderte Fassung ist erschienen in:
    [Graf], Altmodische Gedichte eines Dutzendmenschen, S. 151.
    Graf, Ich schwebe von Dingen geschaukelt und lebe mich wund, S. 42.

Abwehr

Graf, Gedichte im Exil 1933–41 (Vermerk: New York City, nachts vom 30. Mai auf 1. Juni 1941), Nachlass BSB, Ana-440-1-11. Eine Kopie davon ist auch dem Nachlass BSB, Ana-440-2, beigeordnet.
Freies Deutschland (México City), 1 (Januar 1942) 3, S. 12.
Der Simpl. Kunst – Karikatur – Kritik, 2 (April 1947) 6, S. 66.
Badische Neueste Nachrichten, vom 17. April 1953, S. 3.
[Graf], Altmodische Gedichte eines Dutzendmenschen, S. 134.

Schwermut und Hoffnung

Graf, Gedichte im Exil 1933–41 (Vermerk: New York City, nachts vom 31. Juni bis 2. Juli 1941), Nachlass BSB, Ana-440-1-11.
Graf, Ich schwebe von Dingen geschaukelt und lebe mich wund, S. 44.
Eine Kopie des Gedichts ist dem Nachlass BSB, Ana-440-2-11, beigeordnet.

In den Wind gesprochen

Trauer über die Vergänglichkeit

Oskar Maria Graf, In den Wind gesprochen. Nachlese neuer Gedichte aus dem Exil 1941 bis 1942 (Vermerk: New York City, 6. August 1941), Nachlass BSB, Ana-440-1-12.

Plötzlicher Frühling

Graf, In den Wind gesprochen. Nachlese neuer Gedichte aus dem Exil 1941 bis 1942 (Vermerk: New York City, 7. August 1941), Nachlass BSB, Ana-440-1-12.
Aufbau, 8 (3. April 1942) 14, S. 32.
[Graf], Altmodische Gedichte eines Dutzendmenschen, S. 67.

Herbstmorgen in der Heimat

Graf, In den Wind gesprochen. Nachlese neuer Gedichte aus dem Exil 1941 bis 1942 (Vermerk: New York City, 9. und 10. August 1941), Nachlass BSB, Ana-440-1-12.
Welt der Arbeit. Wochenzeitung des Deutschen Gewerkschaftsbundes (Köln), Nr. 41, vom 12. Oktober 1951, o. P.
Graf, Ich schwebe von Dingen geschaukelt und lebe mich wund, S. 45.
Eine veränderte Fassung ist erschienen in: [Graf], Altmodische Gedichte eines Dutzendmenschen, S. 41.

Der Nacht verfallen

Graf, In den Wind gesprochen. Nachlese neuer Gedichte aus dem Exil 1941 bis 1942 (Vermerk: Erster Entwurf Camp Midvale, N.J. — Ende August 41; Letzte Fassung, New York City. — 28. März bis 7. April 1942), Nachlass BSB, Ana-440-1-12.
Unter dem Titel »Nachtverliebt« ist es erschienen in:
[Graf], Altmodische Gedichte eines Dutzendmenschen, S. 44.
Graf, Ich schwebe von Dingen geschaukelt und lebe mich wund, S. 47.

Herbstabend

Graf, In den Wind gesprochen. Nachlese neuer Gedichte aus dem Exil 1941 bis 1942
(Vermerk: NF Camp Midvale/N.J. 13. Sept 41), Nachlass BSB, Ana-440-1-12.

Gefühl der Heimat

Graf, In den Wind gesprochen. Nachlese neuer Gedichte aus dem Exil 1941 bis 1942,
Nachlass BSB, Ana-440-1-12 (undatiert).
Graf, Ich schwebe von Dingen geschaukelt und lebe mich wund, S. 50.

Eingeständnis

Graf, In den Wind gesprochen. Nachlese neuer Gedichte aus dem Exil 1941 bis 1942,
Nachlass BSB, Ana-440-1-12 (undatiert).

Tiefe Betrübnis

Graf, In den Wind gesprochen. Nachlese neuer Gedichte aus dem Exil 1941 bis 1942
(Vermerk: New York City, 28. März 1942), Nachlass BSB, Ana-440-1-12.

Kleines Stossgebet

Graf, In den Wind gesprochen. Nachlese neuer Gedichte aus dem Exil 1941 bis 1942
(Vermerk: New York City, 31. März 1942), Nachlass BSB, Ana-440-1-12.

Wie es ungefähr sein wird

Graf, In den Wind gesprochen. Nachlese neuer Gedichte aus dem Exil 1941 bis 1942
(Vermerk: New York City, 4. bis 10. April 1942), Nachlass BSB, Ana-440-1-12.
Dasselbe Gedicht liegt dieser Sammlung noch einmal unter dem Titel »Abschied-
sahnung vor der Heimfahrt« bei, ist aber unter oben genannten Titel im In-
haltsverzeichnis angeführt.
Eine Kopie des Gedichts mit dem handschriftlich korrigierten Titel »Wie es unge-
fähr vor der Heimfahrt sein wird« ist auch der Sammlung »Graf, Gedichte im
Exil 1933–41«, Nachlass BSB, Ana-440-1-11, beigeordnet, aber nicht im Inhalts-
verzeichnis aufgeführt.

Bitte

Graf, In den Wind gesprochen. Nachlese neuer Gedichte aus dem Exil 1941 bis 1942,
Nachlass BSB, Ana-440-1-12 (undatiert). Im Inhaltsverzeichnis der Sammlung
ist kein Gedicht mit diesem Titel angeführt, doch liegt es an der Stelle bei, an
der das Inhaltsverzeichnis ein Gedicht mit dem Titel »Letzter Wunsch« auf-
listet. Offensichtlich wurde der Titel, ähnlich wie bei »Wie es ungefähr sein
wird« noch einmal geändert. Welcher der ursprüngliche Titel ist, ist nicht
mehr nachvollziehbar.
Unter demselben Titel ist das Gedicht erschienen in:
Graf, Ich schwebe von Dingen geschaukelt und lebe mich wund, S. 46.

Lächelt, wenn die Bitternisse kommen

Graf, In den Wind gesprochen. Nachlese neuer Gedichte aus dem Exil 1941 bis 1942,
Nachlass BSB, Ana-440-1-12 (undatiert).

Die verlorene Generation

Graf, In den Wind gesprochen. Nachlese neuer Gedichte aus dem Exil 1941 bis 1942,
Nachlass BSB, Ana-440-1-12 (undatiert).
Eine veränderte Fassung des Gedichts ist dem Nachlass BSB, Ana-440-2-14, beige-
ordnet (undatiert) und ist erschienen in:
Graf, Ich schwebe von Dingen geschaukelt und lebe mich wund, S. 48.

Im Weiterdenken

Graf, In den Wind gesprochen. Nachlese neuer Gedichte aus dem Exil 1941 bis 1942,
Nachlass BSB, Ana-440-1-12 (undatiert).

Aufruf

Graf, In den Wind gesprochen. Nachlese neuer Gedichte aus dem Exil 1941 bis 1942
(Vermerk: New York City, 29. April 1942), Nachlass BSB, Ana-440-1-12.

Hymnus an das Volk

Graf, In den Wind gesprochen. Nachlese neuer Gedichte aus dem Exil 1941 bis 1942
(Vermerk: New York City, 30. April 1942), Nachlass BSB, Ana-440-1-12.
Eine veränderte Fassung ist erschienen in:
SINN UND FORM (Berlin), 5 (1953) 1, S. 36.
[Graf], Altmodische Gedichte eines Dutzendmenschen, S. 142.

An das Aquarell eines Freundes

Graf, In den Wind gesprochen. Nachlese neuer Gedichte aus dem Exil 1941 bis 1942
(Vermerk: New York City, 1. bis 2. Mai 1942), Nachlass BSB, Ana-440-1-12.
Eine leicht veränderte Fassung ist unter dem Titel »Aquarell eines Freundes« mit
dem Zusatz »Für Walter Marcuse« erschienen in:
FRANKFURTER RUNDSCHAU, Nr. 157, vom 16. Juni 1951, S. 13.
Diese leicht veränderte Fassung ist unter dem Titel »Aquarell eines Freundes im
Exil« abermals erschienen in:
[Graf], Altmodische Gedichte eines Dutzendmenschen, S. 74.
Graf, Ich schwebe von Dingen geschaukelt und lebe mich wund, S. 49.

Neues Deutschlandlied

Graf, In den Wind gesprochen. Nachlese neuer Gedichte aus dem Exil 1941 bis 1942,
Nachlass BSB, Ana-440-1-12 (undatiert). Dieses Gedicht ist dort im Inhaltsver-
zeichnis unter dem Titel »Das neue Deutschlandlied« angeführt.

Fazit

Graf, In den Wind gesprochen. Nachlese neuer Gedichte aus dem Exil 1941 bis 1942
(Vermerk: New York City, 1. April 1942), Nachlass BSB, Ana-440-1-12.
Eine Kopie des Gedichts ist auch der Sammlung »Graf, Gedichte im Exil 1933–41«,
Nachlass BSB, Ana-440-1-11, beigeordnet, aber nicht im Inhaltsverzeichnis auf-
geführt.

An die deutschen Soldaten

Graf, In den Wind gesprochen. Nachlese neuer Gedichte aus dem Exil 1941 bis 1942
(Vermerk: New York City, 14. März 1942), Nachlass BSB, Ana-440-1-12.

Für eine neue Melodie

Graf, In den Wind gesprochen. Nachlese neuer Gedichte aus dem Exil 1941 bis 1942, Nachlass BSB, Ana-440-1-12 (undatiert).

Victoria!

Graf, In den Wind gesprochen. Nachlese neuer Gedichte aus dem Exil 1941 bis 1942 (Vermerk: NYC, 3. April 1942), Nachlass BSB, Ana-440-1-12.
Dasselbe Gedicht ist unter dem Titel »Im Goethe-Ton für heute«, aber mit obigem Datum versehen, dem Nachlass BSB, Ana-440-2-8, beigeordnet.
Eine leicht veränderte Fassung mit dem Titel »Victoria!« ist auch der Sammlung »Graf, Gedichte im Exil 1933–41«, Nachlass BSB, Ana-440-1-11, beigeordnet, aber nicht im Inhaltsverzeichnis aufgeführt und mit keinem Datum versehen.

Märztag

Nachlass BSB, Ana-440-2-9 (Vermerk: New York, 10. März 1948).

Meditationen über den Dichter...

Aus der Romanstraße. Ein Almanach. Fünf Jahre Verlag Kurt Desch, München, 1945–1950, München: Desch, 1950, S. 53.
Das Gedicht liegt mit dem Titel »Meditationen über den Dichter. Thomas Mann zu seinem 75sten Geburtstag« der Sammlung »Graf, Gedichte im Exil 1933–41« bei, Nachlass BSB, Ana-440-1-11, ist jedoch nicht in dem dazugehörigen Inhaltsverzeichnis aufgeführt und auch nicht mit einem Datum versehen.
Zwei Kopien des Gedichts sind auch dem Nachlass BSB, Ana-440-2-9, beigeordnet. Sie sind ebenfalls nicht datiert.
Eine leicht veränderte Fassung des Gedichts mit dem Titel »Meditationen über den Dichter. Für Thomas Mann« ist erschienen in:
Aufbau, 16 (25. August 1950) 34, S. 10.

Herbstgefühl

Aufbau, 17 (23. November 1951) 47, S. 32.
[Graf], Altmodische Gedichte eines Dutzendmenschen, S. 78.

Sommerabend in New York

Aufbau, 18 (25. Juli 1952) 27, S. 32.
Frankfurter Rundschau, Nr. 200, vom 30. August 1952, S. 15.
Dasselbe Gedicht ist unter dem Titel »New Yorker Sommerabend« erschienen in:
[Graf], Altmodische Gedichte eines Dutzendmenschen, S. 72.

Wintertag

Aufbau, 18 (8. Februar 1952) 6, S. 10.
[Graf], Altmodische Gedichte eines Dutzendmenschen, S. 78.
Eine Kopie des Gedichts ist dem Nachlass BSB, Ana-440-5, beigeordnet (undatiert).

Märztage

AUFBAU, 18 (14. März 1952) 11, S. 32.
[Graf], Altmodische Gedichte eines Dutzendmenschen, S. 68.

Diät

AUFBAU, 18 (4. Juli 1952) 27, S. 19.
FRANKFURTER RUNDSCHAU, Nr. 182, vom 9. August 1952, S. 11.
[Graf], Altmodische Gedichte eines Dutzendmenschen, S. 110.

Auf einmal...

AUFBAU, 18 (12. Dezember 1952) 50, S. 17.
FRANKFURTER RUNDSCHAU, Nr. 230, vom 4. Oktober 1952, S. 8.
[Graf], Altmodische Gedichte eines Dutzendmenschen, S. 115.
Eine (undatierte) Kopie ist auch dem Nachlass BSB, Ana-440-3, beigeordnet.

An der Schreibmaschine

FRANKFURTER RUNDSCHAU, Nr. 248, vom 25. Oktober 1952, S. 8.
Eine leicht veränderte Fassung ist erschienen in:
    [Graf], Altmodische Gedichte eines Dutzendmenschen, S. 107.
    Graf, Ich schwebe von Dingen geschaukelt und lebe mich wund, S. 53.

Hoher Augenblick

VELHAGEN & KLASINGS MONATSHEFTE (Bielefeld, Berlin, Darmstadt), 61 (1953) 1,
    S. 775.
[Graf], Altmodische Gedichte eines Dutzendmenschen, S. 161.

Mein Zimmer

SINN UND FORM, 5 (1953) 1, S. 35.
[Graf], Altmodische Gedichte eines Dutzendmenschen, S. 102.
Graf, Ich schwebe von Dingen geschaukelt und lebe mich wund, S. 54.

Älterwerden

AUFBAU, 19 (16. Januar 1953) 3, S. 28.
[Graf], Altmodische Gedichte eines Dutzendmenschen, S. 148.

Vorlesender Dichter

AUFBAU, 19 (20. März 1953) 12, S. 13.
Eine Kopie ist auch dem Nachlass BSB, Ana-440-5, beigeordnet (undatiert).
Eine leicht veränderte Fassung ist erschienen in:
    [Graf], Altmodische Gedichte eines Dutzendmenschen, S. 101.

Der bittere Preis

AUFBAU, 19 (24. April 1953) 17, S. 19.
Eine veränderte Fassung ist erschienen in:
    [Graf], Altmodische Gedichte eines Dutzendmenschen, S. 122.

Mädchen im Bad

AUFBAU, 19 (31. Juli 1953) 31, Beilage »Der Zeitgeist«, S. 20.
FRANKFURTER RUNDSCHAU, Nr. 112, vom 15. Mai 1954, S. 17.
[Graf], Altmodische Gedichte eines Dutzendmenschen, S. 92.

Zwischen Sommer und Herbst

FRANKFURTER RUNDSCHAU, Nr. 218, vom 19. September 1953, S. 17.
[Graf], Altmodische Gedichte eines Dutzendmenschen, S. 75.
Vier (undatierte) Kopien sind dem Nachlass BSB, Ana-440-5, beigeordnet.

DER EWIGE KALENDER

Ordnung der Zeit

Oskar Maria Graf, Der ewige Kalender. Ein Jahresspiegel. Mit Zeichnungen von Anne Maria Jauss, New York: Selbstverlag (Profile Press), 1954, S. 7. Dieser Gedichtzyklus wurde zum 60. Geburtstag des Autors von seinen Freunden in einer einmaligen, numerierten Auflage von 500 Exemplaren herausgegeben.

Der Januar

Graf, Der ewige Kalender, S. 11.
AUFBAU, 20 (22. Januar 1954) 4, S. 28.

Der Februar

Graf, Der ewige Kalender, S. 13.
AUFBAU, 20 (19. Februar 1954) 8, S. 6.

Frühling

Graf, Der ewige Kalender, S. 15.

Der März

Graf, Der ewige Kalender, S. 19.
FRANKFURTER RUNDSCHAU, Nr. 61, vom 13. März 1954, S. 17.

Der April

Graf, Der ewige Kalender, S. 21.
AUFBAU, 20 (9. April 1954) 15, S. 32.

Der Mai

FRANKFURTER RUNDSCHAU, Nr. 123, vom 30. Mai 1953, S. 15.
Graf, Der ewige Kalender, S. 23.
AUFBAU, 20 (7. Mai 1954) 19, S. 17.
Graf, Ich schwebe von Dingen geschaukelt und lebe mich wund, S. 56.

Sommer

Graf, Der ewige Kalender, S. 24.
EBERBACHER NACHRICHTEN, vom 1. September 1974, o. P.
Unter dem Titel »Sommerhymne« ist das Gedicht erschienen in:
    AUFBAU, 19 (14. August 1953) 33, S. 36.

Der Juni

Graf, Der ewige Kalender, S. 27.

Der Juli

Aufbau, 19 (10. Juli 1953) 28, S. 36.
Graf, Der ewige Kalender, S. 29.
Frankfurter Rundschau, Nr. 29, vom 19. Juli 1969, Beilage »Zeit im Bild«, S. IV.

Der August

Graf, Der ewige Kalender, S. 31.
Aufbau, 35 (15. August 1969) 33, S. 28.

Herbst

Graf, Der ewige Kalender, S. 32.
Graf, Ich schwebe von Dingen geschaukelt und lebe mich wund, S. 58.

Der September

Aufbau, 19 (18. September 1953) 38, S. 28.
Graf, Der ewige Kalender, S. 35.
Graf, Ich schwebe von Dingen geschaukelt und lebe mich wund, S. 57.

Der Oktober

Aufbau, 19 (2. Oktober 1953) 40, S. 28.
Graf, Der ewige Kalender, S. 37.

Der November

Graf, Der ewige Kalender, S. 39.

Winter

Graf, Der ewige Kalender, S. 41.

Der Dezember

Aufbau, 19 (11. Dezember 1953) 50, S. 10.
Graf, Der ewige Kalender, S. 45.

Schmerzliches Vorgefühl

Aufbau, 21 (28. Oktober 1955) 43, S. 18.
Graf, Ich schwebe von Dingen geschaukelt und lebe mich wund, S. 59.
Unter dem Titel »Trauriges Eingeständnis« ist das Gedicht erschienen in:
    [Graf], Altmodische Gedichte eines Dutzendmenschen, S. 156.

Ode an New York

Aufbau, 21 (30. Dezember 1955) 52, S. 13.
[Graf], Altmodische Gedichte eines Dutzendmenschen, S. 161.
Graf, Ich schwebe von Dingen geschaukelt und lebe mich wund, S. 60.

Alter Emigrant

Neue deutsche Hefte. Beiträge zur europäischen Gegenwart, 2 (März 1956) 24, S. 886.
[Graf], Altmodische Gedichte eines Dutzendmenschen, S. 150.
Graf, Ich schwebe von Dingen geschaukelt und lebe mich wund, S. 64.

Der Fluch des Denkers

Neue deutsche Hefte. Beiträge zur europäischen Gegenwart, 2 (März 1956) 24, S. 888.
[Graf], Altmodische Gedichte eines Dutzendmenschen, S. 113.

Fremde Stadt

Neue deutsche Hefte. Beiträge zur europäischen Gegenwart, 2 (März 1956) 24, S. 887.
Süddeutsche Zeitung, Nr. 72, vom 24. März 1956, o. P.
Der Greifenalmanach auf das Jahr 1958, hrsg. von Karl Dietz, Rudolstadt: Greifen-verlag, 1957, S. 225.
[Graf], Altmodische Gedichte eines Dutzendmenschen, S. 50.
Graf, Ich schwebe von Dingen geschaukelt und lebe mich wund, S. 63.

Wunsch für die Sterbestunde

Neue deutsche Hefte. Beiträge zur europäischen Gegenwart, 2 (März 1956) 24, S. 887.
Eine veränderte Fassung ist erschienen in:
    [Graf], Altmodische Gedichte eines Dutzendmenschen, S. 147.
Eine weitere (undatierte) Fassung ist dem Nachlass BSB, Ana-440-5, beigeordnet.

Unstillbare Sehnsucht

Aufbau, 23 (14. Juni 1957) 24, S. 15.
[Graf], Altmodische Gedichte eines Dutzendmenschen, S. 165.

Heimat überall

Aufbau, 24 (13. Juni 1958) 24, S. 17.
[Graf], Altmodische Gedichte eines Dutzendmenschen, S. 51.

In den Wind

Frankfurter Rundschau, Nr. 164, vom 19. Juli 1958, S. 35.
Unter dem Titel »Miniaturprolog« ist das Gedicht erschienen in:
    [Graf], Altmodische Gedichte eines Dutzendmenschen, S. 35.
    Graf, Ich schwebe von Dingen geschaukelt und lebe mich wund, S. 51.

Abgesang

[Graf], Altmodische Gedichte eines Dutzendmenschen, S. 137.

Absage an den Krieg

[Graf], Altmodische Gedichte eines Dutzendmenschen, S. 135.

Am Ufer

[Graf], Altmodische Gedichte eines Dutzendmenschen, S. 71.

An meinem Grab

[Graf], Altmodische Gedichte eines Dutzendmenschen, S. 155.
Eine veränderte Fassung des Gedichts mit dem Titel »An meinem Grab zu spre-
chen« ist dem Nachlass BSB, Ana-440-3, beigeordnet (undatiert).

Beschwörung nach dem Krieg

[Graf], Altmodische Gedichte eines Dutzendmenschen, S. 132.

Das Glück der Tiere

[Graf], Altmodische Gedichte eines Dutzendmenschen, S. 124.
HEILBRONNER STIMME, vom 24. August 1974, o. P.

Die Brünstige

[Graf], Altmodische Gedichte eines Dutzendmenschen, S. 167.
Eine veränderte Fassung ist dem Nachlass BSB, Ana-440-3, beigeordnet (unda-
tiert).

Die lüsterne Frau und der Jüngling

[Graf], Altmodische Gedichte eines Dutzendmenschen, S. 94.

Erleuchtung im Untergang

[Graf], Altmodische Gedichte eines Dutzendmenschen, S. 157.

Etwas über Indien

[Graf], Altmodische Gedichte eines Dutzendmenschen, S. 117.
Eine veränderte Fassung mit dem Titel »Einiges über Indien« ist dem Nachlass BSB,
Ana-440-3, beigeordnet (undatiert).

Gedanken beim Erwachen

[Graf], Altmodische Gedichte eines Dutzendmenschen, S. 112.

Gesicht des Bruders

[Graf], Altmodische Gedichte eines Dutzendmenschen, S. 62.

Grauen

[Graf], Altmodische Gedichte eines Dutzendmenschen, S. 152.

Hausinschrift

[Graf], Altmodische Gedichte eines Dutzendmenschen, S. 43.

Im Gras

[Graf], Altmodische Gedichte eines Dutzendmenschen, S. 70.
Graf, Ich schwebe von Dingen geschaukelt und lebe mich wund, S. 69.

Kleiner Gedanke

[Graf], Altmodische Gedichte eines Dutzendmenschen, S. 109.

Liebesgewissheit

[Graf], Altmodische Gedichte eines Dutzendmenschen, S. 89.

Mädchen am Morgen

[Graf], Altmodische Gedichte eines Dutzendmenschen, S. 86.
Ein Gedicht mit demselben Titel ist im Inhaltsverzeichnis der Sammlung »Graf, Gedichte eines unbekannten jungen Mannes«, Nachlass BSB, Ana-440-1-10, aufgeführt, fehlt in der Sammlung aber.
Eine veränderte Fassung mit dem Titel »Ernüchterung« liegt dem Nachlass BSB, Ana-440-2-4, bei (undatiert).

Mannesrat beim Ehestreit

[Graf], Altmodische Gedichte eines Dutzendmenschen, S. 91.

Nebenbemerkung

[Graf], Altmodische Gedichte eines Dutzendmenschen, S. 116.
Graf, Ich schwebe von Dingen geschaukelt und lebe mich wund, S. 72.

Schwindender Sommer

[Graf], Altmodische Gedichte eines Dutzendmenschen, S. 95.

Novemberbilder

[Graf], Altmodische Gedichte eines Dutzendmenschen, S. 46.
Unter dem Titel »Winterbilder« ist das Gedicht erschienen in:
    AUFBAU, 39 (5. Januar 1973) 1, S. 28.

Schwerer Winter

[Graf], Altmodische Gedichte eines Dutzendmenschen, S. 79.
NÜRNBERGER NACHRICHTEN, Nr. 275, vom 26. November 1971, S. 31.
MANNHEIMER MORGEN, Nr. 17, vom 22./23. Januar 1972, S. 69.

Sinngedichte

[Graf], Altmodische Gedichte eines Dutzendmenschen, S. 103.
Das »Sinngedicht II« liegt unter dem Titel »Es geht um dich...« der Sammlung »Graf, In den Wind gesprochen. Nachlese neuer Gedichte im Exil 1941 bis 1942«, Nachlass BSB, Ana-440-1-12, bei.
Eine veränderte Fassung des »Sinngedicht II« mit dem Titel »Bedenke...« liegt der Sammlung »Graf, Gedichte eines unbekannten jungen Mannes«, Nachlass BSB, Ana-440-1-10, bei und ist erschienen in:
    MÜNCHENER POST, Nr. 49, vom 2. Dezember 1923, Beilage »Die Quelle«, S. 1.

Trost im Herbst

[Graf], Altmodische Gedichte eines Dutzendmenschen, S. 153.

Waldgang

[Graf], Altmodische Gedichte eines Dutzendmenschen, S. 73.

Wehmütiges Erinnern

[Graf], Altmodische Gedichte eines Dutzendmenschen, S. 88.

Wesen der Weisheit

[Graf], Altmodische Gedichte eines Dutzendmenschen, S. 125.

Zuspruch für später

[Graf], Altmodische Gedichte eines Dutzendmenschen, S. 96.
FRANKFURTER RUNDSCHAU, Nr. 70, vom 23. März 1963, S. 64
Graf, Ich schwebe von Dingen geschaukelt und lebe mich wund, S. 71.

Heul du nur mit den Wölfen...

Nachlass BSB, Ana-440-7 (Vermerk: Scottsdale an einem Freitagmorgen, ungefähr
    12. April 1963).

UNDATIERTE GEDICHTE aus dem Nachlass

Alter des Wesenlosen
Nachlass BSB, Ana-440-2-1.

Ausklang
Nachlass BSB, Ana-440-2-1.
Graf, Ich schwebe von Dingen geschaukelt und lebe mich wund, S. 78.

Dem Dichter
Nachlass BSB, Ana-440-2-3.

Der Dichter
Die zeitliche Einordnung dieses Gedichts ist besonders schwierig: Es liegt der
    Sammlung »Graf, Gedichte im Exil 1933–41«, Nachlass BSB, Ana-440-1-11, bei,
    ist aber – ganz untypisch für diese Sammlung – nicht mit einem Datums-Ver-
    merk versehen. Da es auch nicht im Inhaltsverzeichnis zu der Sammlung auf-
    taucht, gehe ich davon aus, dass es ihr versehentlich beigelegt wurde. Unter den
    einzelnen, undatierten Fassungen im Nachlass BSB, Ana-440-2-3, ist eine Ko-
    pie des Gedichts zu finden.

Der Fluch
Nachlass BSB, Ana-440-2-5.

Der Lüstling spricht
Nachlass BSB, Ana-440-2-9.

Der Traum
Nachlass BSB, Ana-440-2-13.

Die Erinnerung
Nachlass BSB, Ana-44-2-4.

Die letzten Ersten
Nachlass BSB, Ana-440-2-9.

Die Todesweisheit
Nachlass BSB, Ana-440-2-13.

Die Unerlöste
Nachlass BSB, Ana-440-2-14.

Eiskristall
Nachlass BSB, Ana-440-2-4.

Freund Zweifel
Nachlass BSB, Ana-440-2-5.

Herbstgang
Nachlass BSB, Ana-440-2-9. Mit dem Zusatz »Für meine Schwester Nanndl«.
Graf, Ich schwebe von Dingen geschaukelt und lebe mich wund, S. 68.

Jähes Erschrecken
Nachlass BSB, Ana-440-2-8.

Keusche Schönheit
Nachlass BSB, Ana-440-2-8.

Liebesbrief eines Lüstlings
Nachlass BSB, Ana-2-9.

Rechtfertigung
Nachlass BSB, Ana-440-2-10.
Graf, Ich schwebe von Dingen geschaukelt und lebe mich wund, S. 77.

Ruf aus der Finsternis
Nachlass BSB, Ana-40-2-10.
Graf, Ich schwebe von Dingen geschaukelt und lebe mich wund, S. 76.

Schwärmerei eines Betrunkenen
Nachlass BSB, Ana-440-2-11.
Ein Gedicht mit demselben Titel ist im Inhaltsverzeichnis der Sammlung »Graf,
    Gedichte eines unbekannten jungen Mannes«, aufgelistet, fehlt in der Samm-
    lung aber.

Schwermut
Nachlass BSB, Ana-440-2-11.

Tierantlitz
Nachlass BSB, Ana-440-2-13.

Vor dem Spiegel
Nachlass BSB, Ana-440-2-14.

Literaturverzeichnis

Heinz Ludwig Arnold (Hg.), Text und Kritik. Oskar Maria Graf, München: edition text+kritik, 1986.

Heinz-Ludwig Arnold (Hg.), Arbeiterlyrik 1842–1932. »Rot ist die lodernde Freiheitsglut«, Berlin: Parthas, 2003.

Gerhard Bauer, Oskar Maria Graf. Ein rücksichtslos gelebtes Leben. München: Deutscher Taschenbuch Verlag, 1994.

Bertolt Brecht, Über sozialistischen Realismus. In: Ders., Gesammelte Werke, Bd. 19. Frankfurt am Main: Suhrkamp, 1967, S. 547–549.

Bertolt Brecht, Volkstümlichkeit und Realismus. In: Fritz J. Raddatz (Hg.), Marxismus und Literatur. Eine Dokumentation in drei Bänden, Bd. II, Reinbek: Rowohlt, 1969, S. 99–104.

Jahrbuch 1993 der Oskar Maria Graf-Gesellschaft, hrsg. von Ulrich Dittmann und Hans Dollinger, München/Leipzig: List, 1994.

Fritz Droop (Hg.), Arbeiterdichtung, Hamburg: Verlag der Deutschen Dichter-Gedächtnisstiftung, 1919.

Michael Hugh Fritton, Literatur und Politik in der Novemberrevolution 1918/1919. Theorie und Praxis revolutionärer Schriftsteller in Stuttgart und München (Edwin Hoernle, Fritz Rück, Max Barthel, Ernst Toller, Erich Mühsam), Frankfurt am Main u.a.: Lang, 1986.

Wolfgang Görl, Ein Autor auf der Suche nach der eigenen Sprache. In: SÜDDEUTSCHE ZEITUNG. Landkreis Starnberg, vom 17. Dezember 1988.

Oskar Maria Graf, Die Revolutionäre [= Das neueste Gedicht; 4], Dresden: Dresdner Verlag von 1917, 1918.

Oskar Maria Graf, Amen und Anfang, München: Bachmair, 1919 (Nachdruck: Mit einem Nachwort von Wolfgang Düver, Heidelberg: Bold, 1988).

Oskar Maria Graf/Wieland Herzfelde/Anna Seghers, Rückblick und Ausblick. In: NEUE DEUTSCHE BLÄTTER. Monatsschrift für Literatur und Kritik, 1 (September 1933) 1, S. 1f.

Oskar Maria Graf, Der ewige Kalender. Ein Jahresspiegel. Mit Zeichnungen von Anne Maria Jauss, New York: Selbstverlag (Profile Press), 1954.

[Oskar Maria Graf], Altmodische Gedichte eines Dutzendmenschen, Frankfurt am Main: Nest, 1962.

Oskar Maria Graf, Gelächter von außen. Aus meinem Leben 1918–1933, München: Desch, 1966.

Oskar Maria Graf, Ich schwebe von Dingen geschaukelt und lebe mich wund. Ausgewählte Gedichte, hrsg. von Thomas Kraft. Mit einem Geleitwort von Karin Kiwus [Jahrbuch 1996 der Oskar Maria Graf-Gesellschaft], München/Leipzig: List, 1996.

Oskar Maria Graf in seinen Briefen, hrsg. von Gerhard Bauer und Helmut Franz Pfanner, München: Süddeutscher Verlag, 1984.

Oskar Maria Graf, Briefe aus New York an seinen Rudolstädter Verleger Karl Dietz 1950–1962, hrsg. von Ulrich Kaufmann und Detlef Ignasiak, München: Kirchheim, 1994.

Bruno Kaiser (Hg.), Das Wort der Verfolgten. Anthologie eines Jahrhunderts, Berlin: Volk und Welt, 1948.

Diana Köhnen, Das literarische Werk Erich Mühsams. Kritik und utopische Antizipation, Würzburg: Königshausen und Neumann, 1988.

Friedrich Georg Kürbisch (Hg.), Anklage und Botschaft. Die lyrische Aussage der Arbeiter seit 1900, Hannover: J. H. W. Dietz Nachf., 1969.

Peter Ludewig (Hg.), Schrei in die Welt. Expressionismus in Dresden, Berlin: Der Morgen, 1988.

Josef Luitpold [Stern], Das Sternbild. Gedicht eines Lebens. Gesammelte Werke, Bd. 5: Hall und Widerhall. Vom eifrigen Leben, Wien: Europa, 1966.

Oswald Mohr [= Bruno Kaiser] (Hg.), Das Wort der Verfolgten. Gedichte und Prosa, Briefe und Aufrufe deutscher Flüchtlinge von Heinrich Heine und Georg Herwegh bis Bertolt Brecht und Thomas Mann, Basel: Mundus, 1945.

Hans Mühle (Hg.), Das proletarische Schicksal. Ein Querschnitt durch die Arbeiterdichtung der Gegenwart, Gotha: Klotz, 1929.

Kurt Offenburg (Hg.), Arbeiterdichtung der Gegenwart, Frankfurt am Main: Mittelland, 1925.

Helmut Franz Pfanner, Oskar Maria Graf. Eine kritische Biographie, Bern/München: Francke, 1976.

Erwin Reiche, Dies Buch gehört der Freiheit. Deutsche Dokumente aus fünf Jahrhunderten, Weimar: Kiepenheuer, 1949.

Wolfgang Rothe (Hg.), Deutsche Großstadtlyrik vom Naturalismus bis zur Gegenwart, Stuttgart: Philipp Reclam jun., 1973.

Hansjörg Viesel (Hg.), Literaten an der Wand. Die Münchner Räterepublik und die Schriftsteller, Frankfurt am Main: Büchergilde Gutenberg, 1986.

Verse der Emigration, gesammelt von Heinz Wielek [= Franz Osterroth] (Braunes Deutschland. Bilder aus dem Dritten Reich; 1), Karlsbad: Verlagsanstalt »Graphia«, 1935.

Arthur Wolf (Hg.), Saat und Ernte. Ein proletarisches Hausbuch. Proletarische Novellen, Erzählungen, Aufsätze und Gedichte, Leipzig: Die Wölfe, 1927.

Zeittafel

1894 Oskar Graf wird am 22. Juli als neuntes von elf Kindern des Ehepaars Therese und Max Graf in Berg am Starnberger See geboren. Er besucht ab 1900 die Dorfschule in Aufkirchen.

1906 Tod des Vaters, der älteste Bruder Max übernimmt die elterliche Bäckerei.

1907 Oskar beendet die Werktagsschule und wird Bäckerlehrling beim Bruder Max.

1910 Für eine Besprechung von Ivan Turgenevs »Gedichte in Prosa« erhält Oskar einen Preis vom Verlag Philipp Reclam jun., Leipzig.

1911 Oskar flieht vor dem gewalttätigen Bruder Max nach München. Der Cotta'schen Verlagsbuchhandlung in Stuttgart bietet er seine erste (nicht überlieferte) Gedichtsammlung »Die Fahrt ins Leben« an — ohne Erfolg.

1912 Graf nimmt verschiedene Gelegenheitsarbeiten an und wird Schriftführer der Gruppe »Tat« des Sozialistischen Bundes. Er lernt den Maler Georg Schrimpf und Franz Jung kennen.
In den Jahren 1912/13 ist er gemeinsam mit Schrimpf als Vagabund im Tessin und in Oberitalien unterwegs. Zeitweise leben beide bei Karl Gräser in der Reformersiedlung Monte Verità.

1914 Graf verbringt etwa ein halbes Jahr in Berlin. Seine Gedichte »Knaben« und »Mädchen« erscheinen in Franz Pfemferts Zeitschrift DIE AKTION.

Am 1. Dezember wird er zum Militär einberufen und erhält seine Grundausbildung in der »Train-Kaserne« in München.

1915 Graf muss als »Train-Soldat« an die Ostfront.

Am 25. Mai stirbt sein Bruder Max an der Westfront.

1916 Im Januar verweigert Graf den Befehl und wird ins Kriegslazarett Lida eingeliefert, die folgenden zwei Monate verbringt er in der Irrenanstalt Görden bei Brandenburg. Von April bis Dezember ist er in der Irrenanstalt Haar bei München.

Am 4. Dezember wird er als »dienstuntauglich« aus dem Militär entlassen.

1917 Graf ändert seinen Vornamen in Oskar *Maria*.

Am 26. Mai heiratet Graf Karoline Bretting.

Am 30. August stirbt seine Schwester Emma.

1918 Im Januar beteiligt sich Graf am Munitionsarbeiterstreik. Später wird er zusammen mit Schrimpf und Paul Guttfeld (»Pegu«) verhaftet, weil sie planten, die »Denkschrift des Fürsten Lichnowsky« zu drucken, die schon länger in USPD-Kreisen zirkulierte. Dabei handelt es sich um Auszüge aus Lichnowskys Tagebuch, in denen der ehemalige deutsche Gesandte in London die deutsche Regierung für den Bruch mit England verantwortlich machte.

Roman Wörner, Professor an der Ludwig-Maximilians-Universität, und Herta König unterstützen Grafs schriftstellerisches Schaffen mit einem Stipendium.

Am 13. Juni wird die Tochter Annemarie geboren.

»Die Revolutionäre« erscheinen im Dresdner Verlag von 1917, Dresden.

Am 7. November erlebt Graf beim Marsch von der Theresienwiese zu den Kasernen den Beginn der »Bayrischen Revolution«.

1919 Während der anarchistischen Räterepublik (7. April bis 1. Mai) ist Graf sporadisch als Zensor tätig.

Am 14. Mai wird Graf festgenommen, die Polizei durchsucht seine Wohnung und beschlagnahmt seine Manuskripte. Auf Fürsprache von Roman Wörner und Rainer Maria Rilke wird er am 26. Mai aus der Haft entlassen.

Graf verlässt seine Frau Karoline, um mit Mirjam Sachs zusammenzuleben. Tochter Annemarie wächst bei Grafs Mutter in Berg auf.

»Amen und Anfang«, illustriert von Georg Schrimpf, erscheint bei Bachmair, München.

Die Lyriksammlung »Gedichte eines unbekannten jungen Mannes« entsteht, bleibt aber unveröffentlicht.

1920 Graf arbeitet (bis etwa Herbst 1921) als Dramaturg an der »Neuen Bühne« eines Arbeitervereins und trifft dort zum ersten Mal Bertolt Brecht, der ihm sein Stück »Trommeln in der Nacht« zur Aufführung anbietet. Graf lehnt ab.

Der Gedichtzyklus »Worte an den Einen« entsteht, bleibt aber unveröffentlicht.

1921 »Ua-Pua! Indianerdichtungen«, mit 30 Kreidezeichnungen von Georg Schrimpf, erscheint bei Habbel, Regensburg, »Maria Uhden«, die Erinnerung an die Malerin und Grafikerin, bei Klinkhardt & Biermann, Leipzig.

1922 Der erste autobiografische Roman »Frühzeit« und der Erzählband »Zur freundlichen Erinnerung« erscheinen bei Malik, Berlin.

1923 »Georg Schrimpf«, mit einer Selbstbiografie des Künstlers, erscheint bei Klinkhardt & Biermann, Leipzig.

1924 »Das bayerische Lesebücherl« erscheint bei Langes, München, »Die Traumdeuter« bei Herder, Freiburg.

1925 »Die Heimsuchung« erscheint im Verlag der Buchgemeinde, Bonn und und »Die Chronik von Flechting« im Drei Masken Verlag, München.

1926 Der »Jung-Münchner-Kulturbund« gründet sich, mit Graf als Vorsitzenden.

»Finsternis« erscheint im Drei Masken Verlag, München.

1927 »Wir sind Gefangene« erscheint im Drei Masken Verlag, München, und bedeutet für Graf den literarischen Durchbruch.

Außerdem erscheinen »Wunderbare Menschen« bei Engelhorn, Stuttgart, »Licht und Schatten« im Verlag der Neuen Gesellschaft, Berlin, und »Im Winkel des Lebens« bei der Büchergilde Gutenberg, Berlin.

1928 »Das bayrische Dekameron« erscheint im Verlag für Kulturforschung, Berlin / Wien / Leipzig.

1929 Der Erzählband »Kalendergeschichten« erscheint im Drei Masken Verlag, München.

1931 »Bolwieser. Roman eines Ehemannes« erscheint im Drei Masken Verlag, München.

1932 »Einer gegen alle« erscheint als Fortsetzungsroman in den Münchener Neuesten Nachrichten.

»Dorfbanditen« erscheint im Drei Masken Verlag, München, »Notizbuch des Provinzschriftstellers Oskar Maria Graf 1932« erscheint im Zinnen Verlag, Basel.

1933 Im Februar geht Graf auf Vortragsreise nach Wien, womit sein Exil beginnt.

Am 12. Mai erscheint Grafs offener Brief »Verbrennt mich!« in der Wiener Arbeiter-Zeitung.

Gemeinsam mit Wieland Herzfelde und Anna Seghers gründet Graf die Zeitschrift Neue deutsche Blätter, sie erscheint bis 1935.

1934 Nach dem Scheitern des Februar-Aufstandes in Wien übersiedeln Graf und Mirjam Sachs nach Brünn.

Am 24. März wird Graf unter anderem zusammen mit Albert Einstein aus Deutschland ausgebürgert.

Von August bis Oktober reist Graf zum 1. Allunionskongress der sowjetischen Schriftsteller in Moskau und durch den Süden der Sowjetunion.

Am 29. September stirbt Grafs Mutter.

1935 »Der harte Handel« erscheint bei Querido, Amsterdam.

1936 »Der Abgrund. Ein Zeitroman« erscheint bei Malik, London.

1937 »Anton Sittinger« erscheint bei Malik, London.

1938 Im Juni nimmt Graf als Vertreter der deutschen Delegation beim Internationalen PEN-Kongress in Prag teil.

Graf und Mirjam Sachs reisen über Holland in die USA aus und beziehen im September eine Wohnung in der Hillside Avenue, New York.

Im Oktober erfolgt die Gründung der ›German Writers Association‹ (GAWA) unter Vorsitz von Graf.

1939 Am 22. Mai nimmt sich Ernst Toller das Leben; Graf hält die Trauerrede.

1940 »Das Leben meiner Mutter« erscheint in englischer Sprache bei Howell & Soskin, New York.

Im Juli löst sich die GAWA auf.

1941 Graf arbeitet an »Er nannte sich Banscho« und beendet seine Anthologie »Gedichte im Exil 1933–41«, die unveröffentlicht bleibt.

1942 Graf beendet die Anthologie »In den Wind gesprochen. Nachlese neuer Gedichte aus dem Exil 1941 bis 1942«, die ebenfalls unveröffentlicht bleibt.

1943 Das FBI durchsucht Grafs Wohnung wegen Verdacht auf kommunistische Gesinnung, findet aber kein Belastungsmaterial.

Eine Anstellung Grafs als Deutschlehrer in Princeton wird durch Denunziation vereitelt.

1944 Graf und Mirjam Sachs heiraten im Oktober, nachdem er die einseitige Scheidung von Karoline erwirkt hat.

1945 Graf startet eine Pakethilfe für bayerische Nazi-Opfer.

1946 »Das Leben meiner Mutter« erscheint in deutscher Erstausgabe bei Desch, München.

1947 Am 27. Januar stirbt Grafs erste Frau Karoline.

1949 »Die Eroberung der Welt« (ab der 2. Auflage »Die Erben des Untergangs«) erscheint bei Desch, München.

1954 Der Gedichtzyklus »Der ewige Kalender« erscheint zu Grafs 60. Geburtstag im Selbstverlag.

1957 Graf leidet unter heftigen Asthmaanfällen, die Ärzte verbieten ihm das Rauchen; allerdings kann er ohne Rauchen nicht arbeiten.

Im Dezember erhält Graf die amerikanische Staatsbürgerschaft.

1958 Nach 20 jährigem Exil in New York unternimmt Graf seine erste Europareise. Von 30. Juni bis 25. Oktober besucht er München, Berg, Frankfurt am Main, Berlin, Wien, Zürich, Montagnola, Genua und London.

Am 22. August liest er im Münchner Cuvilléstheater und verstößt gegen die gängige Kleiderordnung, weil er nicht im Anzug, sondern in Lederhosen erscheint.

1959 »Die Flucht ins Mittelmäßige« erscheint im Nest Verlag, Frankfurt am Main.

Am 11. November stirbt Grafs zweite Frau Mirjam.

1960 Die Wayne University, Detroit, verleiht Graf die Ehrendoktorwürde.

Graf verbringt erneut vier Monate in Europa.

1961 Die Aufsatzsammlung »An manchen Tagen« erscheint im Nest Verlag, Frankfurt am Main.

1962 »Der große Bauernspiegel« erscheint bei Desch, München; »Größtenteils schimpflich« erscheint bei Feder, München; »Altmodische Gedichte eines Dutzendmenschen« erscheint im Nest Verlag, Frankfurt am Main.
Am 26. Juni heiratet Graf Gisela Blauner.

1963 Graf ist vier Monate lang zur Erholung in Arizona.

1964 Erneut reist Graf nach Europa und wird beim Besuch Ost-Berlins zum korrespondierenden Mitglied der Akademie der Künste der DDR ernannt. Außerdem ehrt ihn die Gemeinde Berg und die Bäckerinnung; er erhält die Ehrengabe und Goldmedaille der Stadt München. Eine Kur in Bad Reichenhall soll sein Asthmaleiden lindern.
»Er nannte sich Banscho. Der Roman einer Gegend« erscheint im Aufbau-Verlag, Berlin und Weimar.

1965 Zum letzten Mal reist Graf für vier Monate nach Europa.

1966 »Gelächter von außen« erscheint bei Desch, München.
Grafs gesundheitlicher Zustand verschlechtert sich zusehends: Er leidet an schweren Asthmaanfällen und muss wegen innerer Blutungen ins Krankenhaus; danach ist er meist bettlägerig.

1967 Graf vollendet seine letzte Arbeit »Zurück zur Sentimentalität«, die die SÜDDEUTSCHE ZEITUNG veröffentlicht. Der Essay ist als Vorwort zur Sammlung seiner Lieblingsgedichte gedacht, zu deren Veröffentlichung es jedoch nicht mehr kommt.
Am 28. Juni stirbt Graf in New York.

Editorische Notiz

Die vorliegende Gedichtsammlung orientiert sich an der von Helmut Franz Pfanner zusammengestellten Bibliografie »Oskar Maria Graf. Eine kritische Bibliographie«, deren Erweiterung im »Oskar Maria Graf-Jahrbuch 1993«, Gerhard Bauers Biografie »Oskar Maria Graf. Ein rücksichtslos gelebtes Leben«, sowie aus Hinweisen aus dem Nachlass.

Dieser Band versammelt die nachweisbar frühesten Fassungen der Gedichte Grafs, Hinweise auf spätere Fassungen finden sich im Quellenverzeichnis. Wenn sich die früheste Fassung aufgrund unzureichender Datierung oder mehrfacher, zeitgleicher Veröffentlichungen desselben Gedichts in unterschiedlichen Versionen nicht konkret bestimmen lässt, hat die Erstveröffentlichung Vorrang. Ist ein Gedicht im selben Jahr sowohl in einer Anthologie als auch in einer Zeitung oder Zeitschrift erschienen, liegt die Priorität auf der Erstveröffentlichung im Rahmen der Anthologie. Hat eine undatierte Fassung aus dem Nachlass ein veröffentlichtes Pendant, so wird letzteres bevorzugt.

Überwiegen in einer von Graf selbst zusammengestellten Sammlung die Erstfassungen – wie etwa in »Die Revolutionäre«, »Amen und Anfang«, »In den Wind gesprochen. Nachlese neuer Gedichte im Exil 1941 bis 1942« und »Der ewige Kalender« –, wird die Anordnung der Gedichte gemäß des jeweiligen Inhaltsverzeichnisses beibehalten. Über frühere Veröffentlichungen oder Fassungen einzelner Gedichte gibt das Quellenverzeichnis Auskunft.

Bei einer inhaltlichen Verwandtschaft zweier oder mehrerer Gedichte, wie sie zum Beispiel bei »Gesicht des Bruders« und »Komm, Bruder« der Fall ist, wird jedes der Gedichte in diese Sammlung aufgenommen.

Die Gedichte sind in diesem Band chronologisch nach Jahr angeordnet, und innerhalb der Chronologie nach dem Titel. Die Titel der oben genannten, vollständig überlieferten Anthologien reihen sich in das Alphabet des jeweiligen Erscheinungsjahres ein.

Die undatierten Gedichte aus dem Nachlass sind denjenigen, die einem bestimmten Zeitraum zugeordnet werden können, nachgestellt und ebenfalls nach Titel geordnet. Auf die Veröffentlichung von handschriftlichen Notizen, sowie Fragmenten und Versuchen zu einzelnen Gedichten aus dem Nachlass wird in diesem Band zugunsten seiner Lesbarkeit verzichtet.

Das Quellenverzeichnis ist gleichzeitig eine Bibliografie der Lyrik Grafs: Es gibt Hinweise auf sämtliche, im Rahmen der Recherchen zu vorliegendem Band nachvollzogenen Fassungen und Veröffentlichungen. Angaben von Pfanner, die nicht nachgewiesen, und Vermerke im Nachlass, die Graf selbst zu den Erscheinungsorten und -daten der jeweiligen Gedichte notiert hat, aber nicht verifiziert werden konnten, sind in diesem Quellenverzeichnis nicht angeführt.

Die Orthografie wurde behutsam aktualisiert und vereinheitlicht, Tipp- und Rechtschreibfehler verbessert. Unleserliche Wörter wurden durch eckige Klammern ersetzt.

Katrin Sorko

Inhaltsverzeichnis

UNDATIERTE GEDICHTE aus dem Nachlass

Die Herausgeberin bedankt sich ganz herzlich bei Robert Bier-
schneider und Ulrich Dittmann.

Erste Auflage 2007.

Satz: Torsten Metelka, Berlin.
Druck und Bindung: Pustet, Regensburg.
Umschlagmotiv: Walter Schulz-Matan, Bildnis Oskar Maria Graf (Landesmuseum
für Kunst und Kulturgeschichte Oldenburg, LMO 15543)

ISBN 978-3-88221-893-0